教育部人文社科资助项目(10YJA860018)
“西北少数民族信息需求与传媒信息供给及舆论引导研究”

陕西师范大学优秀著作出版基金资助项目

西北地区少数民族新闻传播与国家认同研究

南长森◎著

陕西师范大学出版总社有限公司

图书代号　ZZ13N1312

图书在版编目(CIP)数据

西北地区少数民族新闻传播与国家认同研究／南长森著．—西安：陕西师范大学出版总社有限公司，2014.1

ISBN 978-7-5613-7560-0

Ⅰ．①西…　Ⅱ．①南…　Ⅲ．①少数民族—民族地区—新闻学—传播学—研究报告—西北地区　Ⅳ．①G219.2

中国版本图书馆CIP数据核字(2014)第006128号

西北地区少数民族新闻传播与国家认同研究

南长森　著

责任编辑　王西莹

责任校对　胡　杨

封面设计　三思堂

出版发行　陕西师范大学出版总社有限公司

（西安市长安南路199号　邮编710062）

网　　址　http://www.snupg.com

印　　刷　西安建科印务有限责任公司

开　　本　720mm×1020mm　1/16

印　　张　16.75

插　　页　2

字　　数　290千

印　　数　3000册

版　　次　2014年1月第1版

印　　次　2014年1月第1次印刷

书　　号　ISBN 978-7-5613-7560-0

定　　价　38.00元

读者购书、书店添货或发现印刷装订问题，请与本社营销部联系、调换。

电话：(029)85307864　85251046(传真)

推荐序

杨立川

严格说，这篇文字不能称为序言，更主要的还在于表达对南长森教授这位我十分熟悉和敬仰的兄长由衷的敬意。

阅读南长森教授的《西北地区少数民族新闻传播与国家认同研究》书稿，眼前总是不由自主地浮现出他作为学者的认真、执著和从骨子里透出的西北汉子的进取精神与天下情怀。

这正是这部著作之所以显得厚重的一个重要原因，这的确是一部沉甸甸的著作。

这种沉甸甸的感觉首先来自本书的选题。

作者选取了一个非常富于质量感的话题。作为政治学研究的一个分支，国家认同问题无疑是一个颇为重要的问题，也是新时期以来我国学界从不同角度予以关注的一个具有很强的跨学科特质的问题；同样的，在传媒业日益显示出其巨大力量的媒介时代，研究新闻传播与国家认同问题，应该说是触碰了一个具有相当分量的极具挑战性的题目。尤应注意到的是，中国是一个由数十个民族组成的一个多民族大家庭。在这个大家庭中，不同民族有不同的民族特性。因此，对于各民族地区新闻传播与国家认同的具体研究，尤其是实证性研究就成为研究问题的必须与必然的选择。南长森教授身处西北，而西北少数民族地区在我国的民族版图上又有其特殊的重要性。由此决定了关于西北少数民族地区新闻传播与国家认同问题也成为一个具有特殊的重要性的题目。南长森教授以极具社会担当意识的可贵精神选此题目，令我不由地联想到产生并流播于陕西关中地区享誉中国文化史的深具实学风格的关学及其学人。

同时还可看到，作者选择了一个颇具时代感的话题。传播是人类基本的社会行为之一，自近代大众传媒产生以来，媒介对社会生活的影响日益强大，愈来愈显示出其作为社会运行发展之重要杠杆的力量。新时期以来，中国社会亦经历了并仍在经历着媒介的巨大发展与变革。媒介的迅猛发展影响到社会生活的各个层面,自然也涉及国家认同问题。因此媒介与国家认同问题也就成为一个时代感很强的题目,本书就西北少数民族新闻传播与国家认同展开研究,可以视为学术界对此论题所做的一次相当成功的尝试。

这种沉甸甸的感觉还来自于作者所构建的宏阔而又颇为严整的学术框架和扎实的研究工作。定量研究与定性研究的结合使其分析具有坚实与深刻性。西北地区少数民族有十余个,为获得一手资料,南长森教授在新疆乌鲁木齐市、伊犁、宁夏同心县、西藏民族学院、甘肃甘南等地进行问卷调查。作者努力以实地调查为基础展开论述,虽然在这方面还有进一步努力的空间。然而这实在是一个非常宏大的研究框架,以作者个人的力量,做到目前这样已殊为不易。而最为重要的是,作者已经拓展开了这一重要而宏阔的研究领域,并做出了颇具合理性与启发性的研究结论。

这里的研究结论不仅富于创见性而且同样是沉甸甸的。本书所研究的问题是一个牵涉到社会生活诸多因素的颇为复杂的问题。除了复杂的民族、宗教、习俗、文化、生活方式等等,更兼以当今时代复杂的国际国内的社会大环境以及复杂的媒体环境。在如此错综复杂的状况之下如何认识西北少数民族地区新闻传播与国家认同之问题？南长森教授以实证研究和相当仔细的分析为基础,提出了具体的解决问题的路径,即其所提出的“一体两翼”和“公民教育”及以国家认同为主导的传播框架:“西北少数民族新闻传播应建构、完善‘一体两翼’的传播机制,利用媒介作为党和政府舆论工具和喉舌机关的‘一翼’和信息产业市场化生存的‘一翼’并统摄于社会主义市场经济‘一体化’运作的体系和机制,并以此作为物质基础来负载国家认同,同时以公民教育通过大众传播加以导向和强化,使民族认同、文化认同、宗教认同等相关认同向以国家认同为主导的方向转化和转型。”

这是一个从分析现实的社会与媒介状况为基础而提出的解决问题的路径,也许这一路径还可以进一步完善,但其所含有的总体合理性与启发性是不言而喻的。

中国知识分子自古即有强烈的天下意识,自近代提倡科学主义,科学报国遂成为华夏知识分子济世报国的一种重要的路径选择。阅读南长森教授的这部书稿,不由自主地联想到他于西北多地奔波调研以及于浩瀚文献中艰苦披阅的身影,并不由自主地涌出深深的敬意。

（杨立川,作者为西北大学新闻与传播学院院长、硕士研究生导师）

立足国家传播，致力于构建少数民族新闻传播新体系（代序）

周德仓

在南长森教授的学术专著《西北地区少数民族新闻传播与国家认同研究》即将出版之际，我有幸成为最早的读者之一。首先要真诚祝贺南长森教授在少数民族新闻传播研究领域贡献出有创建的成果！同时，作为读者和有共同学术志向的研究者，在此表达我研读后的一些感想。

中国的少数民族新闻传播研究，实际是顺应少数民族地区社会发展和新闻传播学科建设的需要，在20世纪80年代逐渐兴起，到今天已经成为新闻传播学科研究的焦点领域，并向民族学等多学科延伸，在跨学科研究中获得更宽的学术视野。少数民族新闻传播的研究，使中国新闻传播学学科体系融入了少数民族新闻传播的内容，使之更趋于完整，更符合中国多民族国家的社会现实和传播情境，并揭示出更多中国新闻传播的本土性。而民族问题对于国家发展的特殊意义使少数民族新闻传播的发展，与国家的和谐、稳定之间构建了密切的关联，同时也成为国家对外传播的重要支撑点。少数民族新闻传播研究受到关注并逐渐成为主流研究，并不仅仅是新闻传播学科发展的需要，更是国家发展的必然。

在特殊的学术语境中，关于少数民族新闻传播历史的研究成为整个少数民族新闻传播研究的先行者，并毫无争议地占据学术高地，它为少数民族新闻传播研究所发挥出的开拓和奠基作用，已成学界共识。但如果仅仅停滞于历史的视野中，实际会疏远少数民族新闻传播研究的学术使命。很多学者已经在直面少数民族新闻传播的现实问题，在多层面展开学术探索，大大增强了研究的学术价值和活力。我个人觉得，目前少数民族新闻传播的研究，尚处于学科发展的培育期（或哺乳期），依然遍布盲点，在学科范畴、逻辑起点、学科体系诸方面亟须深入思考，很多基础研究和地方传播研究、不同语种媒介传播研究、实务研究、个案研究等有待深入探索，这不仅是学科发展的需要，而且是构建学科体系的基础。应鼓励更多的学者从不同层面和视域全方位开展少数民族新闻传播研究，特别是要将研究的对象集中于少数民族地区大众媒介和少数民族语言大众媒介，在不断突破中集聚少数民族新闻传播的学术能量，凝聚学术方向和领地，获得与“众”不同的学术归属。

身处哺乳期的少数民新闻传播研究，更需要如南长森这样有学术抱负的学者，在宏观的视野中，关注少数民族新闻传播新的关键性命题。在我的记忆中，南长森教授最初引起学人极大注意的，是在第二届少数民族地区信息传播与社会发展论坛上以《少数民族新闻传播的研究视域及其拓新领域》为题发表主题演讲。他以跨学科关照、宏观视野和直率的批判锐气，对少数民族新闻传播研究的历史和现状做出了整体评价，并就未来的研究做出战略性设计，赢得了与会学者的高度评价。近些年来，他拜师武汉大学石义彬教授攻读博士学位，而将研究的主要方向逐步集中于少数民族新闻传播方面，学术成果不断涌现，学术造诣日渐提升，成为少数民族新闻传播领域的代表学者。这部著作，即是他的博士学位论文。他所供职的陕西师范大学新闻与传播学院，身处厚重西部文化之中，是西部新闻传播教育的领头羊之一，自然就将少数民族新闻传播作为自己的学科特色进行建设，南长森教授也是其中的带头人之一。对他的这种学术自觉，我个人高度赞赏、支持和钦佩。

在少数民族新闻传播逐渐进入主流学术研究之际，人们更加关注的当是它如何对中国的新闻传播发展产生影响力。很显然，一般的新闻传播法则并不能诠释少数民族新闻传播的特殊性。少数民族新闻传播研究的学科自觉毋庸置疑。但是，正因为新闻传播与少数民族事务的关联，使少数民族新闻传播承载着巨大的政治责任和国家义务。特别是在2008年西藏自治区发生“3·14”事件之后，少数民族新闻传播的重要性和特殊性立即“爆发”出来。在这个重大事件面前，中国的新闻传播规则和媒介运作机制受到严重质疑，一场顺理成章的国际性舆论引导，反而演变成对国外媒体声势汹汹的舆论围攻的被动“说明”，西藏自治区形象被大肆歪曲，进而中国的形象也受到丑化，演绎成中国对外传播的一场遭遇战和败笔。少数民族新闻传播与国家形象建构之间的深刻关系，势必成为少数民族新闻传播研究领域的关键命题之一。南长森教授的研究，显然具有学术的敏锐洞察力和宏观把握的学术底气。

南长森教授曾供职于陕西师范大学学报编辑部16年，政治学、社会学、哲学、历史学、文学、教育学等学术功底较为深厚视野较为开阔，对他涉猎的少数民族新闻传播与国家认同的命题，我本人在此并无专门研究，仅仅是阅读后的感受，就觉得这部著作的重要价值至少体现在如下方面：

第一，作者选题的学术价值和现实意义具有开创性。关注国家对外传播的人们一般不会忽略一个事实，这就是大众媒介中的少数民族题材往往是国家对外传播的重要支撑。但是，很少有人完整地去研究少数民族地区新闻传播与国家对外传播之间的深刻逻辑关系。南长森教授以"3·14""7·5"事件为切入点，从发展传播学角度提出西北少数民族地区新闻传播与国家认同的逻辑命题，认为国家认同应是西北少数民族地区新闻传播舆论引导的关键，从而使国家发展与民族团结具备现实价值。这种视角，无疑开拓了少数民族新闻传播研究的学术领域。

第二，在关于少数民族新闻传播与国家认同的研究中，作者提出了独立的学术观点，对少数民族新闻传播研究的深化具有规范意义。少数民族地区大众媒介的舆论引导实际承载着诸多责任，包括民族团结、社会稳定、民族文化传播等，但在国家发展的语境下，国家认同才是关键。当前不少民族学者正在反思一味强调民族区别的民族政策，正是看到了忽视国家认同带来的危险性。作者不仅提出"国家认同应是西北少数民族地区新闻传播舆论引导的关键"，而且认为"大众传媒所倡导的公民身份认同是负载国家认同的重要途径"，正是发现了少数民族新闻传播的最高目标，并指出了实现国家认同的正确途径。这一论断，在少数民族新闻传播研究领域"色彩缤纷"的语境下，具有正本清源的意义。它会使学者们在思考少数民族新闻传播诸多纷纭复杂的问题时，能够纲举目张，明确指向，把握研究的归结。同样，作者关于少数民族新闻传播中国家认同方面的弱化和缺陷的诸多解析，常常也是尖锐而具深度，具有重要的参考价值。

第三，作者关于少数民族地区国家认同传播的设计具有现实针对性。

在中国现行的新闻传播体制下，少数民族地区也形成了国家主流媒体和市场化媒体奇妙的二元结构，但在承担国家认同传播的责任上应无本质区别。针对主流媒体在国家认同传播中的保守策略和市场化媒体对国家认同的疏远，作者提出了“一体两翼”的传播体制，即传媒业作为喉舌机关与舆论工具，国家掌控的“一翼”和市场化经营的“一翼”共同生存在社会主义市场经济体系的“一体”发展并形成一种平衡传播的机制，并认为这是增强国家认同的物质基础。这是作者在深入考察了市场经济体制下西北少数民族地区新闻传播的发展现状后作出的设计。它基于市场经济环境，明确了国家传播的基本责任，具有现实操作的可能性，不失为少数民族地区国家认同传播的一种新型方式。

第四，作者的跨学科研究方式和宏观关照，对少数民族新闻传播的研究具有战略指向性。作者在进入少数民族新闻传播研究领域后，一直主张要从历史走进现实，从区域跃升到整体，脱离碎片化、局部化研究，运用“宏大叙事”，提升少数民族新闻传播的学术境界，使其在学科化途径中实现学术的跨越。在这部著作中，作者显然在实践着自己的学术构想。作者的研究立足于全球化传播、新闻媒体技术传播和社会转型三大背景，依据媒介文化认同和传播效果理论，在比较开阔的视野中展开学术思考。作者对相关研究成果的梳理非常完整，对一些关键范畴如“认同”“民族”“国家认同”等还进行了考证思辨，为读者提供了丰厚的学术资源。作者选题的敏感性和复杂性，使该著本身就具有极大挑战性。所幸作者探幽入微，条分缕析，终于完成了这部富于创见的著作，贡献给学界一份丰硕而具建设性的成果。

第五，作者对西北民族地区传播效果的研究，强化了少数民族新闻传播研究的必须导向。以历史研究“著称”的少数民族新闻传播研究，重视文献辑录和考证，多用归纳、分析之法，习惯于定性分析，但同时也疏于传播效果的研究，成为该领域研究的明显缺陷，自然也制约了研究的科学性。作者在此著中用了大量数据分析，比较准确地评估西北民族地区的新闻传播效果，所得结论具有说服力。即使是田野调查笔记，亦具有可靠的实证价值。作为少数民族新闻传播的典型研究文本，这部著作的示范和引导意义不言而喻。

在阅读该著中，我们会理解作者以西北地区少数民族新闻传播与国家认同的研究为基点，进而掌握中国少数民族新闻传播与国家认同整体态势的学术意图。从作者的研究经验和所处的文化地标而言，选择西北少数民族区域无可厚非。不过，如果从研究的整体性而言，作为少数民族新闻传播“文化标本”的西北民族地区就带有局限性：国家认同传播中的重要一极——西藏自治区缺席；五大少数民族自治地方中有两个不在其内（西藏自治区、广西壮族自治区）；少数民族成分丰富的云南省、贵州省、四川省等也在“编外”。建议作者今后的研究，可进一步以少数民族主要聚居区域的五大少数民族自治区或整个西部为主要研究对象，选取更广泛的样本，在少数民族新闻传播研究领域获再次跃升。

2013年7月于西藏民族学院

（周德仓，西藏民族学院新闻传播学院教授、院长、硕士研究生导师，中国少数民族新闻史学会少数民族新闻传播史研究委员会副会长、中国少数民族地区信息传播与社会发展论坛副秘书长）

目 录

绪 论

第一节 选题背景和研究价值

一、选题的现实孕育与理论观照

1. 选题的现实孕育

2008年以来，在西藏自治区、新疆维吾尔自治区爆发的“3·14”“7·5”“7·18”“4·23”等事件，不仅是中华民族的集体创伤，也是我国新闻传播的公共记忆。这种大小不等、性质恶劣的事件从发展趋势来看，似乎呈现具有阶段性的轮回效应。对此，党和政府采取强有力的措施将事件解决在稳定压倒一切之中，也使社会向和谐发展。但是，当外国媒体将这些事件炒得纷纷扬扬的时候，国内媒体先是失语继而才是迟时报道，使国内民众了解了事件的真相，甚至还反击美国CNN主持人卡弗蒂的胡言论语，进而掀起了民族主义的爱国情绪。本文以“民族伤疤”为切入点，从民族学、政治学、传播学等相结合角度提出西北少数民族新闻传播与国家认同的逻辑命题。回顾那段不堪忍痛的民族创伤，受“三股势力”和国外反华势力的教唆，借机掀起反华浪潮，进而挑战国家主权意识，欲达到反华抑华的图谋，只能是自欺欺人的妄想。总结这一时期的新闻传播活动，新世纪爆发的少数民族事件不仅是严肃的政治问题，也是一个值得探讨的学术问题，两者都涉及到意识形态和民族国家意识，成为中华民族大团结中一个污点。由于少数民族新闻传播在国际上的特殊性，一些外国媒体屡屡以“人权”“种族”等话题设置议程，而国内媒体也难免屡屡迎合外国媒体，从而形成近期少数民族新闻传播的“蝴蝶效应”。当事件平息之后，一些不为人知的民族优惠政策、民族独特身份、民族区域利益等披露后，引起了人们诸多的思考，甚至引起的民众猜疑与抱怨又形成汉族群众的“涟漪效应”。因此，新闻媒体对少数民族的舆论导向成为媒体工作者颇费思忖的问题。媒体报道，重庆 31 名考生改民族成分骗加分；陕西凤县试行居民民族成分汉改羌引发争议，也使民族政策犹疑不定，遂使新闻报道更加真伪难辩。另外，媒体报道西气东输、西部资源东部利用等新闻都引起民族间的猜忌、攀比、不平衡心理。如此等等，新闻报道舆论引导指向何方？由于“3·14”“7·5”事件引起的少数民族与汉民族利益和谐的问题在全球化信息传播的背景中愈加成为新闻报道舆论引导价值取向的问题，将研究对象和阈限锁定在少数民族新闻传播舆论导向与国家认同范围之内。

2. 选题的理论观照

从发展传播学的角度，利用媒介认同理论探讨信息传播全球化时代，任何有关少数民族新闻传播的细小事务，都会成为民族主义和国家形象传播所关注的国际焦点。因此，“地方行动，全球思维”是当今世界一大特点。在全球民族主义传播与蔓延的背景中，如何利用文化认同、传播效果理论和方法寻得少数民族新闻传播效果最大化就成为理论观照现实的必然逻辑和理论归宿。本选题立论的依据在于少数民族新闻传播的现实如何求得理论指导而获得应有的传播规律和社会效益，即少数民族新闻传播主体信息提供与受众信息消费是否形成交融界面，产生强效果、弱效果、无效果、负效果等问题。同时探讨新闻媒体报道少数民族新闻事件对汉民族和少数民族认知方式和不同心理的交互影响，最终从国家发展的宏观角度构建、完善“一体两翼”的传播机制是增强国家认同的物质基础，并论证了构建、完善“一体两翼”传播机制何以可能。同时在公民身份认同与国家认同之关系的基础上，认为新闻传播与公民身份认同都具有追求自由、平等、公平、正义的共同目标与方向，从而表现出一种外显的关系；从媒介与国家认同的内在关系来看，媒介和国家形象传播又表现出一种共生、互惠、多元的内隐关系。这种外显与内隐的关系，是媒介与社会和谐发展的关键。从国家形象形塑来看，新闻媒介促进公民身份认同及其对国家认同的归属感，这是培育与建构公民对国家认同的前提和基础；新闻传播促进公民对国家制度的认同，这是培育和提升公民对国家认同的关键；新闻传播培养公民的主人翁精神和对国家的责任感，这是培育和提升公民国家认同的根本。因此，以公民认同负载国家认同是新时期舆论引导的重要途径，新闻报道中淡化感恩赐恩意识，回归新闻价值规律是公民教育信息素养应有的品质。

二、选题背景与研究意义

1. 选题背景

当前，民族问题国际化、宗教问题政治化、经济问题全球化已成国际社会关注的焦点。正如霍尔顿在《全球化与民族国家》中说，“全球通信变化的最终结果就是使公众能更多地接触到、意识到世界大事。从这种意义上看，某个国家、甚至是某个小镇的公开政治事件可以说已经变得全球化了，因为世界其余地区很快就会对它们有所了解。”①因此，任何有关民族、国家的任何变化和冲突，都会“使国家间体系和国际经济关系面临不稳定和挑战”。②

从巴尔干半岛到中东，再到利比亚、叙利亚等国的局势动荡，从我国“3·14”事件到“7·5”事件，国际国内的民族事务和纠纷都牵扯“全球思维，地方行动”。基于这样的认识，反思“3·14”“7·5”事件之后，我国少数民族新闻传播已成为民族学、政治学、社会学、宗教学乃至新闻传播学的热门话题，尤其是当前关于少数民族信息传播、宗教传播、舆论引导、民族认同与国家认同已成为我国政治生活和现实社会研究的重大问题。正如徐晓萍、金鑫在《中国民族问题报告》中说，“在人类社会中，没有哪一个社会或历史现象，能像“民族”这个概念对我们的世界产生更大的影响，也没有哪一个问题，能像“民族问题”更能彰显它的深刻性和复杂性。中国是当今世界处理民族问题比较成功的国家之一，但在全球化时代，中国民族问题也受到了来自国际环境和国内形势发展变化的影响，呈现出复杂化和多样化的趋势。”③

人们不禁要问，建国60年来，国家在经济建设、社会发展乃至宗教、人口、教育、民族政策等方面给力甚巨，为何西部民族问题还是状况不断？西部民族区域社会与国家现代化建设与民族复兴如何和谐发展？加之社会转

---

① ［澳］罗·霍尔顿. 全球化与民族国家［M］. 倪峰，译. 北京：世界知识出版社，2006：111.
② ［澳］罗·霍尔顿. 全球化与民族国家［M］. 倪峰，译. 北京：世界知识出版社，2006：196.
③ 徐晓萍，金鑫. 中国民族问题报告［M］. 北京：中国社会科学出版社，2008：229.

型中人们对新闻传播功能的认识也从“意识形态宣传到公共知识”[①]的辐射，单向度、片面地宣传甚至就事论事的报导不但不能起到应有的作用，反而会产生适得其反的效果。当前，中国形象遭遇“光荣独立”[②]的现象，已远远超过美国、印度、日本在崛起时的程度。面对西方长期形成的对中国的刻板印象，只是从对抗的思维说“不”和以招架的态度进行解释，只能是否认、辩解越多形象越模糊。尤其是“3·14”“7·5”事件中，中国媒体的“应对、灭火、答辩”的被动地位“在国际舆论中产生一种‘被告’的不利印象”。[③] 因此，总结新闻传播在西部民族问题上的得失尤显重要。

2. 选题价值

(1)现实意义

在国际社会中，通过传播树立、塑造少数民族真实形象，某种程度上说比汉族更能代表中国形象、中华民族形象，尤其是少数民族的民族文化代表了人类文化的多样性和丰富性，宗教信仰不仅标示了我国各族人民群众信仰自由和精神生活的丰富性，而且也对外说明，我国人民群众有崇尚自由、民主和幸福生活的权利。在对内传播中，如何凝聚各族人民的精神，实现不断增长的物质生活和精神生活的现代化需求，使中华民族和平崛起屹立于世界民族之林，不仅仅是当下我国政治生活和现实社会中要维护民族团结、促进区域经济发展、保持社会和谐发展的问题，而且以国家认同为最高目标和理想境界，使国家空前进步、民族空前团结才是当前研究最现实的意义。对此，少数民族新闻传播研究较之汉族新闻传播研究有着特殊而重要的意义。

(2)理论意义

当前，关于少数民族信息传播理论研究的意义，从学科的外延意义看，当然是建立中国少数民族新闻传播学科，完善、丰富中国新闻传播学科体系和研究对象，回应社会热点，解惑释疑少数民族、汉族有关民族传播的疑虑，

---

① 徐桂权. 新闻：从意识形态宣传到公共知识——知识社会学视野下的媒介研究及其理论意义[J]. 国际新闻界，2008(2)：5.

② 中国遭遇“光荣独立”[N]. 香港商报，2006-4-23.

③ 黄晓钟. 中国“外宣”呼唤开放非官方传播资源[J]. 西南民族大学学报，2006(8)：176.

总结少数民族新闻传播规律及其与舆论引导的关系，为国家有关部门制定民族新闻传播政策提供智力支持。从学科的本体意义看，探求中国的大众传播效果在少数民族中是具有怎样的强效果、弱效果、无效果、负效果等问题，是中国特色和本土化的民族新闻传播不容回避的问题。

这就要求在这三个层面背景和三个维度中展开研究。三个背景是全球化传播、新闻媒体技术传播和社会转型背景。一是全球化与现代化的必然联系对少数民族新闻传播的影响；二是新媒体技术传播与民主化的必然联系；三是社会转型与民族矛盾的复杂性。其中全球化传播中现代化的吸引力和少数民族的向往性的矛盾以及帝国主义文化霸权论张力对我国民族造成的社会伤害与自我伤害的矛盾，社会转型中国际上多民族国家与汉民族及其少数民族语言的边沿化的矛盾，新媒体技术传播的方便快捷与民主自由形成的族群利益的矛盾等，这些都是本文中少数民族新闻传播和舆论导向价值追求中无法回避的问题。

三个维度一是在世界经济一体化维度上展开我国少数民族新闻传播与世界新闻传播的横向研究；二是在民族复兴和国家现代化建设的维度上展开与过去历史的纵向研究；三是在少数民族区域社会和谐发展与人民群众幸福生活指数的维度上展开与汉族人民群众的社会生活跨时空研究。同时，研究必须有明确的目的，即少数民族新闻传播及其研究要回归本位（民族大团结、经济大发展、社会共进步）；少数民族新闻传播要唱响主旋律（符合主流价值观、符合先进文化、符合各民族伦理道德）；少数民族新闻传播要有新视野（国际眼光、时代特点、民族风格）。概而言之，少数民族新闻传播如何增强国家认同、巩固国家安全才是理论研究的着力点。

第二节　国内外研究现状和相关文献综述

一、国外少数民族新闻传播的研究现状

当前，国外研究少数民族新闻传播较之其他新闻传播研究虽然存在不足，但是近年来随着民族新闻传播日炽，研究日显重要。美国学术界“通过

调查访问和历史文献的调阅,对少数族群传媒进行了广泛细致的研究”。[①] 美国罗伯特·帕克(Robert E. Park)所著的《移民报刊与控制》共分为四部分,第一部分“移民报刊的土壤”介绍了移民报刊的欧洲背景、移民报刊与同化、移民报刊与教育启蒙。第二部分“移民报刊的内容”分析了广告、地方包刊、大都会报刊的内容与第一次世界大战的影响等问题。第三部分“移民报刊的自然史”描述了早期和晚期的移民报刊如何反映移民群体的生存斗争。第四部分“对报刊的控制”讨论了广告和发行在报刊中的作用。罗布(JuDith R. Blau)、托马斯(Mim Thomas)、纽豪斯(Beverly Newhouse)、卡威(Andrew Kavee)等人在《移民报刊:族群缓冲机构》中有对移民报刊的社会作用和控制也多有涉及。美国学者西蒙·科特尔(Simon Cottle)认为“在全球化、新媒体传播背景下,媒体在传播非洲黑人文化,培养族群归属感有着重要作用,由此提出‘新族群’的概念,描述了因为媒体的传播全球化,产生虚拟的网络少数族群社区等现象,并发展了全球化时代多元文化主义与多元种族主义的理论”。[②] 美国学者路易斯·卡因卡认为“在美阿拉伯人和穆斯林之所以被认为与恐怖主义有关,根本原因在于在美以及中东阿拉伯媒体与主流媒体存在差距悬殊的传播力量,导致了整个族群被主流媒体刻画成恐怖分子”。[③] 而对我国少数民族传播研究,美国加利福尼亚州立大学教授李浈(virginia·c·li)的《图像表达:超越的视觉人类学》对我国云南农村少数民族妇女生育健康与社会发展有所论述。近年来澳大利亚、日本、加拿大等学者对“移民身份与少数民族华侨华人”研究始有涉猎,但未形成影响。而我国学者彭伟步对新、马、泰华文报刊研究形成一定的影响。

二、当前我国少数民族新闻传播研究的现状与成就

国内研究少数民族新闻传播主要集中在两大领域,一是新闻传播史论与应用研究,二是文化认同、国家形象、跨文化传播等。研究现状与成就呈

---

① 彭伟步.美国少数民族族群传媒关于族群和国家认同的研究[J].太平洋学报,2009(10):1.

② Simon Cottle. Etheic Minorities and the Media:Changing Cultural Boundaries[M]. Open University Press,2000.

③ Louise A . Cainkar. Homeland Insecuity:The Arab American and Muslin Ameican Experience after9/11[M]. Russel Sage Foundation Poblication Janusry,P. 3.

现出这样的特点：

1. 少数民族新闻传播史论研究已呈现为学术研究高地

任何学科的创立和发展，都以总结历史形成理论为标识。少数民族新闻传播以马树勋的《民族新闻探索》为肇始，以白润生教授的《中国少数民族新闻传播通史》出版为标志，后经白克信、蒙应合的《民族新闻学导论》、周德仓《西藏新闻传播史》、林青《中国少数民族广播电视发展史》、益西拉姆《中国西北地区少数民族大众传播与民族文化》、阿斯买·尼亚孜《新闻传播与少数民族受众》等人的著作加盟，形成了少数民族新闻传播事业史论研究的高地并呈现出多样化发展、全面推进的态势。其中白润生的《中国少数民族新闻传播通史》被傅宁称为"中国少数民族新闻学研究的集大成之作"，[①]被李秀云称为"少数民族新闻传播事业的全景记录"。[②] 周德仓的《西藏新闻传播史》被段京肃称为"第一次得到关于西藏新闻传播发展的最全面的、最权威的资料"。[③] 白润生、周德仓的研究成为中国少数民族新闻传播研究标志性的成果。

2. 少数民族新闻传播研究成果异彩纷呈、各具特色

在新闻传播应用研究方面，这一时期的研究突破前期史论研究一枝独秀的局面，呈现出全面开花、多样结果的态势。白润生的回族报刊研究，周德仓的藏族民族新闻的研究，张允的蒙古族受众调查，韩强的乌鲁木齐市多民族受众调查，阿斯买·尼亚孜、金玉萍的维吾尔民族党报传播效果研究，李克的西北少数民族地区新闻媒体从业人员现状调查，陈峻俊的网络对少数民族新闻传播的影响，单晓红的云南少数民族女性形象传播研究，白润生、年永刚对少数民族新闻传播与构建和谐社会的研究等可谓异彩纷呈。特别是在"3·14""7·5"事件之后，欧阳宏生、王瑞林的从"7·5"事件报道看媒体的舆论引导策略，以及林凌的"7·5"事件网络舆论传播特点及引导

---

① 傅宁. 中国少数民族新闻学研究的集大成之作——评白润生教授《中国少数民族新闻传播通史》[J]. 国际新闻界，2009(5).

② 李秀云. 少数民族新闻传播事业的全景记录——读《中国少数民族新闻传播通史》(上下册)[J]. 国际新闻界，2009(5).

③ 段京肃. 探索构筑"天路"历程的默默耕耘——读周德仓教授《西藏新闻传播史》[J]. 西藏民族学院学报，2007(2)：120.

策略，和唐闻佳的“3·14”西藏报道中的国际媒体分化现象分析，刘红的大众传媒在构建新疆和谐社会中的作用等，可以说将少数民族新闻传播应用研究推到前沿并成为学术研究的热点。而郭建斌的《独乡电视——现代传媒与少数民族乡村日常生活》，则使独龙江个案的民族志研究更具特色。尤其是吴飞的《火塘、教堂、电视——一个少数民族社区的社会传播网络研究》借助民族志和文化符号学有关理论研究一个少数民族社会传播网络的扛鼎之作。

3. 少数民族新闻传播研究活动频繁、学术会议规格高

自1988年中国少数民族新闻研究会成立，到2009年中国人民大学召开“首届中国少数民族地区信息传播与社会发展论坛”和同年在中央民族大学召开国际人类学与民族学联合会第16届大会暨“中国少数民族新闻传播与民族地区社会发展”会议，再到2010年在西藏民族学院举办“第二届少数民族地区信息传播与社会发展论坛”。学术活动频繁，会议主题专，参加人员多，讨论问题多，学术规格高。与其他学术会议不同的是，与会者的关注度、专注度高，学术含金量高，一些专家宣读的论文都是承担国家级、省部级课题的论文。另外，由于会议主题贴近社会现实，政府主管部门和行业协会、学会高度重视、支持力度大，新闻媒体报道规格高、密度大、频率高。

4. 少数民族新闻传播研究论文备受学术期刊青睐，研究阵地大为拓展

新时期以来，专业学术期刊和各民族大学学报都程度不同地刊发少数民族新闻传播研究论文，《国际新闻界》《新闻大学》《中国记者》等专业学术期刊不仅提供了研究阵地，而且也拓展了研究空间。尤其是《当代传播》还开设固定栏目《民族新闻探析》，发文篇幅多、质量高，不仅成为其办刊特色，而且也引领民族新闻传播研究，成为少数民族新闻传播的学术高地和独特视域。

5. 少数民族新闻传播与文化认同、国家形象、跨文化研究等形成交织叙事

少数民族新闻传播与文化认同、国家形象、跨文化传播研究方面主要集中在民族学、政治学、传播学、文学、国际关系等领域，如单波、石义彬、姜飞、关世杰、李希光、张昆、郑保卫、张征、喻国明、尹韵公、戴元光、张咏华等人的

研究各有涉猎。其中涉及少数民族新闻传播与文化认同、国家认同的研究其代表性的论文有贺金瑞、燕继荣的《论从民族认同到文化认同》，韩震《论国家认同、民族认同及文化认同》，李晔、王仲春《美国的西藏政策与"西藏问题"的由来》，刘康《西方视角中的西藏形象与话语》，范士明《政治的新闻——美国媒体上的西藏和"西藏问题"》，曾庆香《西方某些媒体"3·14"报道的话语分析》，刘瑞生《涉藏报道与美国主流媒体的意识形态性》，刘小燕的《论国家对外传播的通道及其作用》，胡百精《权力话语、意义输出与国家公共关系的基本问题——从北京奥运会、拉萨"3·14"事件看中国国家公关战略的建构》，张昆《中国国家形象传播的思考》，陈鹏《让世界认识真实的西藏——如何把握涉藏外宣话语权的思考》，庄曦、方晓红《全球传播场域中的认同壁垒——从〈纽约时报〉西藏"3·14"报道透视西方媒体"他者化"新闻框架》，仝晓书《牢牢掌握话语主动，拓展国际舆论空间——新华社拉萨"3·14"暴力事件对外报道回顾》，何翔《我国对外传播存在的问题及解决途径》，毕研韬《西藏事件与国际舆论导向》，黄晓钟《中国"外宣"呼唤开放非官方传播资源》，旺秀才丹《涉藏网站建设现状及进一步发展之思考》，张植荣、李昀《美国主流媒体〈纽约时报〉涉藏报道分析》，彭伟步《美国少数民族族群传媒关于族群和国家认同的研究》等。这些研究以广泛的视角打开了少数民族新闻传播研究的新景观，使少数民族新闻传播研究处在社会的关注之中，其思想见解和研究质量甚至优于其他研究 。可惜的是这些研究基本都是以单篇文章论述的，缺乏对国家认同宏阔的系统性，尤其是对国家认同民族主义涉猎不多，本文将在下节专门陈述。

三、国家认同文献研究综述

1. 国外民族主义、民族认同与国家认同的交织综述

关于民族主义的概念和定义，历来研究者众说纷纭，莫衷一是，有学者形象地比喻为盲人摸象，站在一隅，各抒己见。大致有意识形态说、政治理念说、文化价值观念说、民族情感说或民族心理说等。[①]目前较为简括的定义有美国学者穆艾·洛的"民族主义是一种意识形态，这种意识形态使得领土

① 崔明德，曹鲁超. 近十年来中国民族主义研究述评[J]. 烟台大学学报，2006(1):100.

国家的存在与活动得以合法化"。韩国学者李可灿认为"是具有民族意识的人渴望促进自己民族的统一、独立、自由和发展的意识形态和运动"。[①] 对民族主义与民族认同、国家认同有建树的有本尼迪克特·安德森、霍布斯鲍姆、安东尼·斯密斯、厄内斯特·盖尔纳、海斯、霍尔顿等人。

本尼迪克特·安德森从民族情感与文化根源出发探讨了不同民族属性的、全球各地的"想象的共同体",力图提出一个解释上述关于民族与民族主义问题的新的理论典范。安德森将民族、民族属性与民族主义视为一种"特殊的文化的人造",将民族定义为"一种想象的政治共同体"。他认为这些"想象的共同体"的形成主要取决于以下因素:宗教信仰的领土化、古典王朝家族的衰微、时间观念的改变、资本主义与印刷术之间的交互作用、国家方言的发展等。通过比较史和历史社会学的方法,安德森对民族主义的起源与散布进行了论证:他否定了多数学者所认同的民族主义起源于欧洲的观点,认为 18 世纪末和 19 世纪初的南北美洲殖民地独立运动才是"第一波"的民族主义。民族主义是经由美洲而散播至欧洲,再到亚洲和非洲。安德森百科全书式的欧洲史素养与当代东南亚研究权威的背景,以及他对东西方多种语言的掌握能力,使得他的论证更具说服力。

埃里克·霍布斯鲍姆论述民族与民族主义在欧洲近两百年历史中的种种表现及其内涵之演变,作者回避了对民族的概念和标准等问题的纠缠,而是着重于它们的变迁与转型,并借助于民族主义的研究来说明民族问题的复杂性。欧洲近现代史是因民族主义兴起而重新拼制版图的历史,各种民族与民族主义的意识也影响到周边地区与殖民地,因此,民族与民族主义的发展演变构成了这段历史的主旋律。作者认为"民族主义早于民族的建立,并不是民族创造了国家和民族主义,而是国家和民族主义创造了民族"。对各国政府来说"国家 = 民族 = 人民这道等式当中,最核心的项目显然是国家"。[②] 埃里克·霍布斯鲍姆的认识,显然和本尼迪克特·安德森有不同的见识,一个强调国家的后发作用,一个说民族主义是想象的产物。旨在说

---

① 花永兰. 国外学者关于当代民族主义研究综述[J]. 国际数据信息,2004(8):12.

② 埃里克·霍布斯鲍姆. 民族与民族主义[M]. 李金梅,译. 上海:上海世纪出版集团,2006:11,21.

明，意识形态对民族主义的影响。

安东尼·斯密斯从历史学、社会学、政治学、国际关系学乃至人类学的不同角度对与民族主义相关的概念如民族（nation）、族群（ethnic group）、民族认同（national identity）、族群认同（ethnic identity）、民族的国家（national state）等进行了颇为系统的考察，并在此基础上概括性地阐释作者对族群——象征主义（ethnic—symbolism）民族主义理论观点。作者“建议给民族概念下这样的定义‘具有名称，占有领土的人类共同体，拥有共同的神话，共享的历史和普遍的公共文化，所有成员生活在单一经济之中并且具有同样的权利和义务’”。① 这与斯大林的定义“民族是人们在历史上形成的一个有共同语言、共同地域、共同经济生活以及表现与共同文化上的共同心理素质的稳定的共同体”有异曲同工之妙，也印证了斯大林对民族认识的深刻性和权威性。厄内斯特·盖尔纳的《民族与民族主义》中认为民族主义在为第三世界国家反对西方大国霸权提供思想依据和力量的同时，也以其极端的排外性和种族歧视，日益成为当今世界冲突的祸根和不稳定因素。正如英国学者安德鲁·海伍德概括的：一方面，民族主义似乎是一种进步和解放的力量，另一方面，它又可能是非理性和反动的信念，听任政治领袖在民族名义下推行军事扩张和战争政策。甚至有许多迹象表明，民族主义受到政治上多重人格综合症的困扰。许多情况下，民族主义兼有进步和反动、民族和专权、解放和压迫、左翼和右翼的特点。②

霍尔顿的《全球化与民族国家》以宏观研究的方法，对全球化的含义及范围、历史及原动力，以及它对经济、政治和文化生活的影响进行了研究，着重点放在了民族国家在这个全球化时代的命运上。作者认为，全球化究竟是跨国企业总体经济力量的另一个名称，还是世界政治、经济、文化及社会变化过程的一个代称，而这与变化过程所指的方向有何不相同？对民族国家的认同是否会被世界主义取代？由民族主义导致的社会冲突能否被全球政治规则消除？全球化是否等同于美国化？民族国家、小区和个人能否在全球

---

① 安东尼·斯密斯. 民族主义——理论、意识形态、历史[M]. 上海：上海新世纪出版社，2006：14.

② 安德鲁·海伍德. 政治学[M]张立鹏，译. 北京：中国人民大学出版社，2006：138.

化带来的好处和害处中进行主动的选择？全球化究竟是对人类行动和选择的强制，还是机会的源泉？抑或是两者兼而有之？作者引用艾瑞克·沃尔夫对文明的"宗谱"源于西方史观并进行批判，"希腊孕育了罗马，罗马孕育了基督教欧洲，基督教欧洲孕育了文艺复兴运动，文艺复兴运动孕育了启蒙运动，启蒙运动催生了政治民主和工业革命，工业和民主一道被引入了美国，而美国体现着生存的权利、自由的权利和追求幸福的权利"。[①] 沃尔夫的观点被学者批评为是对"西方文化意识形态的颂扬"。这与塞谬尔·亨廷顿《文明的冲突与世界秩序的重建》大相径庭，亨廷顿认为冷战后，世界格局的决定因素表现为七大或八大文明，即中华文明、日本文明、印度文明、伊斯兰文明、西方文明、东正教文明、拉美文明，还有可能存在的非洲文明。冷战后的世界，冲突的基本根源不再是意识形态，而是文化方面的差异，主宰全球的将是"文明的冲突"。

休·希顿－沃森在《民族与国家——对民族起源与民族主义政治的探讨》说，对世界不同地区不同时期各个民族形成的历史、民族主义运动发展脉络以及民族与国家的互动进行全面论述，认为一是先概述世界上各个民族的形成；二是论述各种民族主义运动展开的活动；三是分析民族主义运动以何方式影响国家的诞生、建立和分裂；四是国家的诞生、建立、分裂反过来又如何影响民族主义运动的走向。[②] 休·希顿－沃森主要是把民族的形成和民族主义运动当成该书的重点。

总结上述，国外民族主义主要代表观点尽管与民族主义、民族、宗教、文化、国家以及意识形态等相互交织呈现出一种复杂的社会思潮，但是，民族和国家元素还是占主要地位的。

2. 国内从民族主义、民族认同到国家认同的发展取向

国内研究民族主义既有长期雄厚的学科积淀，也有错综复杂的政治体貌特征。从民族学、政治学、社会学、历史学等方面都显示出博大精深、难以深描的学术顽症。本文只涉及与传播学有关的理论和相关历史来说明少数

---

① 罗·霍尔顿. 全球化与民族国家[M]倪峰，译. 北京：世界知识出版社，2006：27.

② 休·希顿－沃森. 民族与国家——对民族起源与民族主义政治的探讨[M]. 北京：中央民族大学出版社，2009：3.

民族新闻传播在民族主义场域中表现形态及其舆论引导的特征。

从20世纪90年代以来,民族主义在中国社会逐渐形成一种社会思潮,一改新中国成立后到改革开放之前,民族主义话语保持缄默的局面,尤其是在中国逐步扮演国际事务重要角色之后,遂成为焦点话题,并"时时掀起轩然大波"。社会上小到小燕子着装,大到中国申奥,"7·5"事件都与国外与中国民族主义热嘲冷讽有关。对此,一些民族学研究的学者发表了自己的认识。

王希恩的《全球化中的民族过程》一该书对全球化与民族过程的关系及相关的民族问题作了系统阐述。作者认为,民族过程是人类历史的一个侧面,全球化改造了近代以来的人类历史,也改造了民族过程。尤其是对中国在全球化进程中如何应对变化了的民族问题,如何增强中华民族凝聚力提出了自己的看法。

费孝通的《中华民族多元一体格局》一书主要论点可概括为:第一,中华民族是包括中国境内56个民族的民族实体,并不是把56个民族加在一起的总称,因为这56个民族已结合成相互依存的、统一而不能分割的整体,在这个民族实体里所有归属的成分都已具有高一层次的民族认同意识,即共休戚、共存亡、共荣辱、共命运的感情和道义。这个论点后被陈连开先生引申为民族认同意识的多层次论。多元一体格局中,56个民族是基层,中华民族是高层。第二,形成多元一体格局有一个从分散的多元结合成一体的过程,在这过程中必须有一个起凝聚作用的核心。汉族就是多元基层中的一元,它发挥凝聚作用把多元结合成一体。

徐迅的《民族主义》认为,只有分解民族主义这个整体性的概念以及和民族、国家、群众、个人的内在关系,它才能得到阐释。该书分析了民族主义的历史起因和动力,并揭示了民族主义运动所具有的权力、意识形态、精英、群众的复杂关联,又是如何成为现代性暴力的根源,以及民族主义在当代所面临的前景。该书讨论了中国语境中的民族主义问题,认为"中华民族"是一个现代概念,具有独特的文化历史特点,并分析了当代民族主义的身份困境来源于其现代性的历史成因。

宋新伟的《民族主义在中国的嬗变》通过对中国民族主义产生、嬗变的梳理及与西方民族主义的比较，认为中国民族主义的兴起是在中华民族伟大复兴与和平发展进程中不可避免的现象，它不会对中国周边国家及世界和平构成威胁。从学理上说明“中国威胁论”的不实和中国民族主义的正当性、合理性。

房宁、王炳权的《论民族主义思潮》在深入分析和揭示全球化和当代民族主义思潮泛起的因果关系的基础上，认为正是由于经济全球化的发展以及新的国际经济、政治结构的形成，使得西方发达国家和广大发展中国家出现了两种相互独立、冲突的民族主义，并且日益成为当代民族主义思潮及运动的主流；发展中国家的民族主义的主流在本质上是作为反抗西方压迫性的民族主义的一种民族自卫的政治意识而出现的。

这样看来，民族主义知识系统中的核心概念诸如民族认同、宗教认同、文化认同、政治认同、国家认同等一系列的价值认同自然复杂难辨。不过，随着社会科学的发展，人们逐渐由混沌走向明晰。但是，在改革开放初期，社会科学界的一些学者开始思考民族主义发展对中国少数民族问题带来的变化与影响。

马戎在《北京大学学报》2004 年第 6 期发表《理解民族关系的新思路——少数族群问题的“去政治化”》，认为多种族、多族群国家都面临着如何处理本国族群关系以及政府应当如何引导族际关系发展方向的重要问题。中国几千年来在处理族群关系中具有把族群问题“文化化”的传统，但是近代在新的历史条件下开始吸收了欧洲把民族问题“政治化”和制度化的做法。21 世纪的中国应当从本国历史中吸取宝贵经验，也应当借鉴美国、印度、前苏联等国家处理本国种族、族群问题的策略与经验教训，把新中国成立以来在族群问题上的“政治化”趋势改变为“文化化”的新方向，培养和强化民族——国民意识，逐步淡化族群意识。文章对 20 世纪 50 年代初政府采用苏联模式把族群问题政治化和制度化组织了大规模的“民族识别”工作，先后认定了 55 个少数民族并采用“区域自治”，在政治、教育、经济、文化等方面对少数民族实行的优惠政策进行了反思。认为应建立“政治一体”和“文化多元”的理想的国家族群框架，应逐步把族群问题看成“文化群体”并逐步减少“政治群体”色彩。

随后，引起了深刻的讨论与商榷。陈建樾在《世界民族》2005 年第 5 期发表《多民族国家和谐社会的构建与民族问题的解决——评民族问题的“去政治化”与“文化化”》，都永浩在《黑龙江民族丛刊》2008 年第 5 期发表《对民族共同体的多维思考》，陈玉萍在《西南民族大学学报》2008 年第 7 期发表《民族问题能否“去政治化”之我见》等。这些观点认为，近年来，围绕少数民族政策“政治化”与“文化化”问题的争论颇多。我认为，相关争论应区分为对传统多民族国家与移民国家进行分类探讨。这两类国家在民族格局形成上的结构性特点对国家民族政策的特征起着主要的制约作用。传统多民族国家在民族政策上倾向于“政治化”，这既是国家民族历史构建的自然延伸，也是现实状况的必然要求和对少数民族群体权利诉求的响应，有其合理性；移民国家在民族政策上倾向于“文化化”，体现了国家在民族国家构建过程中的内在要求，同时也迎合了移民的期待，是国家和移民双向互动的结果，亦有其必然性。

随后，哲学界也对此问题进行讨论。钱雪梅认为，从辨析认同的基本特性入手，分别考察了个人的族群认同与国家认同之间，以及族群的自我认同与国家认同之间的关系，说明族群认同与国家认同长期共存的事实及其含义。①韩震认为人类是一种历史性的存在，因此人的认同问题必须从历史发展的角度去看。在经济全球化的现代，人员、信息与货物的跨国流动，使人们的身份认同、文化认同和国家认同日益成为一个必须时刻思考和做出选择的问题，人们都会遇到文化认同、民族认同和国家认同的问题。在文化认同与民族（族群）认同、国家认同的关系，在全球化背景下如何强化国家认同的维度上，从发展的角度看，我们必须把国家认同放在高于民族（族群）认同的地位，这就是说，族群的认同不能超越或凌驾于国家认同之上，国家的文化认同必须大于族群的文化认同；应该通过中华民族文化共同的文化基础和文化象征符号的重建，增加民族认同与国家认同的重叠内容，以形成统一的中华民族共同体。② 韩震从历史哲学的角度，认为中华民族的国家认同必

---

① 钱雪梅. 从认同的基本特性看族群认同与国家认同的关系[J]. 民族研究，2006(6).

② 韩震. 论国家认同、民族认同及文化认同——一种基于历史哲学的分析与思考[J]. 北京师范大学学报，2010(1).

须把经济社会的区域均衡发展置于今后工作的重心位置，并且通过人口的流动促进人民之间的交流与文化融合；强化国家认同还必须有政策和法规的支撑，譬如，共同的语言、政治仪式、文化符号，等等的规定。总之，在历史进程之中，我们必须把国家认同置于文化认同之上，用公民的国家认同促进文化认同。另外，韩震同时指出，如果国家认同高于族群认同，那么我们就应该把认同的基础建立在公民文化而不是民族文化的基础之上，公民身份的重要性应该超越民族身份。基于国家政治认同的首要地位，我们应该根据不断变化的世界，根据不断调整的时代性主题，反思、调整我们的民族政策和国家认同策略。我们的族群区分政策不能以牺牲国家认同度为代价，最好是以增加国家认同的程度为标准。例如，表格中是否应该反复填写民族身份？我们是否应该过分强调区别对待不同的民族？过多的区别对待就是强化差异，差异就是区别，区别多了就容易制造“他者”，从而把人们人为地分离开来。

贺金瑞、燕继荣在《中央民族大学学报》2008 年第 3 期发表《论从民族认同到国家认同》，认为国家认同是一种重要的国民意识，是维系一国存在和发展的重要纽带。国家认同实质上是一个民族确认自己的国族身份，将自己的民族自觉归属于国家，形成捍卫国家主权和民族利益的主体意识。民族认同与国家认同二者互为前提。一方面，民族认同是国家认同的前提。另一方面，国家认同可保护民族认同。①

都永浩认为，中国学术界漠视认同理论的研究，在国家认同理论研究上毫无建树，这与中国复杂、敏感的多民族格局极不相符。即使一些学者的零星研究，也处于混沌状态，即所提出的观点或是根本无法实现的目标，或是与国家的稳定、统一原则相悖。中国未来的目标是公民化的国家，在未来的某一时期，中国所有民族的（包括人口多数、文化优势民族）认同都将让位公民和国家认同。②

理论探讨的价值取向越来越向宗教认同、族群认同、文化认同、政治认

---

① 贺金瑞，燕继荣．论从民族认同到国家认同[J]．中央民族大学学报，2008(3)．

② 都永浩．民族认同与公民、国家认同[J]．黑龙江民族丛刊，2009(6)．

同、国家认同的方向发展。其中的概念和关系交织在一起,形成认识的难点和困惑。凡此种种,不仅打开了人们对民族问题思考的新视野,而且在现实问题的观照下引起了人文科学界的反思与共鸣。新闻传播界如何看待这一问题,当社会精英都未明晰民族主义语境下的少数民族问题的价值走向时,要及时报道社会的新闻传媒在舆论导向上也就很难及时判断了。结合2007年、2008年国内发生的少数民族震惊国际的事件,尽管传媒在及时报道上存在这样那样的问题,仍然不能将责任都推到传媒上。上述理论和观点,不仅是对单一性民族国家的认识,而且也是多民族国家的认识。当前少数民族发展中,出现这样那样的问题,也与意识形态和学术研究模糊性、分歧性、混乱性有关。尽管存在分歧和纷乱,但是明显可看出一个方向,即从多种认同向国家认同靠近,把国家认同作为诸多认同的上位概念,强调国家意识在价值传播中的重要性和合法性,应该说这是哲学社会科学对当今民族传播的重要贡献。可惜的是这一还在争鸣的认识还局限在社会精英阶层,未普及到社会应用层面。具体来说,这些研究成果由于学科壁垒和理论抽象是难以深入到应用领域的。更进一步说哲学社会科学理论的高深性和新闻传播的及时性两难矛盾使两者的契合度和自洽性很难掌握自如,特别是新闻信息传播的快速及时有时是很难使人深入思考的。

3. 国家认同和国家形象综述

近年来,随着我国综合实力的增强和崛起于国际社会,从宏观角度和国际视野研究探讨中国形象和国家认同的论著明显增多,也为本文从少数民族对内传播上认同国家形象有所裨益。明安香的《传媒全球化与中国的崛起》一书,以中国社会科学院重大课题为依托,分为"传媒全球化和全球传播大歌格局"和"新世纪额的中国全球传媒工程"上下两编,对当今世界新闻传播格局的最新发展和走向、对我国传媒如何积极参与全球传媒竞争,不断营造出有利于我国民族振兴、对外开放和走向世界的良好舆论环境和文化生态等问题进行探讨和解析。

胡晓明的《国家形象》分析了当前我国国家形象建构和国际传播的现状,归纳了国家形象传播中国家软实力、跨文化传播、危机传播、舆论把握与调控等焦点、热点和难点问题,并在国家形象建构和增强国际传播能力的战略、策略与机制等问题上提出了有针对性、长效性的实现路径。

龙小农的《从形象到认同——社会传播与国家认同建构》分为“社会传播与国家形象的层次分析”和“社会传播与国家形象的维度分析”上下两编，专题性地论证了社会传播与国家的国内形象传播的建构关系，探寻了如何通过社会传播建构良好的文化形象、民族形象、政府形象，实现文化认同、民族认同与政府认同，从而建构国家形象实现国民的国家认同，为经济社会发展提供稳定和谐的社会基础。

段鹏的《国家形象建构中的传媒策略》探讨了我国政府如何调整对外传播的策略，树立良好国家形象的目标、战略等问题，分析了我国对外传播和国家形象建构的现状，归纳了现在的问题和成因，并提出针对性的传媒对策。

孙聚成的《信息力——新闻传播与国家发展》从发展传播学的角度论述了新闻传播与国家发展在参与发展中国家建设中所扮演的角色，评价分析了发展传播学所取得的成就和问题，分析了全球范围内新闻传播事业参与国家发展的理论动向。书中有关“大众传播与农村现代化进程”一章对于了解、认识农村传播功能缺失与完善新农村传媒制度有一定的指导作用。

刘国强的《媒介身份的重建——全球传播与国家认同建构研究》以全球化的视角和媒介认同理论探究了传媒在国家认同建构中的作用机制，并由此提出国家形象的形成过程和传媒模式，试图在国际传播中辨析当今文化融合和冲突的价值规范。其中有关媒介认同理论对本文有所启迪。

另外，彭伟步的《新马华文报文化、族群和国家认同比较研究》《信息时代政府形象传播》在论述中多有涉及。尤应注意的是 2011 年国家社会科学基金项目，复旦大学孟建教授主持的“国家形象建构与跨文化传播战略研究”和华中科技大学张昆教授主持的“跨文化传播中的中国国家形象建构研究”也引起笔者的关注。

综上所述，从宏观角度和理论视野探讨国家形象和国家认同的著作、论文较多，而从区域和少数民族角度探讨新闻传播与国家认同问题似乎并不多见。

四、少数民族新闻传播与国家认同研究的拓新领域

少数民族新闻传播研究看似繁花似锦，但是，大多是史论研究居强势地位，其研究注重的是既得、现得史料，未注重可得、应得的现实活资料，缺少白润生所言的“宏观上对我国少数民族新闻传播从历史与现实，从史论结合的角度进行综合概括、深入开掘的鸿篇巨制”。[①] 研究的结论、成果大多对现实社会具有间接而非直接的指导意义。上述两大领域的研究，纵向研究、区域研究、碎片化研究居多，而宏观研究、理论思辨诸如媒介文化研究并不多。特别是特色研究、思辨研究、综合研究、跨界研究尤其是能向国家提供有价值、有借鉴意义的研究似乎还需加强。研究不足主要表现是少数民族新闻传播中还存在实用信息柔弱化、枝节问题扩大化、习俗问题娱乐化、婚配伦理妖魔化、思想引导模糊化的倾向。导致研究有边缘化的倾向，缺少宏大叙事、入主流不够。研究深度和广度明显不及哲学、社会学、民族学、政治学等有关少数民族作为研究对象和本体的其他学科，主要是研究的问题既解答不了现实生活中人民群众急切欲知的问题，又不能为国家提供解决民族问题的智力支持和对新闻媒体提供舆论导向的良策，如小到新闻报道少数民族考试加分、西气东输这些具体问题，大到国家现代化建设与民族区域社会发展中民族心理、信息认知差异等抽象概念，新闻媒体舆论引导是朝民族认同，还是向文化认同抑或是国家认同方向发展？学术界研究尚不深入，业界也就无明确指向。这是少数民族新闻传播研究薄弱之处。具体表现在下述方面还有极大的增长空间和拓新领域。

在研究领域上应突破区域研究、自我研究，走向全域研究、规划研究；在研究内容上应突破自设题目、囿于区域研究，走向跨学科研究、宏大叙事研究；在研究方法上突破小范围、小题目的调查研究、理论研究，走向大范围、大课题的实证、思辨研究；在研究规模上应突破学界专擅、高校居多的现状研究，走向学界业界合作研究；在研究质量上应突破论文发表、著作出版的文人自乐，走向为国家提供智力支持的致用研究；在研究特色上应突破史论

① 白润生.创立和发展中国少数民族历史新闻传播学[J].当代传播,2003(1):13.

研究、个案研究的高地，走向民族文化传播、跨文化传播研究，等等。那么，在研究问题和学术框架上起码在研究领域和研究内容上要设置物质实用信息、精神娱乐信息等不同层面的问题，因为提出问题是解决问题的关键，对此，研究取向应向下列问题思考：

新闻传播与少数民族信息需求与供给是否形成良性互动的传播规律？少数民族物质生产与精神消费信息是否与媒体传播呈现一种正相关？新闻传播如何与少数民族地区社会和谐发展？新闻传播与少数民族文化认同是何关系？新闻传播中少数民族宗教认同、文化认同与国家认同是何关系？少数民族文化认同与社会舆情预警关系如何？少数民族新闻传播与区域经济和社会发展的意义是什么？少数民族融入国际社会的民族真实形象？媒体设置议程与少数民族信息传播是形成了信息饥渴，还是信息饱和，甚或信息污染、信息暴力？新闻媒体反映少数民族对社会的满意程度和幸福指数？少数民族传媒业信息供给及其传媒运作是否形成良性运作机制？尤其是少数民族母语传媒的良性运作机制研究，新闻传媒反映少数民族市民社会与公共舆论之关系，大众媒介对少数民族思维定势与认知方式的影响，等等。可喜的是已经有人开始涉猎具有综合性、思辨性、跨学科的研究问题，在2010年“第二届少数民族地区信息传播与社会发展论坛”上，已设置诸如“文化传播与形象建构和民族认同”“传媒与少数民族地区社会变迁”①研究的分会场，学术研究思路和研究价值取向呈多元化发展。

当然，少数民族新闻传播研究日益成为当今传播学研究的显学，其成为新闻传播学的分支学科还需自身具有独特的研究领域和学术品格，因此，加深、加宽、加厚其学科基础，拓新其研究视域，也是有志于少数民族新闻传播研究者的义不容辞的责任和任务。

---

① 周德仓，袁爱中，曾洁.“第二届少数民族地区信息传播与社会发展论坛”综述[J].西藏民族学院学报，2011(1).

第三节　研究目标和基本内容

一、研究目标

少数民族新闻传播舆论引导要正确把握社会主义先进文化和中华民族优秀文化大于任何宗教文化和民族文化，国家形象虽源于民族形象却高于民族形象；文化认同包括对整个中华民族当然包括少数民族的文化、宗教、习俗的认同，新闻传播要弘扬少数民族优良的文化、宗教、习俗，使之与其他民族和而不同并能产生世界影响。

少数民族宗教认同、民族认同、文化认同、政治认同、国家认同历来是人文社会科学研究的重头戏，而少数民族新闻传播与国家认同研究则是比较冷落的领域，“3·14”事件“7·5”事件以后，由于媒体的放大才将其提到大众所关注的领域。今天看来，“3·14”事件“7·5”事件不仅是中华民族的集体创伤，也是我国新闻传播的公共记忆。若从大众传播效果来看，新中国建设60年、改革开放30多年来，为什么能发生如此严重的影响民族公共记忆的事件？为什么计划经济时代没有发生如此严重的民族事件？为什么在改革开放最好的时期发生如此严重的民族事件？当其在新闻报道之后变成媒介的历史事件有何经验教训？新闻报道、舆论引导在此事件中起何作用？新闻传播舆论引导的方向朝何处发展？舆论引导一致性和舆论引导多元化是何辩证关系？本研究在消费文化环境中，以民族主义为研究背景，以少数民族宗教认同、民族认同、政治认同、文化认同诸多认同为研究领域，重在探求西北少数民族新闻传播信息供给与舆论引导振幅频率，寻求少数民族多元认同与国家认同的“可得性”，拟解决西北少数民族新闻传播在主流价值观引导方面强效果、弱效果、无效果等问题。

二、研究内容和研究方法

本文在西北民族社会发展与媒介变迁的时空中，以全球化、社会转型和新媒体技术传播为三维背景，探讨了西北少数民族新闻传播与国家认同的现状，针对西北新闻传播在市场经济时期媒介二元竞争、非均衡发展的态势，分析了其在全球化进程中对现代化的向往和民族主义所表现出的积极作用和消极作用；针对社会转型中城镇化、工业化、现代化推进和提高所产生的区域经济发展不平衡、民族发展不平衡、贫富发展不平衡等因素，分析了其新闻传播与国际认同偏失的原因；针对新媒体技术传播对西北少数民族新闻传播的直接影响，分析了虚拟化、互动性、传受合一、能内生等特点对其新闻传播区域发展不平衡、数字鸿沟、社会重组和跨文化传播失衡的影响。认为应建构、完善“一体两翼”的传播机制，强化国家认同在新闻传播尤其是在公民教育方面的物质基础，利用公民教育负载国家认同的传播途径，提出不应强化“民族身份”而应强化“公民身份”来实行全民爱国主义和媒介素养教育，并在新闻传播中淡化对少数民族的感恩赐恩意识，回归新闻价值规律，以新闻信息强化国家建设与民族认同。

作者利用主持2010年教育部人文社会科学一般项目“西北少数民族信息需求与传媒信息供给及舆论引导研究”（10YJA860018）之机，在2011年暑期对新疆乌鲁木齐市、伊犁自治州、宁夏同心县、西藏民族学院、甘肃甘南自治州等共发放调查问卷1500份，收回1230份，有效1118份，有效率74.53%。数据统计阶段主要使用excel统计工具。主要统计步骤为：根据调查问卷设计情况建数据库；录入调查问卷原始数据；使用相关函数检查数据可靠性；围绕问题制作统计图。调查的相关情况：本次调查问卷共分为四种类型。a. 西北少数民族信息需求与受众（民众）心理现状调查问卷（维吾尔语版）；b. 西北少数民族传媒业信息供给与传媒运作机制调查问卷；c. 西北少数民族新闻传播与社会舆情监测调查问卷；d. 不同民族对“3·14”事件“7·5”事件“7·18”事件认知与评价受众心理调查问卷。数据录入方面，以调查对象基本资料和相关问题为主设置变量，以求对调查问卷的使用更加充分。数据库的建立以上述四种类型为依据，独立录入。在数据筛选、检验时使用countif函数和嵌套函数进行。在制作统计图的过程中，首先选择所要分析的数据区域，再用图标制作功能完成制作。

依据媒介文化认同和传播效果理论，在全球化、新媒体技术、社会转型多元交融的背景中，围绕媒体设置国家议程与少数民族受众信息接吸的倾向性、新闻传播舆论导向与西北少数民族受众心理契合度、少数民族融入国际社会对国家形象的影响、大众媒介对少数民族思维定势与认知方式的影响等问题设置三个层面的内容：

第一，通过区域调查、田野走访，设置问卷、收集资料、综合分析，从而获得第一手资料和数据，探寻西北少数民族受众新闻传播新闻舆论引导对国家意识的认知和忠诚度。

第二，通过定性、定量等文献分析法，搜集、规整西北少数民族主流媒体和母语媒体有关国家认同与舆论引导的文献信息，研究媒体议程设置和栏目经营以及舆论引导对西北少数民族的政治生活、文化生活、宗教信仰等精神领域的相互关系。

第三，利用逻辑思辨法，研究特定时期西北少数民族对国家认同的频幅指数和向心力程度，特别是西北少数民族在政治信仰、宗教信仰、价值追求等方面与国家主流意识形态存在的问题以及合拍律动的规律。从而通过社会舆论反观、检视国家民族政策对当地社会经济文化发展的调控度和国家对媒体的依赖与掌控程度。具体的研究对象是：选取报纸文本，利用文献分析法进行抽样分析，对《人民日报》《新疆日报》《伊犁日报》近5年，及改革开放30年来每5年作为一间隔的7月份报纸头版进行分析，探求媒体信息供给的情况。

选取新疆伊犁市、昭苏县、乌鲁木齐市和宁夏吴忠市、同心县、银川市以及西藏民族学院作为调查对象进行问卷调查，探求受众信息需求情况。

三、研究框架

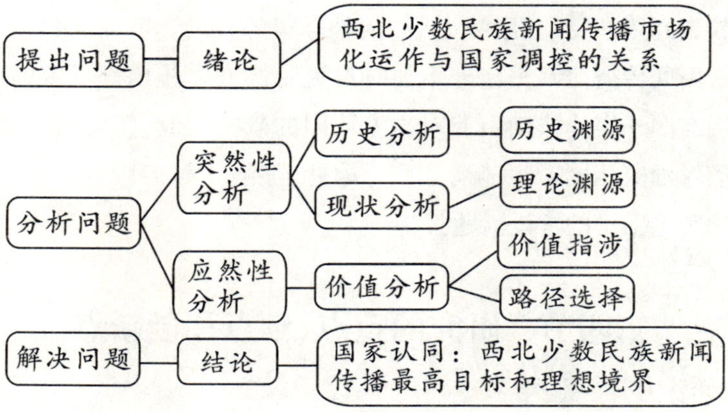

四、研究的基本思路

依托作者前期主持教育部人文社会科学研究规划基金一般项目“西北少数民族信息需求与传媒信息供给及舆论导向研究”（项目批准号：10YA860018）之机，通过对西北五省（区）维吾尔、藏、回、蒙古、土、满、哈萨克、柯尔克孜、乌兹别克、塔塔尔、东乡、撒拉、保安、裕固、锡伯、俄罗斯等16个民族的新闻传播信息需求与信息供给存在的问题进行调查研究，通过设置调查问卷和田野调查，结合新闻文本和相关数据，分析为何在汉民族中，国家认同度较高，而少数民族尤其是西北维吾尔族、藏族等国家认同度较低？而且这种较低认同对汉族和其他少数民族产生什么影响？为何在涉藏、涉疆新闻报道中产生国家认同的减损效应？从而为少数民族新闻报道寻得舆论引导的科学性和规律性提供支持。

在前期田野调查的基础上，根据定性分析和质化分析提出了西北地区少数民族新闻传播与国家认同的逻辑命题，并确立西北地区少数民族新闻传播与国家认同的辩证关系。本文以西北地区少数民族新闻传播与国家认同研究作为逻辑命题是基于以下的思路和学术观照：一是西北地区少数民族与国家认同构成逻辑关系中本身“地区”对应“国家”命题能够成立；二是不是所有的少数民族与国家认同构成这种关系；三是汉族与国家认同的关系就比较高；四是西北少数民族如维吾尔族与国家认同基于历史的原因应有一种“问题意识”并成为研究的前提，通过理论分析设定新世纪以来西北少数民族新闻传播受“三股势力”和国外反华势力的影响，我国媒体在报导少数民族新闻传播尤其是涉外新闻时难免受西方媒体议程设置的影响，每每形成因与国外媒体律动引起对国家认同的减损效应，使包括汉族在内的其他民族对国家认同产生涟漪效应。因此，加强新闻传播对国家认同的认识就成为舆论引导的常设话题。

第四节　研究的重点、难点和创新点

一、研究的重点、难点

第一，在揭示社会转型期西北少数民族信息接收心理特征、行为方式对国家认同的影响，新闻媒体舆论引导在各个时期对国家形象的形塑频幅与力度是难以把控的。

第二，对西北少数民族信息传播所形成的思维定势与认知方式调查了解始终是研究的着力点和难点，而宗教认同、民族认同、文化认同、国家认同关系交织也是理论思辨的重点。

第三，研究西北少数民族母语传播存在的问题、破解少数民族和汉族通过新闻媒体对国家认同认知的不同也是一大难点。

具体来说，拟解决西北少数民族新闻传播舆论引导与国家认同的合规律性问题：一是客观、真实、准确、全面的报导规律与正面宣传为主的舆论导向的合理性；二是大众传播效果由假设效果向预测效果到实际效果的转变的可能性。拟解决西北少数民族新闻传播舆论引导与国家认同的合目的性问题：信息富民、新闻维稳与国家认同的辩证关系；全球化背景下媒介放大功能所呈现的少数民族形象与国家形象的一致性，我即国家、国家即我的公民意识与主人翁意识的一致性。

二、核心概念

1. 认同

“认同”是“主体”以“他物”为参照从情感上对“所是”之物趋于向往顺从；从价值判断上对“所是”之物趋于承认归属；从所达目的上对“所是”之物趋于同类涵化，进而达到“所是”的心理认知和行为实施的过程。这里的“所是”，一言以蔽之，即寻找事物的同一性并心理认可或成为行为的践行者。

2. 国家认同

从公民（个体）对国家认同的普泛认识而言，国家认同是由族群发展到民族形成社会群体的个体（公民）对自己的民族属性延伸到国族属性的包括民族传统文化、社会制度、国家政策以及宪法法律合法性的自觉认同，是公民出于民族情感和文化习惯等内心自愿的情感归属和理想寄托，也是公民出自外敌侵犯或自然灾害的安全保护和祈求社会福祉的现实需求和良好愿望。国家认同显然是群体认同的集体作为，是民族形成后对合法化国家的理性认识，也是国际交往中重要的评价尺度。社会个体（公民）和社会群体（民族）对国家认同度越高，则国家在国际上的地位越高，国家在国内的权威性越高。任何社会形态和社会制度都应注重国家认同高于其他认同。

3. 宗教认同

宗教认同是人类社会特有的文化现象，是建立在宗教信仰基础上对自然界和人类社会超出人的力量控制的魔幻神奇之力的向往和崇拜，是人们信仰的神灵被异化为万物之主而对人的精神压迫却甘愿认可的精神自慰和自虐。宗教认同要高于宗教信仰，宗教认同要比宗教信仰在自愿性、皈依性、忠实性的基础上更具有固执性、保守性和偏见性。

4. 民族认同

民族认同是基于民族历史起源与现实需求，以他（者）国民族作比照对其民族的同一性和差异性进行心理认知的过程。其中民族已有的文化资源和现存的国家体制成为认知的主要对象，而相伴随的宗教信仰、社会习俗、价值规范和现行制度成为民族认同的隐性标尺。民族认同无论在哪一国度都有一个认同的范围和程度，且都有很强的倾向性或认同者的情感投射。具体到中华民族的认同，应持一币两面的态度来认识，并用对外传播与对内传播角度统一的视觉观之：对外来说，中华民族以民族之称谓屹立于世界民族之林，并以国家之称谓行使主权的只能是由56个民族（严格意义是族群）组成的中华人民共和国；对内来说，中华民族是由主体（汉族）民族与少数民族多元融合一体化发展而来的，无少数民族无中华民族，无主体民族（汉族）则无中华民族。

5. 文化认同

文化认同是一个“历史演进”（保罗·谢弗语）的概念，又是一个动态变化的概念。作为历史既有主观确定性，作为未来又有它的吸纳性，作为现实则表现为生活普遍存在的复杂性。文化作为历史来理解是对当下物质精神生活方式的一种反映状态和艺术感受能力，作为未来来理解则是一种价值取向和精神指引，故而成为一种美好的想往。

6. 公民认同

公民认同是一个历时、共时空的情境性的概念，各时代不同情境中先哲的解释都丰富了公民身份认同理论。关键是能否从各自表征的实质、特征中抽绎出共性特征。因此，界定这一概念应具有普适性和应用性，即公民身份是人类立足于城邦社会初始而寻找摆脱野蛮或自然状态自觉归属于以民族国家为政治组织(单位)而享受自由、平等的个人与国家共生、互惠、多元的认同关系。

三、研究的创新之处

第一,从社会变迁和媒介演化的角度认为西北地区少数民族民族融合中具有国家认同的民族基因,并从发展传播学的角度阐释,在现代国家理念下西北地区少数民族新闻传播和国家认同有一定的本质关系和认知规律,率先提出了西北地区少数民族新闻传播与国家认同的命题从而拓新了少数民族新闻传播与国家形象建设的学科领域,探讨媒体舆论引导与国家认同振幅的变化。

第二,本文可能是国内最先将哲学社会科学有关宗教认同、民族认同、政治认同、国家认同、公民认同始则争论终趋一致的文化认同的有关理论运用到新闻传播舆论导向上,提出少数民族自身认同多元化和国家认同主导化相统一的观点,以求得少数民族新闻传播效果的可得性和社会和谐、进步发展一致性。

第三,可望在西北地区少数民族母语传播及其媒体市场化生存规律方面寻求突破。

第一章

西北地区少数民族新闻传播与国家认同的社会变迁与现状

第一节 西北地区少数民族人文地理特征与社会发展特征概述

西北地区是指在中国位置区域和行政区域的演进和发展中的陕西、甘肃、宁夏、青海、新疆五省(区)社会、经济、文化、宗教发展相互联系并具有共同历史和地理特征的少数民族居住区。西北五省(区)的国土面积约为300多万平方公里,占我国国土面积的三分之一左右。其中陕西因地域特征和民族特征以及社会经济文化特征不同具有内地特征外,其他四省(区)的254万平方公里的民族区域内,居住着维吾尔、藏、回、蒙、土、满、哈萨克、柯尔克孜、乌兹别克、塔塔尔、东乡、撒拉、保安、裕固、锡伯、俄罗斯等16个主要少数民族的1560多万人口,占西北地区总人口的四分之一左右。少数民族居住相对集中,在全国56个民族中,西北地区拥有40多个少数民族,占全国民族5/7左右。秦汉以降,西北少数民族与中央政府就具有行政统辖、民族血缘、经济依赖、文化发展等不可分割的关系。其中占全国人口绝大多数的汉族对国家的认同,不仅是一个政治认同问题,而且也是一个身份归属的问题。无论从国民身份还是从意识形态的角度来看,国家认同除学术研究具有意义和价值外,汉族对国家的法理制度、现实生活、历史积淀、民族心理等都获得高度认同,这无论在数千年来的封建社会、半殖民地半封建社会还是社会主义时期,国家认同可以说是对汉族的认同度较高。然而对少数民族尤其是西北边疆少数民族来说,国家的认同不仅是一个身份归属问题,而且也是一个政治认同问题。从现代国家理念来看,"'少数民族'是指一个国家内的个人集团，他们是居住于该国内并拥有公民身份，与该国保持长期的、稳定的和持久的联系；显示出与众不同的族群文化、宗教或语言上的特征；尽管在人数上与该国某一区域的其他居民相比较少，但却拥有明显的代表性；具有明确地保护自己文化传统、宗教和语言。”[①]因此研究西北地区少数民族新闻传播与国家认同之关系则涉及政治学、民族学、社会学、历史学、宗教学等诸多领域。本文将研究视域和研究对象仅限定在新闻与传播学领域。

一、西北地区少数民族区域的人文地理特征

在国家多次的区域划分和行政归并中，西北地区以其人文地理和社会发展特征始终被划定在中国西北内陆地区。西北地区地处我国内陆腹地，远离海洋，其北端、西端与俄罗斯、蒙古、阿富汗、哈萨克斯坦、吉尔吉斯斯坦、塔吉克斯坦、巴基斯坦、印度等国家接壤，向西可延伸至中东地区乃至地中海和欧洲，即连接欧亚大陆的举世闻名的丝绸之路经过之地。西北地形地貌以天山、唐古拉山脉、草原、沙漠著称，既有江南之称的银川平原，又有一望无际的塔克拉玛干沙漠。土地广袤，人烟稀少，平均每平方公里只有22.5人，其中新疆平均每平方公里仅约8人，青海平均每平方公里则不足5人。[②] 西北土地辽阔、交通闭塞、气候多变、资源丰富、昼夜温差大。西北的高山峻岭、大小河川，展示其广袤与神奇，也阻隔与内地交通，极为不便。内地深受风沙、降温、降风影响。西北物产极为丰富，新疆、宁夏盛产棉花、小麦、大米、多种水果，草原面积达17亿亩，占全国草原总面积的40%以上。新、甘、宁、陕的煤炭储量丰富，仅新疆的煤炭储量就达16000亿吨。天然气、石油、太阳能、风能、地热等其他能源也极为丰富，其中石油储量约为200亿吨。青海水利资源丰富，总蕴藏量占全国第二。甘肃的镍金属储量居全世界第二位，而青海的重金石、盐、铂金等数十种矿产量均居全国首位。

西北地区少数民族自古就与中央政府有着相互依存、共同发展的族缘、血缘和文化人脉关系。“汉朝在区域设立都护府，进行整治管理，从此西域

---

① 黄岩. 国家认同——民族发展政治的目标建构[M]. 北京：民族出版社，2011：27.

② 益西拉姆. 中国西北地区少数民族大众传播与民族文化[M]. 兰州：兰州大学出版社，2002：10.

统一于汉的版图，成为我们伟大祖国不可分割的一个重要组成部分。”①随后由于张骞出使西域，对西域诸国的自然环境、风土人情、社会经济、政治制度、交通路线有了较多的了解，更加密切了汉朝与西域诸国的直接关系。

西域自古以来都是中国封建社会中央政府的版图已被史书证实。在民族交往中，兄弟民族早已有国家这一概念。据《旧唐书》卷一二〇记载：唐天宝年间，中原发生了“安史之乱”。唐玄宗仓皇逃亡四川，肃宗于灵武即位。“郭子仪以回纥兵精，劝上益征其兵以击贼。”回纥葛勒可汗磨延啜主动遣使到灵武，请求出兵助唐平乱。757年，（唐至德二年）可汗遣其子叶护及将军帝德率精骑4000到凤翔府。唐元帅广平王李俶、副帅郭子仪与之相见。广平王与叶护结为兄弟。唐、回以及西域各部合兵15万出发讨贼。行至扶风，郭子仪想在大战之前留宴三日，犒劳部队，王子叶护说“国家有难，远来相助，何暇为食”②可见，当时回纥与唐朝的关系是相当融洽的。国家有难理当帮助，已在当时回纥王子叶护心中形成“国家”这一概念。

二、西北地区少数民族区域社会发展特征

千百年来，西北少数民族独特的山川风貌和历史渊源，形成了不同于我国西南、东北等少数民族独特的社会发展特征，即在亚细亚高原农牧社会中，这个拥有16个主要少数民族在自给自足的游牧、农耕社会中，以其勇敢、剽悍、勤劳善良、热情好客、文化多元、信仰笃真、风俗奇异，繁衍生息并演绎各自的民族神话。

1. 少数民族（族群）渊源悠久，民族文化多元交叉且呈融合混杂特点

少数民族是指人类在进化与繁衍中，氏族、部落、族群经过长期的迁徙、战争与融合而形成具有共同语言、共同文化、共同习惯的民族共同体。历来对民族和少数民族的定义都众说纷纭。费孝通认为我国民族情况十分复杂。首先是历史长、渊源广，其次是幅员广大、民族众多。此外，各民族社会发展不平衡。所以我们所用“民族”一词历来不仅适用于发展水平不同的民族集团，而且适用于历史上不同时期的民族集团。这是一个含义广泛，各有

① 新疆维吾尔自治区教育厅．新疆地方史[M]．乌鲁木齐：新疆大学出版社，1991：20．

② 旧唐书·回纥传：卷一二〇[M]．北京：中华书局，2001．

所指的名词 。[①] 国内的学术文章中因为对“族群”和“民族”的概念界定不清，势必出现这两个名词间的混用或并置。对此祁进玉认为应用“族群”(Ethnic group)[②]称谓少数民族，笔者认同这一观点，并在今后的文章中“民族”指涉(Nation)56个中华民族，国家(State)指涉政府，“族群”(Ethnic group)指涉少数民族。

整体来看，西北五省(区)的少数民族，居住混杂，各有偏重。新中国成立以来，国家为促进少数民族发展，依据辖区内民族成分多少，而划定为少数民族自治州、县。西北少数民族多达40多个，其中主要少数民族单列为自治州、县就有：新疆维吾尔自治区的昌吉回族自治州、巴音郭楞蒙古自治州、克孜勒柯尔克孜族自治州、博尔塔拉蒙古自治州、伊犁哈萨克自治州、巴里坤哈萨克自治县、塔什库尔干塔吉克族自治县、木垒哈萨克族自治县、焉耆回族自治县、察布查尔锡伯自治县和布克赛尔蒙古自治县等11个自治州、县。

青海省有海北藏族自治州、黄南藏族自治州、海南藏族自治州、果洛藏族自治州、玉树藏族自治州、海西蒙古族藏族哈萨克族自治州、互助土族自治县、化隆回族自治县、循化撒拉族自治县、河南蒙古族自治县、门源回族自治县等11个自治州、县。

甘肃省有临夏回族自治州、甘南藏族自治州、天祝藏族自治县、肃南裕固族自治县、肃北蒙古族自治县、阿克塞哈萨克自治县、东乡族自治县、张家川回族自治县、积石山保安族、东乡族、撒拉族自治县等9个州、县。

宁夏过去曾设有吴忠回族自治州、固原回族自治州、泾源回族自治州和隆德县等29个州县。

西北40多少数民族中主要的少数民族就有16个，本文综合各少数民族发展特点择要概述民族渊源生活方式、文化特征、宗教信仰和社会习俗等。

(1)民族生成具有融合性

西北少数民族在战乱迁徙中，由于生存环境恶劣，部落经常发生战争和

---

① 费孝通.关于我国民族的识别问题[J].中国社会科学,1980(1).

② 祁进玉.群体身份与多元认同——基于三个土族社区的人类对比研究[M].北京:社会科学文献出版社,2008:1-2.

外敌入侵，加之游牧生活习性，族群大多具有吸纳、融合的特点。虽然民族共同体是在民族或部落的基础上发展起来的。“但群体内部并不同于民族或部族以单纯的血缘关系来维系，或在其生成过程中地缘为主要的维系因素。”①在其之后的发展中，由于宗教信仰和生活方式的不同以及文化心理的不同，发生冲突、纷乱、战争也是常有之事。

(2)民族构成的多元性

西北少数民族都在战争、迁徙、戍边、部落争夺、朝代更迭等历史环境中形成多个部落、氏族兼并、融合，交往的发展态势。这种多元而开放的民族心理为以后民族形成大团结、大融合奠定了基础。

(3)民族分布的复杂性

西北少数民族地域分布广泛而复杂，既有维吾尔、藏、蒙古混杂居住，又有单一民族单一居住，还有同一民族的跨区域散居。同时由于历史的原因，某一民族曾受外敌压迫而屈从于异族奴役，如哈萨克族曾受俄罗斯的奴役。随着祖国的强大，其民族向内心理更加强烈，为开发西部、维护祖国统一的奠定基础。

(4)民族信教的普遍性

西北少数民族中，宗教信仰的普遍性和虔诚性是其根本特点。在16个主要少数民族中，有近10个少数民族，诸如维吾尔族、回族、哈萨克族、东乡族等都信奉伊斯兰教，而藏族、蒙古族、土族、裕固族则信奉喇嘛教。教民对宗教的虔诚，执著，纯真已沁入其意识形态和思想观念之中，甚或变成其生活方式和世俗生活习惯，成为后世宗教改革的难题。

西北少数民族的历史渊源和生成特点以及迁徙、繁衍的特点决定了其民族文化多元性、融合性、丰富性、外显性等特点。

2. 民族文化的多元性

民族文字和语言是人类文化交往、传播的工具，语言作为思维的物质外壳，承载着人类思维的整个心理活动和表达状态。而文字作为精神活动的物质记录，是人类文化产品的结晶。在西北少数民族中，维吾尔族拥有自己

---

① 益西拉姆. 中国西北地区少数民族大众传播与民族文化[M]. 兰州:兰州大学出版社,2002:25.

本民族语言和文字，其语系属于阿尔泰语系、突厥语族。维吾尔族文字使用历史悠久，九世纪以前曾广泛使用古突厥语，九世纪以后开始用以阿拉伯字母为基础的文字，后经吸收汉语、伊朗语、阿拉伯语、俄语等词汇演变成维吾尔族通用文字。哈萨克族也拥有本民族语言和文字，其语系属于阿尔泰语系、突厥语族克普恰克语支。其文字是阿拉伯字母为基础的文字，通用于本民族。藏族也拥有本民族语言和文字，其语系属于汉藏语系、藏缅语族藏语支。藏文始创于公元七世纪前叶，是一种有4个元音符号和30个辅音字母的拼音文字，蒙古族也拥有本民族语言和文字，其语系属于阿尔泰语的蒙古族语，而新疆的蒙古族则通用十七世纪卫拉特高僧咱雅班但达在“胡德木文”基础上创制的“托忒文”，如此等等。丰富的语言文字创造了丰富多彩、多元发展的文化，如藏族的《格萨尔王传》，维吾尔族叙述长诗《福乐智慧》，蒙古族史诗《江格尔》，柯尔克孜族史诗《玛纳斯》等都成为中华民族的文化瑰宝。

3. 民族文化的宗教性

西北少数民族多数信仰宗教，无论是伊斯兰教还是藏传佛教、喇嘛教，宗教成为凝聚人心、占领心智的神奇力量。宗教规范着人们的社会习俗，也成为主宰人们精神世界的统领工具。如藏传佛教的格鲁派实行的活佛转世制度，虔诚的朝拜可使教民倾其所有，献身活佛。这种宗教信仰使藏族同胞“所居无常，依随水草，地少五谷，以畜牧为主。”①这种生活方式延续至今，仍然在现今社会中发生作用。同样，“伴随着民族的形成和发展而传承下来的回族民俗，具有鲜明的伊斯兰教特色。如伊斯兰教规定的念、礼、斋、课、朝五功，始终成为回族信仰的民俗的核心。”②宗教所主导的精神世界和社会习俗，以至于形成的宗教礼仪和宗教文化一直蔓延至今，既成为淳朴善良的象征，也成为改造心智的顽疾手段。因为宗教作为精神的鸦片（马克思语），本质上是对人精神的奴役。在宗教世界里，“权利和利益就是宗教的权利和利

---

① 后汉书·西羌传［M］. 长沙：岳麓书社，1988.

② 王正伟. 回族民俗学——宗教信仰与禁忌习俗［M］. 银川：宁夏人民出版社，2009：12.

益,并由占统治地位的宗教界所垄断。”①宗教的禁锢和保守性很难改造人的精神观念。

4. 民族文化的合成性

西北少数民族区域因处于西亚、欧洲之间即欧亚大陆桥之要道——丝绸之路,千百年来,伊斯兰文明,西方文明,华夏文明,尤其是伊斯兰教、藏传佛教、基督教、儒教都在这里交汇并相互影响。地域的特殊性使西域文明具有多元性、地域性,而这种特性正好是“合成文明”造成的。日本学者羽田亨说:“现在回鹘人不问东西系统,不问种族,都自动摄取,于是各种文明就在他们的社会中渐渐融合,形成了一种合成文明。”②这样无形造成了西域少数民族文化开放、多元融合的特点。西欧和中原的各种音乐、绘画、舞蹈、雕塑、建筑、服饰、饮食、婚丧、嫁娶、节庆等都在这里有其影子。尤其是伊斯兰文明主宰的多种文明中,既有维吾尔族、回族、哈萨克族流行的波斯文化的基因,又有中原汉族及其他少数民族文化万向。呈现出博大精深,美观巧智的艺术韵味。

5. 民俗文化的外显性

西北少数民族的精神文化和物质文化如思想观念、价值体系、宗教信仰、思维方式、审美情趣和风俗习惯等内在而无形的东西,也许是游牧习性和迁徙的性格所致,民族文化大多是外显直观的。如伊斯兰教建筑清真寺砖雕、绘画,既形象生动又色彩斑斓。维吾尔族、哈萨克族的音乐,既有音乐又有舞蹈,动感极强,舞姿飘动,妙音绕梁。其服饰的色彩,其刀具之雕饰,其器皿之精美,其饮食之形状都预示出少数民族善于将内在的精神外化为一种有形的存在,而展示在世人面前的智慧。

雷蒙德·威廉斯在《文化与社会》中说:“文化”,通常是指某种事物的文化,这时它的第一个意思是“心灵的普遍状态或习惯,与人类追求完美的思想观念有密切关系”。第二个意思是“整个社会里知识的普遍状态”。第三个意思是“各种艺术的普遍状态”。其后,又有第四个意思,“文化是一种物

---

① kamal karpat. political and social thought in the contemporary middle east[M]. new york:frederick A . praeger,1968:89 -90.

② 羽田亨.西域文明概论[M].北京:中华书局,2005:65.

质、知识、与精神构成的整个生活方式”。①

雷蒙德·威廉德关于文化与社会的本质论述，可以说是较全面、深刻地揭示出人类社会与文化缔构的关系，为新闻传播与社会构成奠定了基础。首先“文化”作为人类生活心灵普遍状态，和社会的意识形态关系密切。正如阿特休尔所言，“任何体制下的媒介，不管其形式如何，都是某种权势的媒介，都是为那些所有者和经营者的利益服务的。”②而且，无论什么样的社会制度，新闻媒介都被当做维护社会秩序的主要力量，教育人民在他们的社会中发挥各自的作用。其次，社会中的一切知识都是以文化的样态普遍存在着，其中媒介见证了社会实体的存在。媒介作为记录者和信息载体，是社会生活的舞台，是社会生活的缩影，无媒介则无社会。第三，文化是各种艺术的普遍状态，也是一语道破文化、社会、艺术与媒介的本质，总结出各种艺术门类、形态最终都以文化的形式而被继承、创新和发展，最终成为艺术史，也成为文化史。第四，文化作为一种普遍的生活方式，则更加精辟地概括出人类社会具有不同的生活方式、不同的社会制度会拥有不同的社会文明和媒介文明。

应该指出的是西北少数民族在社会历史变迁和发展中，本身就有国家的意识和历史基因，千百年来与中央政府演绎睦和、纷争，这从史书记载中就可看出来，另外，国家认同是国家出现之后民族有国家意识和现代化进程中的概念，其中汉族对国家认同也有复杂性。本文是基于“三股势力”对中华民族造成的危害（媒介愈加报道愈加形成减损效应）才将国家认同引入到西北少数民族新闻传播之中的。

第二节　西北地区少数民族新闻传播媒介变迁与现状

少数民族新闻传播历来是我国新闻传播事业的重要领域，也是我国新闻传播理论研究不可或缺的组成部分。近年来，随着全球化传播和新媒体技术的迅猛发展，少数民族以及少数民族新闻传播成为世界所关注的领域，

---

① 雷蒙德·威廉斯. 文化与社会[M]. 北京：北京大学出版社，1991：18.

② [美]赫伯特·阿特休尔. 权力的媒介[M]. 北京：华夏出版社，1989：233.

尤其是少数民族宗教信仰和民族文化的保护和发展成为影响国际事务和世界进程的重要因素。新中国成立60年来,我国少数民族的新闻传播事业取得长足的进步和发展,不仅有力地宣传了党和政府的方针政策,讴歌了少数民族取得的社会进步和历史成绩,而且还真实记录了当地少数民族社会经济的发展,反映了少数民族现实需求和社会心理,见证了少数民族文化繁荣以及幸福指数不断的提高。然而在社会变迁中,较之于汉族新闻传播事业,其历史较短,影响力偏小,地域封闭,传播成本大。但也有其自身的特征,从其诞生就双语传播,加之又有组织传播如政党、宗教组织做后盾而形成鲜明的民族特色和时代特征。西北少数民族新闻传播从其诞生就纳入世界现代化的征程,并汇入中华民族多元一体化的发展洪流中。在其社会发展转型中,即从传统社会向现代社会的转型中,像多数学者认为的那样,"中国社会转型经历了1840~1949年的慢速发展,1949~1978年的中速发展和1978年至现在的快速发展三个阶段。"①这种转型无论在速度、广度、深度上都是前所未有,而且这种转型和少数民族社会发展基本是合辙的。其发展变化呈现出与中华民族一样的标志性的转化。即中国社会正在从自给半自给的产品经济社会向有计划的商品社会转化,正从农业社会向工业社会转化,正从乡村社会向城镇社会转化,正从封闭半封闭社会向开放性社会转化,正从同质单一性社会向异质多样社会转化,正从伦理社会向法理社会转化。任何民族无论身处何地、何时,"变迁都已成为人们的注意中心,而且人们相信变迁是不可逆转、不可抗拒、不可消除的。"②

一、社会变迁初期西北地区少数民族新闻传播起步晚、内驱力小、媒介融合度低、媒介生态脆弱并形成单一的传播布局

18世纪,大众传播的发展和扩散促进社会发生巨变。"在从传统社会向现代社会的转型中,有三个主要的趋势居于并仍将继续居于中心地位,它们是工业化、城市化和现代化。"③在农牧社会,西北少数民族喜水草、善游牧的

---

① 刘祖云.发展社会学[M].北京:高等教育出版社,2006:169.

② [美]史蒂文·瓦戈.社会变迁[M].王晓黎,等,译.北京:北京大学出版社,2007:3.

③ 希伦·A·洛厄里,梅尔文·L·德德弗勒.大众传播效果研究的里程碑[M].刘海龙,译.北京:中国人民大学出版社,2009:4.

生活方式决定了其交往以人际传播为主。从人类接受信息的方式来看,仍处于较为原始的时期。白润生认为"在目前的史料中,我们可以得知在713年(即我国报状产生)之前,少数民族的新闻传播依然处于口头阶段。"[①]19世纪末20世纪初,我国西北部分少数民族才开始办报,新疆地区第一份少数民族文字报纸《伊犁白话报》创办于清宣统二年(1910)年三月二十五日,用汉、维、蒙、满4种文字出版,汉文为铅印,满、蒙、维吾尔文为油印。白润生说"该报的创办标志着西藏也是我国藏族新闻传播事业由原始的新闻传播活动直接跨入近代报刊时代。"[②]其后,在新疆创办的《新报》(1912年2月)1913年改为《伊江报》、斜米地区的《自由论坛》、塔什干地区的《解放报》等一批汉文与维吾尔族、哈萨克族等少数民族报纸相继问世。[③]1907年创办的《西藏白话报》是中国最早的藏文报纸,每期发行300份,以"爱国尚武,开通民智"为宗旨,内容以官方文件为主,设有新闻、文学、杂论等。

西北地区少数民族新闻传播活动起步晚,虽然落后于世界大众报刊的步伐,也落后于我国黄远生、梁启超时期国人办报的第一次高潮,但总体上看并未晚多少。20世纪初至中叶,是世界范围内报纸迈入大众化时期,在这一过程中,报纸完成两个转变:一由'观点纸'向'新闻纸'的转变,二是由政党经费运营向市场化运营和企业化经营的转变。"[④]由于西北少数民族地域的封闭性和交通不便,报业发展所依凭的工业化条件难以形成,加之西北地区人口稀少,受众文化程度不高。另外,西北地区少数民族普遍信教,"宗教几乎占据了其全部空间,使得新闻传播的功能被削弱殆尽,这种单极性造成文化的保护性,与新闻传播所奉行的开放、公开精神相去甚远。"[⑤]从媒介生态来看,媒介生态品种单一、媒介生态液缺乏,广告缺失,媒介内生增值能力差,尤其是媒介与社会循环内驱力不够,特别是受众文化程度低,各民族之间语言交流成本大,加之地处东方社会的高语境高传播中,在传播时绝大部

---

① 白润生.中国少数民族新闻传播史[M].北京:民族出版社,2008:6.
② 白润生.中国少数民族新闻传播史[M].北京:民族出版社,2008:35.
③ 益西拉姆.中国西北少数民族大众传播与民族文化[M].兰州:兰州大学出版社,2002:42.
④ 郭庆光.传播学教程[M].北京:中国人民大学出版社,1999:11.
⑤ 白润生.中国少数民族新闻传播史[M].北京:民族出版社,2008:32.

分信息或存于物质语境中,或内化在个人身上,极少存在于编码清晰的被传递的讯息中。东方社会很多都是"高语境"社会,人们思想难以达成共识,这样就使媒介单极化生存,媒介生态十分脆弱。这是因为,其一,西北少数民族报刊品种单一,办刊初创期报纸的形式基本上是古代向近代办刊演化的"杂志",而且内容也单一,媒介生态位孤立,缺乏相依性,难于从社会环境获取营养液和食物链,媒介生态缺乏不同生物之间在营养关系中所形成的一环套一环的链条式营养结构模式。① 其二,媒介内生增值力弱,媒介广告缺乏供应链,难以获得自身造血功能。其三,受众资源和广告资源作为媒介的基础态位是报刊生存的土壤,没有发行量和广告的双向互动供应,媒介将会自生自灭。社会变迁初期,西北少数民族的报刊不同程度地难逃厄运。"据史料记载,20 世纪前半叶,我国众多少数民族中有本民族文字的 21 个,但只有蒙、藏、朝鲜、维吾尔、哈萨克、满、锡伯等集中民族文字的报刊(其中大多是汉文字与少数民族文字的混合体),并且存在着或断断续续或中途夭折的情形,显然没有形成基本的传播规模。"②周德仓在总结少数民族报刊传播的基本规律时说区域分割、非城镇化、非市场化、非连续化③是少数民族报刊传播的主要弊端,因此,这一时期新闻传播是以报刊为主的单一性传播布局。

二、社会变迁中期西北地区少数民族新闻传播格局与宣传效应

社会变迁中期,西北少数民族新闻传播是指 1949 年全国解放至 1978 年改革开放后的这段时期。这一时期,西北少数民族报刊甚或获得从无到有的大发展并形成独立的传播格局,标志着西北少数民族新闻传播真正进入大众传播时期。

这一时期,除陕西省地处西部不属于少数民族地区外,其余四省(区)的民族,文字报刊、广播、电视都形成了"四级建制、混合覆盖"的多层次、多文种、多地域、多渠道的以党报为中心的传播格局和媒介机构建制。

---

① 邵培仁.媒介生态学——媒介作为绿色生态的研究[M].北京:中国传媒大学出版社,2008:74.

② 益西拉姆.中国西北少数民族大众传播与民族文化[M].兰州:兰州大学出版社,2002:41.

③ 周德仓.中国藏文报刊发展史[M].北京:中国社会科学出版社,2010:11.

1. 西北地区少数民族新闻传播多层次、多文种、多地域、多渠道的传播布局和媒介机构建制的意义

西北地区地广人稀，交通不便，气候恶劣，族群居住复杂，人民群众普遍信教，加之最常见的生活方式喜水草、好游牧和历史形成的善于人际传播信息，因此，长期以来，口口相传和声音传播占据人们传播的主要地位。作为现代社会先声的大众传播——报刊的普遍诞生，标志着其进入现代社会并融入全球化传播中。周德仓认为，“1951 年、1956 年，全国第一家藏文省级报刊《青海藏文报》和第一家省级藏文报《西藏日报》先后在青藏高原破土而出。而随着《阿坎报》(1953 年)《甘南报》(1953 年)《甘孜报》(1954 年)第一批藏族自治州机关报的问世，全国藏语报刊的两级藏语机关报架构初步确立，标志着以藏文机关报为主流的藏语报刊体系在全国的藏族自治区开始形成。藏文报刊终于作为国家的主流媒体，进入大众的视野，成为藏族自治区最重要的民族语言传播媒介。”[①]也就是说，中国的少数民族的传播形成由人际传播跨入大众传播具有划时代的意义，她不仅标志着少数民族从语言传播到大众传播真正进入信息社会，即由土著向文明迈进，而且也融入到民族国家世界格局中，成为具有现代文明社会的一员。这从《人民日报》对少数民族新闻报道就可以看出，“1949 至 1956 年，《人民日报》的少数民族新闻报道在数量上比较平衡，平均在 356 篇左右，并没有随着《人民日报》总的报道量的变化而变化。由此可以看出少数民族新闻报道从新中国成立起就成为《人民日报》新闻报道的组成部分，代表我国主流媒体对少数民族新闻关注从新中国成立就开始了。[②] 如《人民日报》从 1949 ~ 1956 年的统计可以看出，少数民族新闻报道在全国新闻报道所占的比额是相当大的。

---

① 周德仓. 中国藏文报刊发展史[M]. 北京：中国社会科学出版社，2010:5.

② 顾媛婷.《人民日报》少数民族新闻报道研究[D]. 2009:5.

人民日报少数民族平均每月报道统计

年份	1949	1950	1951	1952	1953	1954	1955	1956
少数民族新闻报道	214	310	390	328	338	458	331	414
报道数量	19023	20251	14500	13397	12820	14035	15659	23982

（资料来源:《人民日报》电子版）

正如哈罗德·伊尼斯所说:“时间观念和空间观念反映了媒介对文明的重要意义。倚重时间的媒介其性质耐久,羊皮纸、黏土和石头即为其例。倚重空间的媒介,耐久性比较逊色,质地比较轻。后者更适合广袤地区的治理与贸易。”①这就是说偏重于语言的传播虽具有便捷性,但没有文字那样容易保存,偏重于实物的传播虽具有厚重性,但没有符号介质的广域性。少数民族新闻传播以文字作为大众传播的媒介,获得符号介质意义上的广域性和便捷性,很快融入到当今世界全球化发展中去。

媒介作为社会机构,并与世界的政治、经济、文化等体制结成多角的关系。“大众传媒生来便与权力结下不解之缘,它参与编织一张社会权力的大网——它事实上是三位一体的,既是意识形态的国家机器,又是资本主义企业,又是公共领域。”②2005 年 5 月 27 日中央电视台在晚间新闻联播播出头条新闻,中央召开民族工作会议暨国务院第四次民族工作会议之后,以《山寨换新颜》为题做了一期《焦点访谈》节目,报道云南基诺少数民族由原始社会直接进入社会主义社会,基诺族由吃野菜、住茅草房到搬下山,使用拖拉机、摩托车,而这个民族只有 3800 人。基诺族经历世纪时空的跨越,说明现代化传播起了决定性的作用。大众媒介的多重属性决定了其传播具有这样的特点:传播对象面广量大,分布广泛,“对受传者的立场、观点、态度、行为、文化修养等方面能产生积极的和消极的影响。”③也就是说大众媒介成为影响少数民族思想观念和行为方式以及心理变化的重要方式。

但是应该承认,解放初期,党和政府是以组织传播催生少数民族进行大

---

① 哈罗德·伊尼斯.帝国与传播[M].何道宽,译.北京:中国人民大学出版社,2003:5.

② 肖小穗.传媒批评——揭开公正中立的面纱[M].哈尔滨:黑龙江人民出版社,2002:61.

③ 邵培仁.传播学[M].北京:高等教育出版社,2000:35.

众传播的。这种形式较之于西北地区口口相传和声音传播是一大进步，因为从声音传播到文字传播毕竟有空隙。组织传播一改过去传播之闭塞，可以说初步形成了组织网络，但这仅仅是以点带面的新布局。在广袤的西北地区，党刊似乎也只是做到了组织布局，尚未形成传播分层、严密有序的传播格局。因此，布局、格局一字之差，反映了西北地区少数民族新闻传播的实际现状。

2. 西北地区少数民族新闻传播格局和媒介机构建制

大众传播作为社会机构，与人类生活有着千丝万缕的联系。从人际传播演化为组织传播再到大众传播，其中专职（编辑、记者）人员编制、办刊宗旨、编辑方针、传播对象、资金设备、广告资源等就成为媒介机构构成的必要因素。新中国成立以后，我国报纸采取审批登记制，只有取得合法资格才能获得公开出版，对少数民族文字报刊来说，高水平的编辑、记者队伍是办报的关键，因为国家对少数民族的大众传播历来采取积极的态度，国家在资金、人力和办刊条件等方面都给予大力支持。然而，少数民族报刊人员尤其是精通本民族母语的人员在新中国成立以后奇缺，导致报刊内容大量翻译汉文内容。“想办一张具有民族特点和地区相关的报纸，归结到一点，首先要有一批合格的藏族新闻干部队伍。”[①]然而，真正精通藏、维、哈、蒙的语言文字的新闻记者、编辑人员较少，导致报纸大同小异。即都宣传党的纲领、路线、方针、政策，但不同文字，读者对象不同，宣传的重点和角度不同，报纸容纳量不同等，这成为解放初少数民族新闻传播的共性特征。

少数民族新闻传播事业从无到有甚或突飞猛进发展，完全得力于党和国家的大力支持和发展。解放初，新疆、青海、宁夏、甘肃四省（区）的新闻报刊和广播电视，除省级报刊或依托旧报改造或创办新刊以外，地、市、州、盟以及县级报刊和广播电视大多是行政区域成立以后创办的。

《新疆日报》是中共新疆维吾尔自治区委员会以汉、维、哈、蒙等文字于1949年12月6日创办于迪化的党委机关报，1950年用4种文版每天发行17000多份，1966年的周发行量曾达39000多份。新疆地区还创办了州、市、

---

① 张之华. 中国新闻事业文选[M]. 北京：中国人民大学出版社，1999：628.

盟等民族文字报纸，如《伊犁日报》于1951年7月1日创刊，是伊犁哈萨克自治州党委机关报。创刊伊始，只有民族文字版，没有汉文版。1957年10月1日开始用哈、维、汉文版印刷。《喀什日报》作为中共喀什地委机关报，其前身是《天南日报》，该报在其后的发展中，先后用维、汉文版印刷，虽几经合并，但确定了办报方针是地方化、群众化、通俗化。《哈密报》是中共哈密地区机关报，该报创刊于1951年3月16日，是哈密地区有史以来的第一张报纸。该报汉文油印，维文版铅印，报纸确定的宣传对象“三分之二版面面向农村，三分之一的版面面向城市”。主要反映农牧业合作化运动及农牧业生产情况以及工业财经、政治和科教文卫等工作情况。《克孜勒苏报》是中共克孜勒苏自治区委主办的综合报，该报1956年元旦成立，是我国唯一的一份柯尔克孜文报纸，用柯尔克孜文、维文、汉文出版。《阿克苏报》是阿克苏地委主办的综合性报纸，1958年9月1日创刊。维文版，对开4版周三刊，汉文4开4版周三刊，该报在20世纪80年代末，汉文版达15000份，维文版印刷达14000份。另外还有《阿勒泰报》是以哈、汉文印刷的阿勒泰地委机关报等。

另外，县级党报还有中共巴里坤县机关报《巴里坤报》汉、哈文版。该报前身是1951年10月1日县委宣传部主办的汉文报纸《新镇西报》，1956年3月8日改为《巴里坤报》，并用汉、哈文两种文字出版。汉文版双周刊，哈萨克文版五日刊，均为8开2版，油印。汉文版每期印发150份，哈文版每期印发80份，由县委宣传部长任主编。其间汉文报出版报纸444期，共计89244份，哈文版出版报纸207期，共计24840份。在全县设读报组66个。中共莎车县委机关报《莎车报》是维文报纸中唯一的一家县级报。1956年11月1日创刊，原名《莎车农民报》，周二刊，石印，1957年初改为铅印，4开4版。该报以宣传农业生产为主，反映全县各行各业的成就、经验，辟有30多个栏目，发行量最高达7000份。察布查尔自治县主办的锡伯文《新生活报》其前身是1946年创办的《自由之声报》。1954年更名为《新生活报》，后又更名为《察布查尔报》。该报是我国唯一的用锡伯文出版的报纸，在少数民族报刊史上有其特殊的意义。

在创办综合性报纸的同时，还创办各种专业报纸，如《新疆工人报》（维、汉版),1951 年 10 月创刊。《新疆石油工人报》《新疆商业报》(维吾尔文),1954 年秋创刊,1958 年停刊,后又复刊。《新疆石油日报》(维、汉版)1956 年创刊,原名《新疆石油工人报》后改为《新疆石油日报》等。

新闻报刊在发展的同时,西北地区少数民族广播电视事业也随着新闻传播技术的发展而同步发展。

1949 年 12 月 21 日,新疆创建广播电台,发行功率为 350 瓦,用维吾尔语和汉语共同使用一个频率交错播出,全天播音仅三个小时,收听范围不超过省会所在地。到 1989 年底,全疆有 87 个县(市)有了广播台(站),并在 58 个县建立调频广播、村民广播室有 1700 多个,全疆广播人口覆盖率达 70%。新疆的广播电视事业主要是在 70 年代末和改革开放初期建立的,新疆电视台筹建于 1960 年 10 月,以后因国家实行经济调整而停办,1970 年再次复建,10 月 1 日以新疆实验电视台名义用维语、汉语共享一个频道,分段播出。1972 年正式使用新疆电视台台标。进入 20 世纪 80 年代,自治区已有电视台 2 座,电视录像转播台和电视台转台 288 座,电视卫星地面接收站 500 多座。电视人口覆盖率达 65% 以上。

青海省现有藏、蒙古、回、土、撒拉、哈萨克等 7 个民族。其中少数民族人口 2358255 人,占 45.51%。藏族 11342316 人,占 15.89%;土族 199470 人,占 3.85%;撒拉族 95815 人,占 1.8%;蒙古族 88829 人,占 1.71%,其他少数民族 16442 人,占 0.32%。[①]1949 年 9 月 11 日,西宁市军事管制委员会在中国人民解放军第一军政治部的协助下,编辑出版 4 开《新闻》日报,这是青海境内在共产党领导下的第一张报纸。新中国成立后青海省委机关报《青海日报》创刊,成为全省影响最大的报纸。1995 年 1 月 16 日青海在全国率先办起藏文报纸《青海藏文报》,初为旬刊,藏汉文对照出版,1967 年 10 月 4 日 4 版全部藏文版。读者对象为省内藏族干部、乡镇基层干部和农牧民藏胞。

甘肃省有少数民族裕固族、东乡族、保安族、藏族等,藏族主要集中在甘肃南部。《甘南报》是甘肃省甘南藏族自治州机关报,其前期是 1952 年 4 月 10 日创刊的《夏河报》,4 开 4 版,藏文汉文对照,石印,周刊。1953 年 5 月 1

---

① 纪小春. 青海新闻发展史研究的源流及特征[J]. 青海师范大学学报,2006(1):105.

日,《甘南报》刊出《本报更名<甘南报>告读者的几句话》,1955年元旦,《甘南报》藏文、汉文分版出版,标志该报进入新的发展时期,后遇挫折,停刊而又复刊,1965年前后,该报发刊量曾达23068份。《甘南日报》的办报宗旨是:突出民族特色和地方特色,立足当地,面向基层,围绕党的中心工作。

甘南广播电台筹建于1959年,1960年元月一日开始正式播音,从成立至今用藏汉两种语言广播,以藏语为主。在节目安排上,突出地方特色和民族特点,主要服务于基层干部和农牧民群众。藏语节目主要有:《甘南新闻》《新闻译播》《绿原彩虹》《少儿乐园》《卫生与健康》《藏语讲坛》《法制园地》等;汉语节目主要有:《甘南新闻》《农牧天地》《经济与信息》《人车路》《法制时空》《与你同行》等;文艺节目主要有:《格萨尔王传》《藏族文学名著介绍》《牧民乐》《雪域妙音》《综艺百花园》《周末音乐会》等。

根据《宁夏回族自治区2010年第六次全国人口普查主要数据公报》,宁夏回族自治区的现有人口6301350人。其中回族人口为2190979人,占34.77%,区内其他少数民族较少。因此,新中国成立后回族作为少数民族,因其文字与汉语相通,其新闻传播活动基本等同于汉族。

综观计划经济时期西北少数民族新闻传播业,大致呈现出如下特点:

第一,自始至终享受国家民族政策和新闻出版政策。尤其是州、盟、县,报业从产生到发展始终得到党和政府的大力支持,无论从人员配备到条件实施,既成就了当地新闻宣传事业的繁荣发展,又使少数民族语言得以继承和发展。

第二,少数民族报刊发展起步艰难,条件设备简陋。由于交通不便,人口稀少,气候恶劣,少数民族报刊发展举步维艰,一些报刊尽管不乏资金支持,但阅读人数少,受众媒介素养低成为报刊发展的致命因素。

第三,少数民族报刊产生发展,不仅拯救了一些少数民族的文字,而且也发扬光大了少数民族的文化。如锡伯文《新生活报》,柯尔克孜文《克孜勒苏报》等,不仅使本民族语言免遭淘汰,而且还丰富了我国民族语言的多样性。

第四,少数民族新闻传播缺少专业人才是成为制约其发展的主要因素。解放伊始,少数民族知识分子奇缺,新闻传播缺乏专职记者、编辑,只是报刊上的新闻内容大量翻译汉语,从而导致传播内容的雷同化、单一化。

第五,少数民族新闻传播历经曲折,在艰难中生存,由于多种原因,少数民族报刊,几经创刊、停刊而又复刊,几乎成为常见。广播事业也一样,新疆、青海的广播事业在国家经济政策调整之后晚内地多年。

第六,少数民族形成了"以党报为核心的多层次、多地区、多种类、多种文字的民族报刊体系"成为其本质特征。20 世纪 80 年代初,全国有少数民族 9100 万人,创办报纸 200 家,其中少数民族报纸 84 家,共同 17 种文字出版。其"文种之多,种类之全,读者之众是空前的。"①这些报纸从省级党报到市、州、盟乃至县级报,都由宣传部门主管。

第七,宣传民族团结,促进地方经济发展,维护社会稳定,发展区域民族文化成为少数民族新闻传播的基调。西北少数民族新闻传播事业被一条红线始终贯通,那就是宣传民族大团结、民族和谐、社会进步,都可以说是长期以来新闻传播的主旋律。

3. 西北地区少数民族新闻传播的宣传效应

何谓宣传?宣传一词起源于何时?早在 1600 多年以前,"宣传"一词就出现典籍中。东汉末年,陈寿《三国志·蜀·彭羕传》"先主刘备亦以为奇,数令羕宣传军令,指授诸将,奉使称意,识遇日加"。这里的"宣传"是指"宣上命于下"的意思。从中可以看出,最初的宣传是指上对下的信念(观念)的主动传播。古往今来,有关宣传的定义就和新闻搅在一起进行论述。许多专家、学者对新闻与宣传二者进行深入研究和热烈的争论:如沈良桂《新闻传播规律与宣传规律》、徐培汀《舆论、宣传、新闻》、甘惜分《谈新闻与宣传》、郑保卫《新闻与宣传关系浅议》、孙旭培《对改革开放以来新闻宣传的若干思考》等。武汉大学曾在 1987 年《新闻战线》第 1 期还以"新闻、宣传、舆论三者之间的关系——武汉大学新闻理论研讨会"为题进行专门的讨论。诸多的简介定义不外乎下列解释:宣传是舆论和心理控制;宣传是观念的传输;宣传是影响他人的一种手段;宣传是思想政治工作;宣传是心理引导

① 白润生. 中国少数民族新闻传播史[M]. 北京:民族出版社,2008:32,242.

等。[①] 我认同杨思讯、程世寿对宣传与新闻关系的分析。"新闻和宣传是两个不同的概念,但它们也有相同之处,交叉的部分就是新闻宣传。"[②]如图,也就是说,全同是宣传,全异也是宣传。只有交叉、包涵是宣传概念大于新闻。从媒介与社会的关系看,新闻宣传就是媒介信息变动之事。

如今,新闻策划畅行于新闻界,如果要从策划的角度来理解新闻与宣传的关系,笔者认为,全同、全异关系,显然不适合新闻主体用力,只有在"交叉、包涵关系中才能蕴含着较优质的新闻价值和社会价值。"[③]

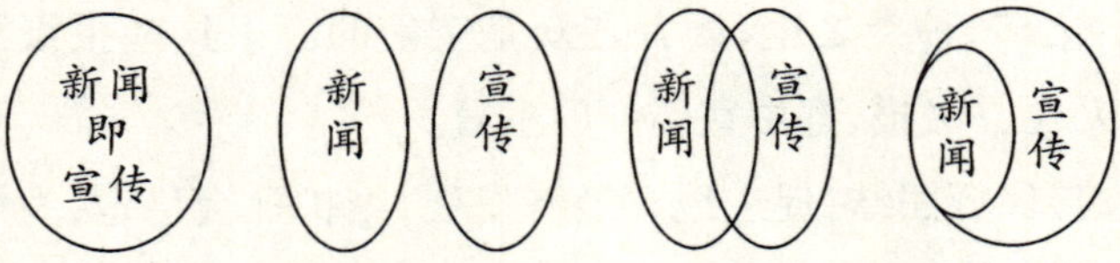

(一) 全同关系　(二) 全异关系　(三) 交叉关系　(四) 包涵关系

从传播学角度将新闻与宣传关系理解为《传播学即宣传学——简论传播学在我国的发展方向》率先要数学者李彬,其文章主要有三个论据支撑:第一,传播学的基本理论来源于宣传研究。第二,传播学研究内容围绕宣传问题。第三,传播学应用范围主要在宣传领域。无疑,李彬对新闻与传播关系的认识代表宣传主导新闻的传统的认识。众所周知,美国的传播学起源于1926年拉斯韦尔的《世界大战中的宣传技巧》,成熟于施拉姆的《男人、女人、信息和媒介:理解人际传播》。从起源到学科成熟,可以说传播学都离不开宣传,拉斯韦尔和史密斯合著的《宣传、传播和舆论》认为"宣传是信息传播的一种特殊形态,而大众传播研究的范围要广得多。"[④]该书第一次明确使用"大众传播学"的概念 ,并将传播过程分为"渠道""传播者""内容"和"效果"五要素,从而显示出著者由宣传研究转向传播研究的思维轨迹和理论倾向。"[⑤]如果将拉斯韦尔的传播五 W 模式换成:

---

① 于文书.宣传美学[M].北京:人民出版社,1999:2.

② 程世寿,刘洁.现代新闻传播学[M].武汉:华中理工大学出版社,2000:76.

③ 南长森.新闻思维与主体运筹[M].北京:中国社会科学出版社,2002:101.

④ 邵培仁.传播学[M].北京:高等教育出版社,2000:14.

⑤ 邵培仁.传播学[M].北京:高等教育出版社,2000:14.

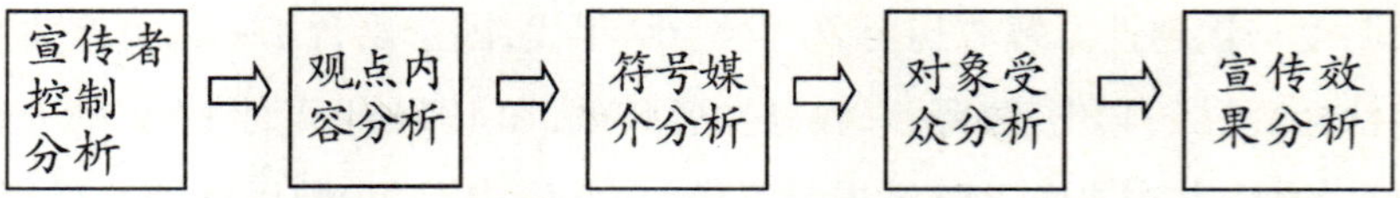

这一模式照样可以成立,由此来看,宣传与新闻传播有着本质联系。由此看宣传的定义,还是《不列颠百科全书》的定义最权威:宣传是一种借助于符号(文字、手势、旗帜、纪念碑、音乐、服饰、徽章、发型、硬币图案、邮票等等)以求操纵他人信仰、态度或行为的或多或少系统的活动。①

在社会变迁与转型中,西北少数民族新闻传播在信息不甚发达,媒介品种单一,党报宣传主宰天下的时期,只有承认媒介宣传功能是其主要甚或是全部功能,才能解读西北乃至全国少数民族新闻传播所起到的宣传效应。这是我们总结这一时期新闻传播活动的前提和基础,若用今天信息产业和传播学的观点予以分析,显然降低甚至贬低了其所取得的成就。这些成就表现为一种综合的宣传效应。

第一,媒介真实记录西北少数民族社会生活中政治、经济、文化以及风俗习惯的演变过程。其所记录,不仅成为一种媒介记忆,而且也成为民族记忆,进而成为一种历史文化。西北少数民族从刀耕火种到逐草放牧,再到定居群居,生活方式由食肉喝酥油茶到食谷物、食蔬菜,从农耕使用原始工具再到使用机械设备,从使用本民族语言文字到使用多语种语言,都反映出其社会的进步和文明。

第二,媒介见证少数民族社会生活变迁,并典型地代表了社会变迁的历史就是媒介发展的历史规律。西北少数民族从省级党报到州、盟乃至县级党报,真实地记录新中国成立后历次重大政治运动和社会实践活动。从巩固新生政权肃清敌特,到宣传抗美援朝、民族区域自治政策、"整风""反右"宣传报道、"大跃进"的宣传报道、减租反霸、土地改革、整顿金融秩序、发展生产、繁荣经济乃至社会主义"三大改造"和"文化大革命"等,都成为记录时代的节点以及民族历史的档案。

第三,媒介体现了党和政府的民族政策对少数民族的关怀,显示出社会

① Encyclopedia Brvtannica[M]. Chicago:Encyclopedia Brvtannica Inc. ,1983:36.

主义制度的优越性。解放初至20世纪60年代，国家出台了一系列有关少数民族社会、经济、文化、教育、宗教等发展政策，如1954年7月17日中央政治局通过的《中共中央关于改进报纸工作的决议》中说“少数民族地区的报纸，应注意宣传党的民族政策，宣传爱国主义和民族团结，并按照当地的特点适当地进行关于党的过渡时期的总路线的宣传。各少数民族地区，凡有条件的应创办民族文字报纸。”①2012年3月14日，新疆卫视《丝路·发现》栏目报道新疆和靖县在周恩来总理的提议下，1954年11月15日由“和靖”改为“和静”县，一字之差一改过去盛世执政时期“和靖”一词对当地民族的歧视。党和政府的关怀充分体现出少数民族生活在社会主义大家庭的优越性。

第四，促进了少数民族文化的发展和繁荣，使少数民族文化从濒临灭绝的非物质文化变为有文字记载的媒介文化。建国初期，西北少数民族文化经过长期战乱，民族文化的凋零，几近中断。新中国成立以后，在党和政府的关怀下，西北地区少数民族，维吾尔、哈萨克、柯尔克孜、锡伯、回族、撒拉、藏族、蒙古族、裕固族等民族用媒介记录其物态文化，建筑文化，饮食文化，行为文化，宗教文化，尤其是像《察布查尔报》(原名《自由之声报》)的创办，不仅使锡伯文得以继承和发展，而且使非物质文化语言变成文学得以发扬光大。还有像《克孜勒苏报》也是我国唯一的一张用柯尔克孜文出版的报纸。像维吾尔族的叙事长诗《隔乐智慧》，藏族的《格萨尔王传》，蒙古族史诗《江格尔》，柯尔克孜族史诗《玛纳斯》，东乡族民间叙事长诗《米拉尕黑》等都以文学媒介的形式得以传播。

第五，民族团结、社会稳定和发展始终是新闻宣传舆论引导的主色调。在中华民族“多元一体”的大家庭中，56个民族相互团结，和谐共进，社会稳定，发展经济和文化始终是各民族追求的共同目标。在西北乃至全国的各少数民族新闻传播媒介始终把宣传党和政府的民族政策，促进当地社会区域发展，缩小汉族和其他少数民族的差别，维护社会稳定放在首位。这突出的表现在党和政府建立并逐步完善了以党报为核心，以党的宣传部门为主

① 中国社会科学院新闻研究所编. 中国新闻年鉴[M]. 北京：中国社会科学出版社，1982.

管，以少数民族和汉族干部为主体的新闻传播运作体系，新闻传播舆论引导始终坚持为人民服务，为社会主义建设服务。各少数民族在各自的宗教认同，民族认同的同时，始终把国家认同放在首位。除了1957“西藏暴乱”以外，在改革开放以前，尽管新闻报道在“反右”“大跃进”“文化大革命”等舆论引导有所偏失，但是没有任何少数民族提出分裂祖国，新闻报道在舆论引导方向保持了难能可贵的清醒意识，即民族团结，国家统一，这可以说在新中国成立后社会变迁和转型中最为可喜的宣传效应。

第六，新闻传播在发挥其主功能的同时，还传播知识，提供娱乐，丰富了民族文化。各少数民族的报刊、广播、出版等，向当地群众传播畜牧、种植、机械、医疗、卫生、科技、教育，改陋习、树新风等耕地产品和知识，极大地丰富了人民群众的物质生活和精神生活。尤其是一些专业报刊在加强民族团结的同时，还提供丰富多彩的诸如音乐、美术、歌舞等风俗文化，加强促进了汉族与少数民族，少数民族与少数民族的文化交流，使各少数民族文化成为有籍可考的媒介文化。

第七，新闻传播在运作中，为当地培养了一大批记者、编辑等新闻专业人士。建国初，少数民族新闻传播专业所需要的干部奇缺，经过报社的以老带新的帮带和高等院校专业人才的培养，少数民族专业人才虽不能完全满足新闻传播的需求，但是少数民族新闻干部毕竟起着顶梁柱的作用。一些记者、编辑经过培养成为少数民族新闻传播专业的骨干和领导干部，发挥了汉族专业人才难以替代的作用。

总之，建国初期至1978年改革开放以前，西北少数民族新闻传播专业从无到有，从稚嫩到成熟，从单一性到形成规模，虽然在发展中存在媒介功能单一、传播效果有限等弊端，但是，其形成的以党报为核心，以宣传部门为主导多层次、多文种、多地域的持平情况基本满足了社会主义建设初期的意识形态的宣传需求，成为党和政府治理国家的舆论工具和宣传机器，可以说取得较好的宣传效果，同时也为社会主义市场经济时期媒体的多元化发展提供了经验和教训。

总结过去，为何在计划经济时期，党和政府依靠强大的宣传体系宣传了社会主义国家意识，少数民族对国家认同未出现较大的偏失？应该说党和政府以多文种、多层次、多规格、多形式的报刊宣传体系，基本满足了国家认同和国家建设的要求。人们不禁要问为何 21 世纪以来，少数民族受“三股势力”和反华势力的影响，对国家认同有所偏失？

第一，自鸦片战争到中华人民共和国成立，中华民族以扬眉吐气的精神，宣告中华人民共和国成立，并由此带来的国家主人翁感和当家做主的权利。鸦片战争以来，中华民族饱受外国强敌的欺凌，人民生活在屈辱之中，中国共产党推翻了三座大山，使中国成为屹立于世界民族之林的国家。现代意识呼唤现代国家，以平等的权利与国际社会交往，这种做人乃至平等做人是最为宝贵的品质。

第二，中国共产党所领导的社会主义国家体制使中华民族发生了天翻地覆的变化。建国初期，尽管百废待兴，但人民群众高昂的生产积极性创造了日渐增长、不断丰富的生产总值，人民对国家的认同感与日俱增，并焕发了爱国主义精神。

第三，20 世纪 70 年代发生的行为科学以及其后的苏联巨变、东欧裂变，加之民族主义盛行，促成了一些国家包括苏联的巨变。尤其是资本主义诞生以来，国家理论受到重创，国家认同被一些地区和国家变成了图谋新政的工具。

第四，国外“泛伊斯兰主义”和“土耳其主义”对我国少数民族的干扰和破坏。世纪之交，国外“泛伊斯兰主义”和“土耳其主义”利用各种手段，尤其是新媒体技术，肆意对我国意识形态进行破坏和干扰，甚至组织动乱分子，进行人为的破坏和实施暴力。这样，无形中影响了我国少数民族的国家认同。

基于上述认识，我国新闻传播尤其是少数民族新闻传播更应以清醒的头脑回应“三股势力”和反华势力，确保国家认同的高度性和统一性。

第三节　西北地区少数民族新闻传播市场化的现状与问题

改革开放以来，中国社会在变迁与转型中发生巨大变化，首当其冲的是生产结构和经济结构发生了变化，催生社会、政治、文化乃至意识形态的变化。中国的传媒业一改过去单一的宣传模式和舆论工具的属性,在30年市场经济中依次经历党和政府的喉舌与舆论工具—事业、企业单位的管理—信息产业—文化产业的发展路径。每前进一步都扩大了传媒的功能属性和内涵,预示着传媒产业作为公共领域具有更大更广阔的前景以及作为社会民主的表达场域的巨大进步。

一、西北地区少数民族新闻传播与市场化运作的关系

市场经济是人类能最公平自由创造物质财富和精神财富的经济形式。这种形式绝非是哪一民族国家和社会制度所独有,市场经济的开放、自由、竞争是人类社会现阶段最先进、文明的理念。吴忠民、刘祖云认为"市场经济是平等与自由理念天然生长的温床……竞争、理性选择、机会均等以及公正对待便成为市场经济社会的重要准则。"①随着我国社会的变迁与转型,我国少数民族已经完全融入到社会主义市场经济中,因而使少数民族社会经济文化等发生了天翻地覆的变化。

1. 市场化使少数民族新闻传播扩展了媒介的功能和表达领域

大众媒介在其初期发展中,社会赋予其主要动能:监测环境,协调社会。也就是说,宣传曾经是今后也将是媒介的主要功能和主要任务。在发展中才有文化积存和娱乐服务等。如今,媒介无论是作为社会的公器,还是作为公共领域,抑或是作为文化企业,还是政党统治的工具,这些功能作为多种属性恐怕都会综合表现出来。正如麦克卢汉所言,媒介具有"放大,(amplification)过时,(obsolescence)再现,(retireva)逆转(reveral)功能。即:它提升或放大了社会或人类生活的哪些方面?它遮蔽或者使之过时的是什么东西?它再现了是什么东西?就是说,它把什么东西从过去的舞台中捡回来放在舞台中央?当它走完生命历程,潜力登峰造之时,它逆转而为什么东西?就是说它摇身一变成了什么东西?"②在无孔不入的市场化中,西北少数民族新闻传播一改过去单一的线性传播模式,被日渐成熟的市场经济"放

① 吴忠民,刘祖云.发展社会学[M].北京:高等教育出版社,2002:214.

② 保罗·莱文森.数字麦克卢汉——信息化新纪元指南[M]何道宽,译.北京:社会科学文献出版社,2000:270.

大”“提升”“过时”“再现”哪些东西。比如，计划经济时期“过时”遮蔽了宗教传播，媒介有意识的“放大了”政治传播内容，而现在媒介在提供丰富多彩的精神生活的同时又有意识的“再现”少数民族的风俗习惯、服饰文化、建筑文化、饮食文化，尤其是网络传播和手机传播，少数民族和汉族的信息传播几乎是处于同一水平。所以说市场化运作使少数民族新闻传播的功能和传播领域大为拓展，几乎成为与世界传播等齐的全球化传播，尤其是新媒体技术传播“处处皆中心，无处是边缘”，[①]即使再偏僻的地方发生的新闻，也可能成为轰动世界的事件。

2. 市场化使少数民族新闻传播在获得广告资源方面难以有限发展

在全球化传播语境中，新闻媒体作为传播机构似乎有这样三种生存模式：一是政党政府主导的补贴运作模式；二是市场经济主导的独立生存运作模式；三是政府主导抑或是市场主导的相结合的生存运作模式。西北地区的报刊、广播、电视、互联网和图书出版大多数是在政府主导下诞生、发展的。作为一种机构和组织，在计划经济时期，它承担单一的宣传功能，而在市场化的运作中，“它承担双面角色，一个是舆论引导者，一个是经济创收者。”[②]这两种角色从资本主义时期就存在着矛盾。施拉姆说“新闻事业是一种双重性质的事业，站在为公众提供普及教育的立场来说，大众传播是所学校，但是，站在投资者赚钱的目的来说，大众传播是一家企业，任何媒体的负责人，如果一方面要尽校长之职，另一方面要尽经理之职，便会陷入两难境地，这两种职务很多时候是矛盾的。”[③]因为任何媒介既要承担舆论引导而又不注入资金抑或是既要经济创收又要承担舆论引导将会成为媒介运作和管理的难题。这种矛盾既有冲突，也有调和，但是很难平衡发展，但不一定就不能和谐发展。少数民族新闻传播由于人口少，城市化程度低，工业化水平不高，因此获得的广告资源明显少于东部，我们以市场运作加速时期东部与西部广告营业额为例，来说明东西部的差距。2004 年，西北五省（区）GDP

---

① 保罗·莱文森. 数字麦克卢汉——信息化新纪元指南[M]. 何道宽，译. 北京：社会科学文献出版社，2001：117.

② 刘宏. 中国传媒市场对策[M]. 北京：北京广播学院出版社，2001：98.

③ 南长森. 新闻精品生产与新闻职业道德建设[J]. 当代传播，2006(6)：23.

为7568.67亿元，而东部五省(市)GDP高达65626.62亿元，后者是前者的近9倍。在GDP差距较大的情况下，西北五省(区)与东部五省(市)广告营业额差距也十分悬殊。2004年西北五省(区)广告营业额为26.69亿元，东部五省(市)广告营业额为673.58亿元，后者是前者的25倍多。[①] 根据《中国统计年鉴》2010和《中国广告年鉴》2010(实际统计是2009年广告与GDP统计)，我根据5年后统计分析，西北媒介广告由2004年的26.69亿元增长到2009年33.52亿元，净增6.83亿元，也就是说西北五省区广告平均五年仅有1亿多元。而东部省份5年中GDP与西北地区净差545倍。相比2004年25倍整个翻了20番。

2004年与2009年西北地区与东部地区广告营业额和GDP数据比较

地区＼项目、年份	广告营业额(亿元)		GDP(亿元)	
	2004年	2009年	2004年	2009年
上海	225.03	318.22	7450.27	15046.45
江苏	96.71	178.94	15403.16	34457.30
浙江	83.21	151.87	11243.00	22990.35
山东	57.04	76.31	15490.73	33896.65
广东	11.59	269.11	16039.46	39482.56
东部五省(市)	673.58	994,45	65626.62	145873.31
陕西	8.41	14.04	2883.51	8169.80
甘肃	4.17	5.21	1558.93	3387.56
青海	1.20	2.51	465.73	1081.27
宁夏	1.38	1.64	460.35	1353.31
新疆	11.53	10.12	2200.15	4277.05
西北五省(区)	26.69	33.52	7568.67	18268.99

广告乃媒介生存之母，媒介靠出售信息，获得广告受众，广告靠赢得受众而给媒介输血，这是媒介生存的铁的定律。但是，市场化运作，使少数民族新闻传播处于尴尬的生存困境中，本文将在其后作为少数民族新闻传播

① 赵星耀.西北欠发达地区报业市场化发展研究[M].武汉:华中科技大学出版社,2009:180.

问题给予重点论述。

3. 媒介市场化将成为全球化传播趋势

媒介市场化运作尤其是广告的支撑为媒介提供了充足的资金，作为造血功能，是媒介良性运作的基础。事实证明，媒介市场化运作催生的传媒集团如默多克集团、贝塔斯曼集团、时代华纳集团甚或形成大型的传媒帝国是媒介抗击社会风险的重要法宝，默多克集团从澳大利亚起家就横扫欧美的发家史说明东方不亮西方亮，拥有雄厚资本，就可立于不败之地。事实同样证明，政府主导的新闻组织和机构，在全球化传播中其宣传效应和公信力将越来越小。目前，我国先后成立的大大小小的新闻传媒集团、广播电视集团、出版集团、发行集团都以东部地区居多。形成传媒“东高西底”的地理环境。正如邵培仁所说，“当代媒介生产地点都选择在城市，而且呈现出小城市向大城市，一般城市向省会城市，内地城市向沿海城市转移的趋势。”①西部传播能量积聚小，媒介集团化程度低，甚至成立时间晚，如陕西的党报《陕西日报》报业集团，甚至在2011年尚未成立。在西部的传媒集团中，报业广电规模小，品种单一，融资程度低，广告资源贫瘠，受众群小，即便成立传媒集团，除新疆的报业、广播略有起色外，大都不景气。改革开放以来，尽管新疆、宁夏、甘肃、青海、陕西等省区到东部沿海地区取经，甚或合作，如上海广电集团和宁夏卫视，宁夏出版社与中国出版集团的合作，但成功的案例并不多。这样，西北地区的新闻传播事业受到市场化运作资本的挤压和受众群体和规模偏小的影响，以及当地广告资源和城市化水平的影响，在社会主义市场经济中处于尴尬境地，与媒介发展市场化、融合化形成矛盾，成为制约其发展的瓶颈。由于西北传媒业的地理环境和区位因素的影响，媒介融资尤其是健康发展就遇到困境。而从世界范围来看，全球化传播将成为媒介运作和发展的趋势，这已成为不争的事实。

二、西北地区少数民族新闻传播体系的形成与现状

1. 西北地区少数民族新闻传播体系的形成

改革开放以来，是西北少数民族社会、经济、文化发展最快的时期，也是

---

① 邵培仁. 论中国媒介的地理集群与能量积聚[J]. 新闻大学，2006(3)：102.

西北少数民族新闻传播发展最快的时期。

新闻传播一改过去计划经济时期以党报为主的单一报业布局,和广播、电视辅助形成共同发展的局面。因为广播、电视是在20世纪60、70年代以后才较之东部地区缓慢发展起来的。80年代,尤其是在"四级办广播、四级办电视、四级混合覆盖"的方针指引下,西北少数民族新闻传播获得长足的发展,这突出表现在从中央到地方,形成了多层次、多渠道、多文种、多地区的既有党报党刊,又有专业对象报刊,既有中央、省级广播电视,又有地、县级广播电视,既有政府网站,又有群众组织网站的多格局、网络化、立体化的传播体系,尤其是自互联网登录中国以来,我国新闻传播特别是少数民族的新闻传播几乎与世界同步发展,发生在2008年的"3·14"事件,2009年的"7·5"事件以及以后发生的其他事件,互联网反应之快,影响之大充分说明这一点,西北少数民族新闻传播事业与汉族乃至世界相比其发展都是相当迅速的。

1992年前后,是全国报纸扩版、广播电视扩频、期刊扩期的时期。西北少数民族新闻传播事业也乘这一强劲东风迅速发展形成了报、刊、广、电、网混合覆盖、交叉覆盖的态势。发展到21世纪,西北少数民族新闻传播基本形成了布局合理、切实可行、覆盖全面的传播体系。

2008年,新疆公开出版报纸143种,其中新闻纸媒有102中,新疆地、县、市广电总局15家,电台、电视台32家,各民族新闻从业人员有两万多人,新闻网站有20家。新疆建设兵团有公开发行报纸20种,其中党报16种(维文报2种)、消费生活报纸1种、广播电视报1种、高校校报2种。兵团有广播电视机构204个,其中兵团电视台1座、师(市)电视台14座,师(市)广播电台4座。① 省级报纸、市级报都相继有了各自的网站,开展报网运动,进行跨媒体传播。少数民族报纸如《伊犁日报》《喀什日报》等都有电子版。

新疆主流媒体报纸、广播、电视的常设栏目《新疆日报》除了《今日新疆》《民生民声》《关注观察》《经济视野》《文化体育》等政经栏目外,还有《汽车广场》《房地产》《教育》《医疗》《信息》《消费》《IT行业》《金融》《企业名牌

---

① 《中国新闻年鉴》2009[M].北京:中国社会科学出版社,2010:20.

榜》《家电》《商业》等特色栏目，深受读者喜爱。

广播节目《人与法》《金土地》《健康百乐园》《温馨家园》《音乐经典》《开心茶馆》《教育之声》《午间新闻播报》《广播书场》等主打节目成为各民族听众与广播人在电波中相会的重要桥梁。

XJTV－1(汉语卫星频道)：日播专栏节目《社会全接触》《丝路新发现》《农牧新天地》，日播资讯节目《国际空间站》《花儿为什么这样红》《财富资讯》《财经新视线》；周末综艺节目《花儿为什么这样红》；娱乐点评节目《娱乐榜样》；纪实栏目《紧急营救》；更有多个品牌节目《记者调查》《真实世界》《一千零一夜》《综艺丝路行》。

XJTV－3(哈萨克语卫星频道)：《夏乐哈尔》《夏热法特》《农牧天地》等7档社教、文艺类栏目。

XJTV－4(汉语综艺频道)：全天播出18小时。现有五大剧场全天播出16集电视剧；不同时段分别安排有《女性剧场》《偶像剧场》《翡翠剧场》《白领剧场》《家庭剧场》等。

XJTV－5(维吾尔语综艺频道)：全天总播出时间为14个小时。《旅游与世界》现开办有《天山之歌》《文化之林》《娱乐空间》《旅游与世界》《文化与发展》《新疆体育》《健康之友》等7个自办栏目。除此之外，还开办了《经典影院》《佳片有约》《家庭影院》《钻石影院》等四大影院。

从上述琳琅满目的特色栏目中，可以说主流媒体与读者基本上构成常设的市场传受关系。

2009年，青海省有报纸21种。其中党报10种，行业专业报6种，晚报都市报1种，生活服务类报4种。青海省有广播电视台4家，其中省级台1家，州地市台3家，播出频道共7个，电视台9家，其中省级台1家，州地市台8家，播出频道共有12个。

《青海日报》的主要栏目有《读者来信》《经济生活》《大市场》《环球经纬》《科技潮》《农村天地》《教育方圆》《人用法》《卫生大观》《学习周刊》《河湟涛声》《文化园站》《江河源》以及《周末版》，影响广泛。

青海广播电视台的特色主要包括时政报道、深专题报道、亮典型报道、大民生报道、舆论监督、民生新闻等，民生新闻中的《青海政风行风热线》深受听众喜爱。

2009年宁夏回族自治区共有报纸15家,省级广播电视台1座,电视台2座,市级电台2座,电视台2座,广播电视台3座,县级广播电视台13座,宁夏新闻网,宁夏网等栏目设置多样,点击率高。

《宁夏日报》是宁夏回族自治区党委机关报,是宁夏地区最具有权威性的报纸。信息量大 ,覆盖面广,可读性强是其特点。《宁夏日报》的主要栏目有《读者来信》《民生》《新闻观察》《乡情实话》《新闻调查》《西部周末》《今日视点》《塞上论坛》《银湖明镜》等。

宁夏广播栏目主要有:《全区新闻联播》《宁夏新闻》《新闻大视野》《整点新闻》《新闻观察》,新闻专题节目有《新闻聊聊吧》《锦绣回乡》《与法同行》《塞上田园》《百姓关注》《舒悦连线》《缤纷校园》;经济节目《阳光财富》《动力财富》《温馨财富》;交通广播《音乐流行风》《纵情天下客》《读书时间》《财富丽人行》《音乐下午茶》《数码时代》。

宁夏电视台主要有:公共频道《新时空》《塞上乡村》《职场内外》;卫视频道《宁夏新闻》《印象宁夏》;经济频道《都市阳光》《读书时光》《财富故事》《数字宁夏》;影视频道《绿色宁夏》《周末旅行家》《想唱就唱》《老王茶馆》《影视金曲》等。

2009年,甘肃省有报纸60家。其中党委机关报15家,晚报、都市类报纸6家,专业类报纸15家,广播电视报2家,企业报13家,生活类报纸9家。广播电台有5家。其中省级广播电台1家,市州级4家。电视台12家,其中省级电视台1家,市州级11家。广播电视台72家,其中,市州级4家,县级68家,甘南藏族自治州人民广播电台,甘南藏族自治州电视台用藏语、汉语播音。甘南日报有电子报,进行网报互动。

《甘肃日报》的主要栏目有《社会新闻》《社情民意》《体育新空》《文化时空》《生活》《法制经纬》《旅游休闲》《汽车世界》《东西南北》《世界博览》《百花》《论丛》《纪事》《观察》等,关注读者身边新闻,反映读者关心的话题,风格独特,可读性强。

甘肃广播电视台主要有:新闻综合广播《甘肃新闻》《全省新闻联播》《今日观察》《广播接待室》《金色田野》《陇上人家》《财富广场》《夕阳情更

浓》《蓝天风行榜》《飞翔的夜》等；交通广播《伴你走天涯》《路路平安》《小路问讯》《有理站着说话》《开心到家》《一路飞扬》；少儿广播《阳光早报》《校园歌曲网》《灿烂阳光》《欢乐碰碰碰》《成长日记》《精彩校园二人行》《星星梦工场》《丁香花开》等节目；农村广播乡村之音《农家提示》《致富指南》《民生关注》《秦腔声声醉》《经典书场》《曲苑荟萃》等。

甘肃电视台主要有：新闻综合频道《时尚旅游》《法治视线》《故事甘肃》《中国西北角》《我从陇上走过》；经济频道《百姓经济》《田野之光》《健康之友》《家园》《股市风云》；文化影视频道《文化风景线》《荧海碟影》《与你难舍》；公共频道《公共新闻网》《新新闻时间》《天天一壶茶》《直面》；都市频道《新城市》《资讯零距离》《都市快报》《人车在线》；影视频道《精彩930》《欢乐七点半》《休闲时光》《每日文化播报》《环球影视》《娱乐纵天下》《影视快讯》《勇者总动员》。

西北地区少数民族报刊从最初市场化初期到市场化形成期，经过压缩，整顿几经变革，在1988年的整顿中西北五省（区）共停办了22种报纸，其中陕西8种，青海省9种，甘肃省1种，新疆4种。1991年，报纸种数又上升至175种，1992年达到192种。2003年，国家又开始严厉的报刊治乱、治散的整顿，一批依靠行政力量，乱摊派、市场效应差的行业报和县市报停刊，而少数民族地区报国家给予特殊照顾。2003年全国停办677种报纸，西北五省（区）停办17种报纸。这样，2004年全国公开出版报纸的数量比2003年减少197种，降幅为9.2%，西北五省（区）少了3种，降幅很小仅为1.3%。[①]在其后发展中，报纸基本维持现有品种，呈蓬勃发展之势。

1992年，中国新闻改革进入加速发展时期，新闻传播事业包括报、刊、广播、电视台、网，经过2003年的宏观调整，十多年来基本维持上述传媒形态与布局的均衡发展，数量、规模、质量都在稳步发展。其中，新闻网站发展尤为迅速。据不完全统计，我国目前有关民族类的网站有200多家，它们大多是2000年以后创办的。在这些民族网站中，既有大型的综合性网站，也有偏重于介绍本民族文化，同时兼有对民族新闻报道的网站，也有侧重介绍物质资

---

① 赵星耀．西北欠发达地区报业市场化发展研究[M]．武汉：华中科技大学出版社，2009：72.

源或旅游资源的网站。①

西北地区少数民族新闻传播从单一性报业发展到综合性、立体化的传播体系,呈现出形成时期独有的特点和矛盾。

第一,市场化时期西北地区少数民族的新闻传播事业在社会主义市场经济中,媒介运作的“事业单位企业化管理”使其面临市场供血不足和财政补贴不足的两难困境。除个别的省级城市党报的子报和都市报以外,媒介普遍存在广告资源不足,发行量较小,媒介发展内生能力弱的弊端。

第二,市场化时期由于政府宏观调控减弱,西北地区少数民族新闻传播形成城乡传播信息级差,而且还有进一步扩大的趋势。大城市信息传播形成信息爆炸进而出现信息污染,而广大农村则鲜有大众传播光顾,农牧民致富在大众传播提供实用信息不足的情况下,只好依靠人际传播、组织传播等传统方式获得信息,致使传统大众传播形式如报纸有倒退现象。

第三,市场化时期西北地区少数民族新闻传播出现媒介发展地区不平衡现象。一些省会城市受众资源多、广告资源丰富,则会出现媒体致富快,而一些受众资源少、广告资源贫乏的地区,媒介发展只好依靠财政补贴,勉强维持生计,进而形成媒介发展的富者愈富穷者愈穷的“马太效应”。

第四,市场化时期西北地区少数民族新闻传播的受众尤其是一些有知识、有文化的年轻人青睐电子传媒特别是网络传媒,而网络媒体主要以英语和汉语作为大众传播的语言,这样,就使少数民族语言文字传播陷入困境。少数民族大众传播语言文字若干年后由于掌握使用的人日益趋少,很可能滑向非物质文化保护的行列。

这些特点和矛盾决定了少数民族新闻传播与社会的发展形成了结构性矛盾,必须依靠国家和省地政府发展经济文化,尤其是国家宏观调控才能予以解决。而这些问题和矛盾是媒介体制和政策的问题,必须依靠国家的强力发展和国家体制才能解决。

2. 西北地区少数民族新闻传播市场化的结构与功能表现

(1)混合背景:西北地区少数民族新闻传播市场化传播的多维逻辑

---

① 赵五星.民族新闻网站的现状及发展[J].国际新闻界,2003(1):62.

市场经济中，西北少数民族新闻传播与汉族媒体一样，生存在同一媒介生态中。这无疑是说，西北地区新闻媒介广告资源、受众资源和新闻资源上都会在脆弱的媒介生态中会形成同质化竞争，而少数民族新闻媒介则会连同质化竞争的条件也没有。因为西北地区“大多数报纸的发行量都在50000份以下，《博尔塔拉报》（维文）、《巴音郭楞报》、《青海科技报》（维文）3种报纸的发行量只有1000份，发行超过10000份的只有《新疆日报》（维文、哈萨克文）、《乌鲁木齐晚报》（维文）、《喀什晚报》（维文）等10种报纸。”[①]媒介同质化竞争，只好以宣传逻辑充斥于媒体。对此，田秋生认为，“对于党报而言，宣传逻辑是一种刚性的制约，是一纸政治准生证，具有外在的制约性，有人事制度、宣传纪律等制度性的保障，遵循该逻辑方能获取政治合法性，是党报存在的政治前提；市场逻辑也是一种刚性的制约，遵守该逻辑方能获取必需的生产资料；新闻逻辑则是一种弹性的制约，主要依靠媒体内在的自律，缺乏相应的制度保障。”西北地区少数民族报业市场化在这样的混合背景中如何取得生存和发展？应厘清市场化的概念，早在20世纪90年代，著名学者林子力对“市场化”或现代市场经济解释为“一个包括产品市场、劳动市场、产权市场在内的完整市场体系的形成”，[②]即产品社会化、劳动社会化、产权社会化。报业的市场化是指报业获取资源的方式、劳动价值及物质价值的补偿形式和资产的增值形式建立在市场基础之上，而外部特征是在报业产品市场、劳动市场和产权市场的建立和完善。[③] 具体说来，西北报业在市场化进程中从产品市场、劳动市场、产权市场的要素中获得生产成本和利润来看，较之于东部报业都有缺陷或不成熟。首先，媒介产权都是公有制，这在我国可能独有。其次，从服务于政治的刚性逻辑来看，服务于意识形态是不计成本的。第三，从新闻生产的市场来看，其生产资料和劳动力成本由于西北地大物博，人口稀少，媒介生产的采访、交通、物质资料的消耗要大于东部媒介。第四，从受众市场来看，受众给报业市场的回报因受广告资源的

---

① 田秋生．市场化生存的党报新闻生产——广州日报个案研究[M]．北京：中国广播电视出版社，2010：48．

② 林子力．社会主义经济论（三）——论中国经济改革[M]．北京：经济科学出版社，1994：117．

③ 刘洁，金秋．论我国报业市场化进程中政府行为的双重属性[J]．新闻与传播研究，2001(2)：23．

稀少和媒介消费基数偏少影响，使媒介难以获得充裕资源。第五，从媒介广告市场来看，在城镇化建设中因工业品资源不丰富而缺少稳定的广告资源会使媒介广告资源处于困顿中。这就使西部和东部媒介在同样享受国家市场环境中媒介生产的成本和利润迥异。在这样的市场环境中，西北地区媒介生产环境只好沿用过去的模式继续服务于意识形态，新闻传播缺乏创新意识，新闻传播沿用过去惯用的思维，只要不出事或不越雷池一步就可保持政治稳定，这样看似稳定，其实使国家主权主导下的国家认同软实力频遭"三股势力"的干扰和破坏，而国民屡屡担忧国家形象受损和国家安全。在这样的背景下，看似其市场逻辑主宰媒介生产，反而是市场环境掩盖了宣传逻辑，使媒介的生产置于媒介各种生产资料的消耗中，新闻逻辑主导的新闻专业主义生产方式被政治宣传所主导进而成为空洞的口号，这就产生这样的疑问，新闻越被宣传逻辑主导，新闻传播效果越来越弱，形成宣传逻辑与市场逻辑混合交织的两难矛盾。在这种混合背景中，政治背景、经济背景、文化背景以及意识形态主导的诸多背景由宣传逻辑、市场逻辑、新闻逻辑生成一种与社会发展的共性的惯力或引力，长期运行于新闻宣传领域，新闻宣传的效果犹如环境治理谁都负责谁都不负责。当然，在媒介产业背景中，监测社会功能由于受市场因素的侵袭，极易使媒介耳目闭塞，导致西北媒介文化功能与产业功能都不成熟。

(2)结构功能：西北地区少数民族地区新闻传播市场化的社会功用

新时期以来，西北地区报业结构一改过去党报主宰天下的单一布局，滋生、发育了都市报、行业报、专业报等社会类的报纸。从国家经济发展和建设来看，它弥补国民经济信息和社会信息的需要，也满足了当地人民群众的精神文化和娱乐文化的需要。从媒介发展来看，它增添并丰富了媒介的结构、种类和功能，尤其是都市报的诞生使"市民"这一概念深入现代生活，在媒介发展史上具有举足轻重的意义。

这样，西北少数民族地区报业发展呈现出两种二元竞争的格局，并且在两个层面展开，呈现出非均衡发展状态。这两种二元竞争的格局一是以党报党台为主的主流媒体的汉文媒体和以党报党台为主的主流媒体的民文媒体形成二元竞争格局；二是以党报党台为主的机关报、广播电视台主流媒体与专业报、广播电视台等非主流媒体形成二元竞争格局。并且在三个层面展开，呈现出非均衡发展状态。这三个层面一是以党委机关报 、省级党台为主的子报、子台与以市委机关报、市级党台为主的子报、子台相互竞争；二是省级党报、党台与子报、子台之间的拼抢以及市级党报、党台与子报、子台之间的争夺，形成母子争食的局面；三是省级党报、党台与市级党报、党台与都市报、专业报之间的竞争。这已成为西北传媒业竞争的基本态势。对此，黄升民认为这是"一元体制，双重结构，三种功能，多元角色。"①长期以来，即使媒体一旦获得体制内生存，也就是作为事业单位具有"一元体制"就可长期生产下去，传媒通行于"官商两面"结构通吃之中，共同承担党政喉舌、公共服务和商业服务的三种功能，在社会上扮演多种角色。长此以往，就为传媒发展埋下隐患和危机。一旦获得体制认可，传媒也自行或悄然改变自身的媒介定位和功能，沿着市场化寻觅社会效益掩盖下的经济效益最大化。因此，有学者指出，"改革开放一来，从双轨制大到如今的新闻出版市场体系建设，中国媒体业一直在寻求一种市场利益和公共利益的平衡状态"。② 所谓"平衡状态"是一个力学概念，现代词典解释是"两个或两个以上的力作用于一个物体上，各个力互相抵消，使物体成相对的静止状态。"这里应说明的是力作用于"一个物体"，而不是两个或多个物体，才能保持平衡，否则，会失去平衡点或效力。另外，从辩证唯物主义角度看，力的平衡在外力作用下肯定要打破产生其他力，因此，平衡只是个相对的概念。传媒的首要功能正如拉斯韦尔所说是监测社会环境，其次才是文化积累和提供娱乐的其他功能。因此，敏锐和机警是传媒机构最重要的器官，它起着"瞭望哨"的作用。拉斯韦尔将媒介比喻成人，站在大海瞭望，显然，媒介具有人类生存的意义。同时，对于"平衡"的理解，应放在一定的价值关系中去理解。如平衡状态是关于集体效益、公共效益、社会效益，还是经济效益抑或是自身效益？长期以来，我国媒体都强调双重效益，社会效益高于经济效益，在此语境下虚化了媒介经济功能，反而使媒介的经济功能得到实惠而使媒介监测功能处于虚

---

① 黄升民."媒介产业化"十年考[J].现代传播,2007 年(1):104.

② 邵志择.Public:Interest:公共利益或公众兴趣——市场化媒体的两难选择[J].新闻大学,2012(1):70.

幻之中。其实,媒介的功能与媒介(效益)的效用不是同一概念,功能是媒介的本身属性,而作用是媒介发挥的效能。媒介只有行使自己的属性发挥自己的效益才是它的效能。这效益自然有公共效益、集体效益、社会效益、经济效益还有自身效益,等等。我认为媒介的社会效益也是一个复杂概念群体,首先,效益连带功利目的,它有倾向性,世界上至今没有任何一家媒体说它是服务于全人类;其次,任何媒体都是持有立场的,不持有立场的媒体是不存在的,甚至是虚伪的。第三,任何媒体都生存在一定的社会关系中,程度不同都摆脱不了社会关系(阶级)的束缚。具体而言,媒体社会效益诸如上述各种利益,我认为都是依据不同的立场和倾向性在社会关系寻求利益同盟,媒体公共利益大于其他利益,呈现出媒体公信力强、社会影响力高,反之自身利益或其他利益强会影响媒体公信力和社会影响力。

(3)功能矫正:西北地区少数民族报业市场化的功能检视

当前,一些学者认为媒介的“社会功能缺失”,“困扰着现代传媒健康发展”,①媒介在监测环境上长期处于短视行为。如,重大事件、突发事件、安全事件、环境事件等都检测不到位。这里不解之问,近期发生诸多的“3·14”“7·5”“7·18”“4·23”事件等,新闻媒体为什么监测不到呢?“三股势力”行事猖獗,为何嗅觉灵敏的记者感觉不到?从新闻监测环境的社会功能上说,是主体控制的问题,还是新闻生产机制的问题?当然,从媒介的内参报告看,则是组织传播的问题,不属于新闻传播讨论之列。根据笔者主持教育部人文社科基金项目“西北少数民族新闻信息需求与传媒供给及舆论引导”研究所关涉的问题,以“社会经济发展”“社会稳定和谐”“文化娱乐生活”为题,依次抽取2007年3月、7月《新疆日报》《伊犁日报》报纸进行文本分析,发现新闻在社会治安、实用信息、文化生活方面传播较少,大量的新闻是政治新闻、会议新闻等硬新闻。这些导致媒介新闻社会监测功能缺失,对此,我认为对于媒介传播功能缺失甚至已经影响到发挥正常作用,应采取校正措施,以使媒介的传播功能正常复位。

首先,校正新闻媒体的功能复位。我国媒介作为公有制,应坚持媒介为

---

① 朱清河.论传媒公共领域及其实现途径[J].现代传播,2008(4):30.

社会主义和人民群众服务的原则，克服媒介管理中唯利是图的利己主义思想，坚持媒体编辑方针的正确性，根据区域社会发展的特点，正视媒介编辑方针的稳定性和常态化，借用专家学者和行业部门的智力资源和管理资源，对不同媒介的功能定位进行长期检测和规范化管理，防止编辑方针走偏危及社会。

其次，矫正新闻媒体受众定位。受众与大众有密切的关系，受众是现代化发展的产物，受众定位是一个媒体机构根据当地区域经济和社会发展要求制定的满足消费者物质需求和精神需求的媒介供给关系。受众具有工业化、现代化、城市化等特点。① 受众定位既有满足受众需求不断调整的过程，也有保持相对稳定的过程，因此受众定位是十分严肃的。近年来，一些媒体为适应世俗化，不断地向粗俗、恶俗、庸俗、低俗靠拢。对此，纠偏媒介的受众定位，使其沿着社会主流价值观方向发展也是媒体重要的责任。

第三，审视新闻媒体经营策略。媒介经营反映了“受众即市场”似乎是大多数媒介机构的观点②，在现行体制下，似乎这种观点愈加畅通。对此，我认为它淡化了媒介的主要功能尤其是西北少数民族的媒介本身就是人生存的一种权利，是人们社会交往尤其是语言交际的基本权利，媒介同样具有监测环境和文化积存的功能。对此，麦奎尔就指出“受众即市场”起码存在的受众不单纯是消费者，而且是社会公共事务的参与者，是拥有传播权利的主体。③ 长期以来，似乎媒介走市场天经地义，但是忽略了西北少数民族媒介发展的特殊性。一些学者早在20世纪90年代对媒介跑马圈地乱占、多吃现象提出批评，指出媒介应“分层次、分种类步入市场”，④对文化家庭、卫生、科技及晚报周末类报纸可以完全步入市场，而对行业、专业类报刊可以分时、分批步入市场。结合西北少数民族媒介，其主要功能是政治监测，其次才是市场化经营。最近中央颁布的文化体制改革方案确定的纯理论、高品位的

---

① 希伦·洛厄里· 梅尔文·L·得佛勒.大众传播效果研究的里程碑[M].北京：中国人民大学出版社，2009(1)：4.

② 郭庆光.传播学教程[M].北京：中国人民大学出版社，2003(6)：177.

③ McQuail Denis. Mass Communication An Introduction[M]. London：Sage Poblicantion，1983.

④ 刘卫东.新闻媒介市场化及对策[J].新闻知识，1993(11)：16.

理论读物不走市场而独立发展，证明国家行使媒介功能的正确性。

结合西北少数民族报业市场化的混合背景、结构功能等特征，推导出市场化的逻辑对西北少数民族媒介承载国家意识形态宣传，尤其是少数民族对国家认同认识的柔弱性或脱落性的合理性，而且在这种背景下，西北少数民族新闻传播报业市场化根据这种逻辑还会出现国家认同下降的趋势，结合频频爆发的“三股势力”对国家安全的威胁会继续导致对国家软实力的破坏。因此，加强、防范现代国家理念下的国家安全和国家形象建设就成为当务之急。而依靠社会主义市场经济的宏观调控进行资源合理配置和调整，加强国家意识形态有效控制和宣传尤其是国家软实力建设就迫在眉睫。

3 .西北少数民族新闻传播市场化的现状

市场经济本身就是在自由公平基础上的竞争经济，西北地区的新闻传播在报、刊、广、电、网等多种形态媒体传播共享西北地区的自然环境、社会环境、人文环境的前提下，要进行市场化发展，竞争就成为媒体生死存亡之要义。

从媒介生存角度看，任何一种媒介都必然有其特殊的时间与空间上的位置，亦都有其特殊的生存和发展的土壤和条件以及它在这一状态下的特有的行为和作用，很少有两种媒介能长期占有同一生态位。同属于时间生态位(time niche)的广播和电视，广播占据的是时间中的以传播声音为主的频率空间生态位；电视占据的是时间中的以传播声画为主的频率空间生态位。同属空间生态位(space niche)的报纸、杂志等书籍，报纸占据的是空间中的生产周期短(通常只有一天)的媒介生态位；书籍占据的是空间中的生产周期长(通常是一年)的媒介生态位；杂志的资源生态位居于报纸与书籍之间。①

在西北各省(区)的少数民族地级城市中，除了机关报及其子报的晚报(只有《伊犁日报》有晚报)以外，一城似乎就只有一个日报了。所以根本上就不存在报业竞争的问题。与发达地区如东南沿海的《无锡日报》《佛山日报》相比，西北地区“一般地区级的城市报业经济基本没有形成；另一方面也

① 邵培仁. 媒介生态学——媒介作为绿色生态的研究[M]. 北京：中国传媒大学出版社，2008：72.

表明这些地区的城市信息传播渠道单一，表现出信息传播不平衡。”①这从西北地区少数民族报刊在市场化发展中受到党和政府的大力支持可以看出，比如给予民文报刊在创办和刊号调剂上的支持，但发展前景并不乐观。1981年，西北地区有维吾尔文、藏文、哈萨克文、蒙古文、柯尔克孜文、锡伯文共6种文版的少数民族文字报刊19种，其中青海省和甘肃省各1种藏文报纸，其余的都在新疆维吾尔自治区。1987年，少数民族文字报纸达到39种。其中维吾尔文21种，哈萨克文8种，蒙古文和藏文各4种，柯尔克孜文和锡伯文各1种。至1992年，西北地区少数民族文字报刊达46种，其中，维吾尔文25种，哈萨克文10种，蒙古文4种，藏文5种，柯尔克孜文和锡伯文各1种。在地域分布上，青海有4种藏文报和一种蒙古文报，甘肃有一种藏文报，其余全部在新疆地区。

在市场经济中，西北少数民族新闻传播与汉族媒体一样，生存在同一媒介生态位中，从营养生态位角度分析，“受众资源与广告资源是当下新闻媒介的基础生态位（fundamental niche），即受众资源与广告资源是当代新闻媒介的生存与发展所必须依赖的理论上的最大空间单位。”②

媒体资深人士笑蜀认为，“在中国特色的背景之下，市场化媒体具有一个无可替代的功能，就是相当程度上替代社会组织的功能。这是中国市场化媒体在转型期间所肩负的历史重任，与别的转型国家的媒体的一个根本区别。在这个意义上说，它不只是一个媒体，不只是一个舆论机关，而同时肩负沟通社会、组织社会的重任”。③ 在此情况下，西北少数民族新闻传播似乎只有同质化传播并越来越严重了。

社会愈发达，信息发生的频率就越多，媒体传媒的速度就会越快。德国社会学家乌尔里希·贝克在《风险社会》中说，人类已进入了“风险社会”。从全球来看，风险社会具有与传统社会和工业社会不同的特征：其一，风险社会中的风险，与传统社会的风险不同，传统社会的风险是外在的、自然的，

① 李克．中国少数民族地区新闻传播与社会发展论丛[M]．北京：经济日报出版社，2012：4.

② 邵培仁．媒介生态学——媒介作为绿色生态的研究[M]．北京：中国传媒大学出版社，2008：72.

③ 笑蜀．市场化媒体是公民社会的主心骨[EB/OL]．http://media.nfdaily.cn/cmy/17/11/content/2009-04/22content_5089631_2.htm.

主要来自于风、涝、瘟疫等自然灾害，与人的决策无关。而风险社会的风险则是内在的、人为的，来自于人的决策之中。其二，风险社会的风险也不同于工业社会的风险，工业社会风险在一定程度上是可以由统计学加以描述和计算的，而后工业社会的风险是不能计算和预测的。其三，风险社会中的风险是全球的。“当今的中国，具有二元社会甚至三元社会的典型特征，一只脚已经踏入了工业社会，一只脚还停留在农业社会，一只手正在叩响信息社会的大门”。① 从信息发生的角度看，西北地区少数民族也正处在农牧业社会向工业社会的转型中，信息发生的频率、速度、范围较前都大不相同。以前亚细亚的社会生产方式在自然状态下所产生的新奇、变异、怪诞等元素已被人为的灾害、制度风险、知识风险、科学风险等充实了新的内容。大至社会风云变化，小至人的心理变化，都被媒体纳入自身全程监控的范围。但是，从主体控制来看，在社会转型中，少数民族新闻传播事业单向传播的宣传模式，仍占据新闻传播的主导地位。当然，我们不否认，新闻传播中宣传效应是其主要方面，但是，在全球化传播中，一味地去抑制传媒诸多的社会功能，就会产生下面三个方面的副作用：一是传媒的监测功能被抑制甚至被消解为零；二是只能培养“单向度”的受众；三是传媒难以成为一种促进经济增长的有生力量。当前，少数民族新闻传播从其社会功能来看，还未摆脱宣传模式和效应的束缚，其传播作用呈现出下列模式：

新闻传播功能
- 环境监测
- 解释与规定
- 协调社会
- 宣传功能
- 社会地位赋予功能
- 文化积存
- 娱乐服务

① 姜帆. 从“风险社会”视角读中国传媒社会功能的扩展[J]. 武汉交通职业学院学报，2009(1)：31.

《新疆日报》"社会经济发展""社会稳定和谐""文化娱乐生活"的内容统计

时间	篇数(篇)
2007 年 3 月	4
2007 年 7 月	2
2008 年 3 月	5
2008 年 7 月	3
2009 年 3 月	3
2009 年 7 月	12
2010 年 3 月	5
2010 年 7 月	1
2011 年 3 月	2
2011 年 7 月	10

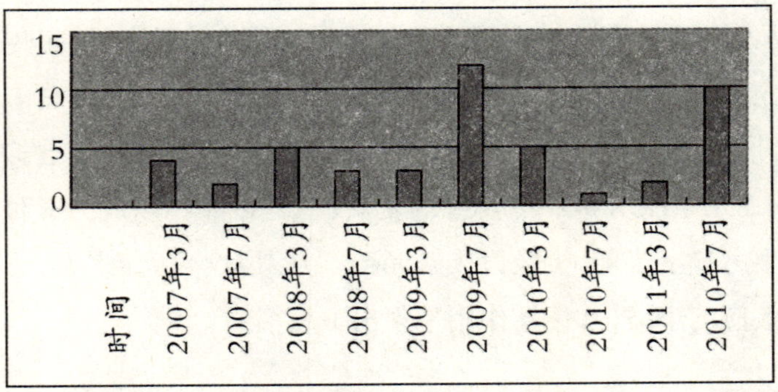

《新疆日报》"社会经济发展""社会稳定和谐""文化娱乐生活"内容统计图

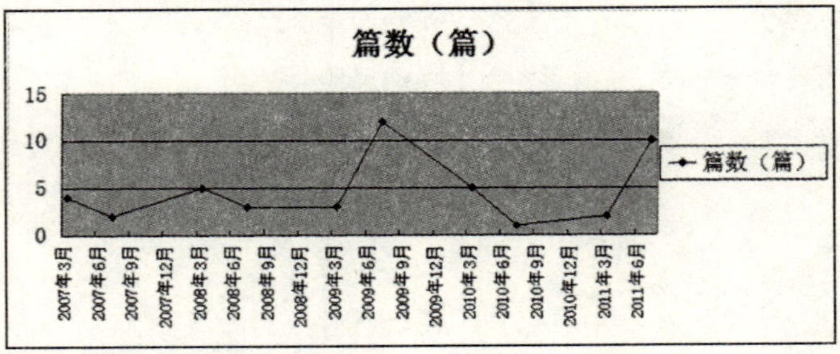

《新疆日报》"社会经济发展""社会稳定和谐""文化娱乐生活"内容走势图

《伊犁日报》“社会经济发展”“社会稳定和谐”“文化娱乐生活”内容统计

时间	篇数(篇)
2007 年 3 月	1
2007 年 7 月	2
2008 年 3 月	1
2008 年 7 月	2
2009 年 3 月	1
2009 年 7 月	30
2010 年 3 月	3
2010 年 7 月	3
2011 年 3 月	1
2011 年 7 月	2

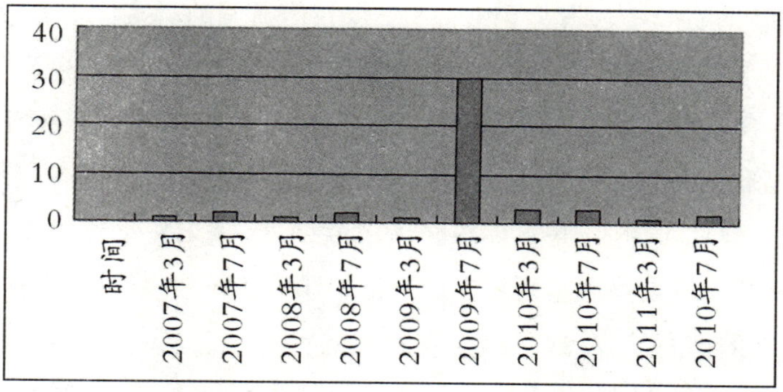

《伊犁日报》“社会经济发展”“社会稳定和谐”“文化娱乐生活”统计图

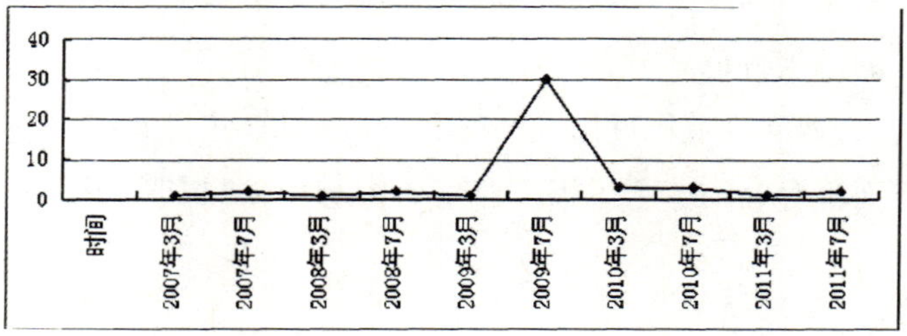

《伊犁日报》“社会经济发展”“社会稳定和谐”“文化娱乐生活”走势图

我们依据新疆维吾尔自治区省级和地级党报 2007 年 3、7 月份报纸内容走势分析，新闻大量刊登的是会议新闻、政治新闻，社会治安、经济发展、文化传播的内容较少。依据2008年少数民族新闻传播在炎症阶段的《新疆日报》《伊犁日报》的文本数据分析，新闻在“7.5”事件前没有任何迹象表明“三股势力”正在蠢蠢欲动，而事后连篇累牍的报道才揭露真相。这样，新闻传播的行为影响了传播效果，原因可能就是主体控制的严格使新闻传播失去了监测功能。其实，新闻传播在强调宣传功能的同时，由于功能单一，正好淡化宣传功能，使新闻监测社会的耳目失聪。我借用韩强、张允、李克等人的实证研究分析这一阶段新闻传播效果予以说明。韩强发表在《民族特征与新闻选择偏好—乌鲁木齐地区第二次民族受众调查（下）》中说，“乌鲁木齐地区各族受众对本地媒介新闻报道内容的可信性评价，与十年前基本相同。在1135名调查对象中，认为‘完全可信’的仅155人，占总数的13.7%；认为‘基本可信’的占有655人，占总数的58.6%；认为‘不大可信’的有137人，占总数的12.1%；认为‘不可信’的仅65人，占总数的5.7%；表示‘说不准’的有86人，占7.6%”。[①]受众相信新闻的真实性走低，说明传播效果不好。而在张允的调查分析中，内蒙古地区的民族认为“报喜不报忧或少报忧，内容枯燥，可信度不高，并且认为不可信的内容大多是牧业丰收、先进人物、政策分析等”。[②] 张允的调查似乎也说明党报的传播有宣传无效果或弱效果。李克认为，一些媒体忽略了民族因素，缺乏主动服务少数民族的意识，因而在节目设置上呈现出“城市化的倾向”，对少数民族地区、贫困地区脱贫致富的信息偏少，缺乏对少数民族的针对性、适应性。这样的内容设置倾向丢失了不少少数民族受众。从民族文化角度看，其后果在于民族文化传承和民族认同的断裂，从民族节目角度看，恰恰失去了十分重要的地方特点和应有的民族特色。”[③]

这样看来，西北少数民族新闻传播在内容提供、主体控制、受众接受、传播效果等方面都存在与少数民族日益增长的物质信息和精神信息不相适应的问题。

---

① 韩强.民族特征与新闻选择偏好[J].当代传播，2000(1).

② 张允.新疆蒙古族受众调查分析[J].当代传播，2005(3)：51.

③ 李克.西北少数民族地区受众广播电视媒介接触行为调查分析报告[J].中国广播电视学刊，2009(8)：6.

三、西北地区少数民族信息传播与国家认同的现状

所谓信息传播，是指大众传媒提供的有关国计民生的生产、生活资料所需要的日常消费的信息。人际传播、组织传播也许提供的信息实用性更强，但不具有广泛性和普适性。罗杰斯认为“大众传播渠道在创新—决策过程中的认知阶段相对而言较为重要，而人际关系渠道在说服阶段比较重要；广泛的渠道在创新—决策过程中的认知阶段相对而言较为重要，而地域性的渠道在说服阶段较为重要；对较晚的采纳者来说，大众传播渠道比人际关系渠道更加重要，对较早的采纳者来说，广泛的渠道比地域性渠道更加重要，而这对较晚的采纳者来说则不明显。”[①]因为大众传播的信息具有“再生性”“共享性”“扩散性”“普适性”等特点，使实用信息传播超越人际传播的作用和范围，具有更加强大的扩散效应和舆论导向作用[②]。如中央电视台七频道的《致富经》《聚焦三农》，中央电视台二频道的《生财有道》能赢得受众的好评，关键在于其传播的信息可以共享，具有普适性。实用信息传播成为当前新闻传播的热点和难点，许多报刊、广播、电视，甚至网络都把实用信息传播作为衡量发行量、收视率、点击率的尺度。我国新闻出版总署、广播电视总局历来就重视实用信息传播与当地社会经济发展的关系。美国曾在20世纪30年代就把实用信息传播与国家发展联系起来，最为著名的是1943年布赖斯·瑞安和尼尔·格罗斯对衣阿华州杂交玉米推广的研究。1962年埃弗雷特·M·罗杰斯的《创新的扩散》出版，提出创新扩散理论。“发现农民在接受新事物的过程中，文化程度、社会地位等自身因素与媒介接触频率呈正相关关系，而媒介接触频率又与农民的观念现代化呈正相关关系，因而得出了大众传播发挥着现代化催化剂作用的结论。”[③]也就是说实用信息传播直接可以使受众脱贫致富、改善生活、发展经济甚或可以迈入小康社会。

西北少数民族新闻传播中的实用信息传播越来越受到当地媒体的重视和开发、利用。新疆电视台常设实用信息栏目有：《农牧新天地》《社会全接

---

① 埃弗雷特·M·罗杰斯.创新的扩散[M].北京：中央编译出版社，2002：185.

② 冯建伟.信息新论[M].北京：新华出版社，2001：10.

③ 孙聚成.信息力—新闻传播与国家发展[M].北京：人民出版社，2006：47.

触》《丝路新发现》《今日访谈》等。维语台有《天气预报》《新闻联播》《自办栏目》《国防时讯》等。

由此看出,西北少数民族新闻传播已经形成实用信息传播的供需链,但还未形成一种实用信息媒体供给与受众需求相适应的良性的运作机制和保障机制。因为从全国范围来看,我国传媒实用信息传播市场化运作水平尚处在初级阶段,实用信息传播远远落后于美国、日本、欧洲等发达国家和地区。欧美等发达国家和地区曾大范围、有效地开展对农传播、儿童传播、医疗卫生传播,媒介消费甚至少数族群传播等实证研究,如密歇根州立大学的布拉特·格林伯格,波士顿学院的达纳·马斯特罗,澳大利亚昆士兰州邦德大学的杰弗里·E·布兰德等人跨国研究《少数族群和大众媒介:进入21世纪的电视》就对黑人、拉美裔美国人、亚裔美国人、美国土著人等进行研究,结果表明,"电视对少数种族的描写影响了多数族群对少数族群真实世界的看法,也影响少数族群对自身的评价。"[①]该书的主编道尔夫·兹尔曼在《媒介影响的例证理论》中也同样认为"少数族群被塑造为英雄人物的比例远远低于他们所占的人口比例,而多数族群被塑造为英雄人物的比例却远远高于他们所占人口的比例"[②]。而我国的媒体还在市场化初期,媒介主要集中在特大城市和省会城市。以中央媒体为例,西部大开发后,中央电视台开办"西部频道",运作两三年后因收视率始终未达到中央台的要求而改为军事、农业频道。省级、地级媒体受收视率、发行量的束缚,实用信息传播就更没有良性运作的保障机制了。尤其是各大媒体对农业信息传播信息量不足、不实用已成为我国媒体普遍存在的弊端。根据笔者2008年主持的西安市社科基金项目"西安郊县果农信息需求与传媒产业对农发展互动研究"表明"实用信息缺失或致富信息有效性不强,是当前新闻传媒业对农传播存在的普遍的主要问题。"目前农村"面临的就是做什么好,怎么做,产品市场在哪

---

① 简宁斯·布莱恩特,道尔夫·兹尔曼.媒介效果理论与研究前沿(第二版)[M].石义彬,彭彪,译.北京:华夏出版社,2009:254.

② 简宁斯·布莱恩特,道尔夫·兹尔曼.媒介效果理论与研究前沿(第二版)[M].石义彬,彭彪,译.北京:华夏出版社,2009:254.

里，市场行情如何，生产资料的价格等有关市场需求的信息。”①实用信息传播要达到媒体供给与受众需求有效对接，必须要求有一批固定的栏目和专业人员在固定的时段和版面，根据受众心理需求进行有效传播。要做到“有效传播”，专业人员是关键，专业人员既要懂媒体，又要知受众，还要知市场。而栏目固定、节目时段固定则会形成受众的期待效应。我们根据 2010 年教育部项目要求，对西北少数民族信息需求和媒体供给进行调查研究，分别赴新疆伊犁、宁夏同心、甘肃甘南进行问卷调查，发放问卷 1500 份，收回 1230 份，有效 1118 份，有效率74.53%。通过后期的研究发现，当前少数民族新闻传播尤其是实用信息传播存在诸多问题，我借此总结新闻媒体对农信息传播存在的问题，因为少数民族大多数居住在农牧区，与实用信息传播相关度高，有一定的本质联系。

1. 大众传播已成为少数民族获取信息的主渠道，一改过去依靠人际传播和组织传播的局面，说明少数民族信息供给和接受方式发生根本性变化

改革开放以来，西北少数民族的广播、电视、互联网发展迅速，尤其是电视、互联网基本普及到县城和重点乡镇。而广播由于 20 世纪 50、60 年代发展奠定的良好基础，在边疆地区发挥着其它媒体无法替代的作用。我们在伊犁昭苏县城就明显感觉到广播通知事情的威力，县城广场高音喇叭通知群众开会、跳舞，播发广告显示出广播在群众集会中有一定的号召力。通过实地观察和调查，无论在农牧区还是在城市，公民大致是电视 > 互联网 > 广播 > 报纸，作为获取信息的主渠道，说明其信息接受方式发生了根本性的变化，西北地区少数民族在国家现代化建设与汉族以及其它少数民族保持同样的步伐。在笔者主持教育部 2010 年课题调查中，笔者发放《西北少数民族信息需求与受众（民众）心理历史和现状调查问卷（1）》213 份，以维吾尔族和哈萨克族信息获得渠道为例进行分析，发现少数民族获取信息渠道发生了很大的变化，表现出多渠道、多形态的媒体获取。

① 南长森，李传芝，郭小良. 对新闻媒体涉农信息传播的调查分析—以西安周边县区果农为例[J]. 当代传播，2009(4)：117.

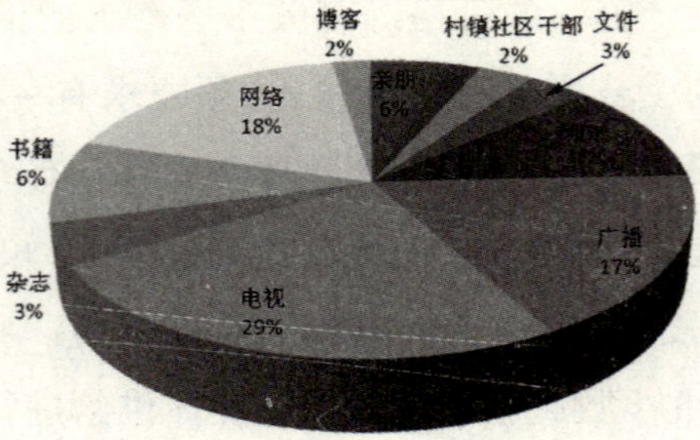

维吾尔族信息获得渠道

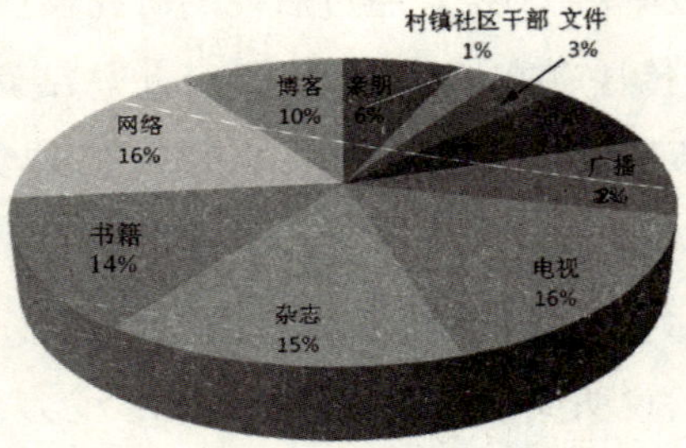

哈萨克族信息获得渠道

这一调查数据，同样在李克主持的相关调查中也得到证实。2009 年，李克主持的西北少数民族受众接触媒体行为调查研究中表明："少数民族受众对了解各类实用致富信息的愿望最为迫切，'掌握农牧业生产技术'占 60.9%，'了解国内外大事'的占 56.4%，'了解市场信息'占 35.2%，'消遣娱乐、打发时间'占 44.9%，'增加文化知识'占 40.4%。受众接触媒体的首要目的已由偏重娱乐休闲转向寻求信息和了解新闻，可见西北少数民族受众的现代意识有了很大提高。"①

2. 有效信息针对性差、适时传播效果不强，导致农牧民致富信息依然依靠人际传播和组织传播是当前少数民族地区乃至全国涉农媒体传播的通病

我国正处在社会急速转轨变型中，社会主义经济的城乡一体化发展，要求信息传播有全局观念。因此，乡村在向城镇化发展中，少数民族地区物产丰富，山珍海味成为市场的热销产品，这就需要农牧民既懂现代化种植、养

① 李克. 西北少数民族地区受众广播电视媒介接触行为调查分析报告[J]. 中国广播电视学刊. 2009(8):6.

殖技术，又要了解国内区域市场，甚至要了解国际市场，而媒介提供的市场有效信息远远不能满足其要求。所谓有效信息，是指在市场经济中，真正能让受众发家致富的真实、及时、适机、有用的信息。方晓红认为，“传播媒介的显性效果是帮助受众与外界信息作最快、最佳接触，而隐形效果则是对受众观念、价值取向、情感向背、认知结构的潜移默化的说服与改变，在媒介众多的今天，在通讯设备日益完善的年代，竞争的主要焦点不应当只停留在信息的多寡与快慢上，更重要的是注重对信息开掘的深度以及对信息进行充分解释使之成为有效信息的力度。”[①]对农传播，诚如方晓红所言，不在“信息的多寡与快慢上”，而在信息的有效度上，这就是说，媒体提供的信息一定要真实，且是能帮助致富的。众所周知，农业作为第一产业，种植周期、生长周期上，农业要跃入现代化快车道，抗风险差、市场变化快，因此，西北地区的农牧民在种植、养殖中，一定要注意市场变化和适销对路，否则，丰收就会变成欠收，马上会产生对媒介的逆反心理，认为媒介提供虚假信息。这固然与受众的媒介素养教育有关，但是，一朝被蛇咬，十年怕井绳，受众立刻会寻求传统、把稳的方式获得致富信息。调查中，维吾尔族、哈萨克族、柯尔克孜族、蒙古族、锡伯族获取致富的有效信息仍以人际传播、组织传播（政府文件、乡镇号召）居多，说明人际传播、组织传播的示范效应还在起主要作用。出现这种情况的原因，看似是大众传播的倒退，实则是媒体缺少新的动态信息，不能补充所致。试想，媒体春季提倡某种植、养殖业，农牧民会群起形成从众效应，而秋季某种植、养殖业产品丰收，由于媒体未能及时、适机地发布消息，就会导致农产品积压甚至丰收而欠收。这样下去，自然会寻求保险、保守的传统人际传播和组织传播方式了。

3. 媒体信息供给与受众信息需求不能适销对路，进而导致城乡之间、民族之间、媒体之间信息传播的不平衡，甚至出现像过去工、农业生产中的剪刀差那样的信息传播级差，是当前少数民族新闻传播中的主要问题

信息供给与信息需求，既是产业经济学研究的重要内容，也是传播学研究的主要范畴，从传播主体控制和受众接受角度看，传播效果是其着力点和

① 方晓红. 农村传播学研究方法初探[M]. 北京：人民出版社，2008：157.

归结点。丹尼斯·麦奎尔认为“大众传播理论之大部分(或许甚至是绝大部分)研究的是效果问题。效果历来为社会的许多群体所关心,其中包括那些想用他们的讯息影响别人,因此希望获得通向受众的最有效的信道的群体,以及那些对媒介的消极影响表示担心的群体。”①信息要做到有效传播,适销对路是关键。然而,信息的不确定性以及产生的扩散性、再生性、增殖性等潜在特征很难做到准确对接,因此,有效传播就成为衡量信息价值的尺度。当前,大众媒体与受众接受方式大致构成了这样三种模式:一是信息供给与信息需求适销对路的模式;二是信息供给缺失模式;三是受众需求信息羡余模式。其中适销对路模式是最为理想的有效传播模式,而信息缺失是指大众媒体不能满足受众需求转而寻找其他传播模式,信息羡余则指受众期望媒体提供有效信息进而形成羡慕、期待的心理。

当前,少数民族新闻传播形成了城乡传播不平衡、地区传播不平衡、民族传播不平衡、媒体传播不平衡的现象。如城乡传播中农村实用信息少而娱乐信息多,城市信息丰富而农村信息缺乏,进而出现像工农业生产的剪刀差那样的信息级差。在调查的60名新闻工作者中,认为信息级差的较普遍。

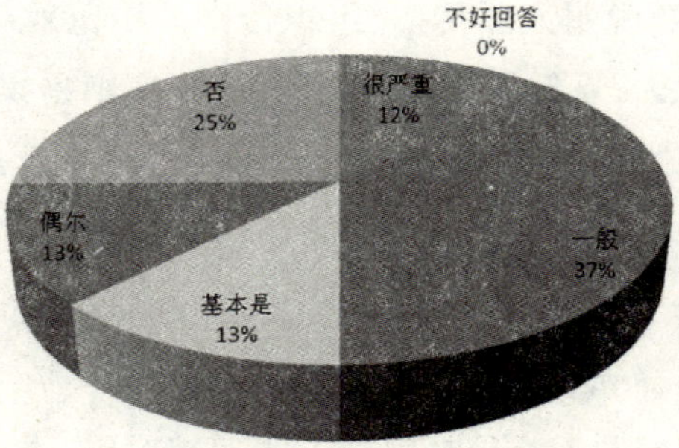

报社工作者认为少数民族信息传播是否形成城乡信息剪刀差

① 丹尼斯.麦奎尔,斯文.温德尔.大众传播模式论[M].祝建华,武伟,译.上海:上海译文出版社,1997:59.

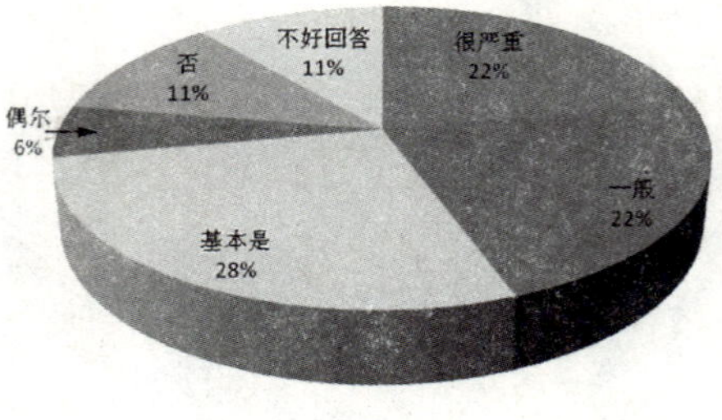

广电台工作者认为少数民族信息传播是否形成城乡信息剪刀差

地区传播不平衡表现在省会城市信息富有，乡镇信息贫乏；民族传播不平衡表现在汉族信息富有而少数民族信息贫乏；媒体传播不平衡表现在电视媒体、网络媒体信息富有，而报刊媒体信息贫乏。这种媒体形态不同所形成的信息传播级差对少数民族影响甚大。笔者通过调查，从媒体信息供给与受众信息可以看出，记者、编辑对大众传播运作机制中实用信息与娱乐信息形成的传播级差有一定的认识，而受众自不待言。出现这种现象并有愈演愈烈的趋势，不仅仅是传媒体制问题，恐怕也与市场经济体制有关，本文将在路径选择中进行分析。

4. 由于少数民族新闻传播专业人才奇缺，少数民族文本传播大量译制汉语文本符号编码，致使民族特色越来越淡甚至缺失，加之新闻报道中充斥赐恩意识，也使报道真实性、报道原则、报道规律遭人诟病

由于少数民族新闻传播专业人才尤其是乌孜别克族、塔塔尔族人才奇缺。调查显示，所发放的调查问卷 500 份，收回 446 份，有效率 89,2%，其中乌孜别克族 1/3 认为过去母语媒体办得好，塔塔尔族认为好的甚至近乎占一半。

乌孜别克族认为计划经济时期母语报刊办得好还是市场经济办得好

塔塔尔族认为计划经济时期母语报刊办得好还是市场经济办得好

乌孜别克族、塔塔尔族为什么会出现这种状况？原因在于社会转型中，市场化运作与少数民族新闻传播形成了矛盾，大众传播趋利的本性与民文传播难以形成规模的矛盾，只有通过政府调节的方式才能使民文媒体正常生存。这样一来，在媒体的市场化运作中，过去民文传播的专业人才尤其是高级人才已经退休，市场经济的急功近利又难以培养专业人才，导致民文传播大量翻译汉文传播文本。益西拉姆认为“通晓汉语言文字与某种少数民族语言的翻译人员长期扮演着少数民族大众传播活动的主角，所谓办报、办广播成为数十年来西北地区乃至全国少数民族大众传媒中的普遍情形。”①时至今日，翻译人员充当传播活动主体的状况依然没有太大的改变。这样，翻译语言的置换心理和能力替代民文用母语采集信息，无形中就丧失了民文母语的特色，同时也会导致信息传播的缺失，甚至出现信息干扰或噪音，影响传播质量和效果。而汉文记者、编辑信息采集和文本制作方式依据汉语的思维习惯和方式，对少数民族容易采取猜测心理并有预设主场。而按照新闻传播理论，受众心理是最难把握的，丁柏栓认为受众有十种心理：求生；求知；求职；求偶；求医；求美；求乐；求安；求安居；求发展②。市场经济中兴起的诸如索福瑞传媒专业调查公司开展专项活动，就说明获取受众心理和需求成为传媒业向信息产业发展的关键所在。由于汉族和少数民族在思维方式、宗教信仰、生活习惯、社会风俗等方面不同，其对新闻传播信息的要求也就自然不同，如信仰伊斯兰教的维吾尔族、回族、哈萨克族人有自己的

① 益西拉姆. 中国西北少数民族大众传播与民族文化[M]. 兰州：兰州大学出版社，2002：233.
② 丁柏栓. 新闻理论探索[M]. 北京：新华出版社，1999：157.

信仰，为人处世讲究和气生财，讲卫生、爱干净、不吃死物等。由于民族心理不同，传播信息也就自然不同。然而，新闻报道中存在的内容同质性越来越严重，这既影响受众的分类传播，也使民族新闻特色退化乃至于淡出人们的视野。

民文传播中沿袭汉文传播的文本特点，这一点自不待言，而在汉文新闻报道中，充斥大量的片面性报道和赐恩意识，使新闻报道偏离专业主义精神和报道规律，成为国际上遭人诟病的把柄。牛丽红认为，少数民族报道中"一边倒"现象严重。"在有关的新闻报道中，讲内地帮助少数民族的多，讲国家对民族地区扶持的多，讲民族地区对国家的贡献少，讲民族地区对内地的支援帮助的近乎没有。这种报道中的片面性，给人们造成的印象是：在我国平等、团结、互助、和谐的民族关系中似乎只存在汉族对少数民族的帮助。"[①]长期以来，新闻媒体产生的传播效果就是党和政府对少数民族的赐恩意识成为了宣传的主旋律。一报道民族地区的成绩和进步，就讲国家的照顾和内地的帮助，而很少讲或不讲少数民族的自身努力和自力更生所做的贡献。长此以往，给汉族和国际上造成这样的传播效果：少数民族是汉族的负担；同时也损伤了少数民族的自尊心，容易产生越不平等越要依赖的思想。笔者翻阅《新疆日报》在 2006 ~ 2011 这年 5 年中，若涉及成就、开工、剪彩之类的报道，大量地充斥这种赐恩意识。地方媒体如此，中央媒体也不例外。2011 年 7 月 26 日《人民日报》头版发表《党的恩情比天高》，新闻报道新疆阿克苏地区柯坪县盖孜力乡哈拉玛村 75 岁的维吾尔族老党员热合曼·塔依尔，"这位亲历新旧两重社会、见证家乡几十年巨变的老人，以他清澈的眼神，朴实的话语，带我们走进南疆那个普通的小山村，为我们展示这一场并不普通的变迁。"文章以朴实的文字、真挚的感情令人信服地表达一个少数民族老党员发自肺腑的心声。文章本身出自训练有素的记者之手，但是，发表似乎不合时宜。这篇新闻离温州动车事件发生仅过两天，在网上招来一片骂名，甚至有人用"天朝报纸"为谁说话质疑本该头版无大问题的《人民日报》的真实性何在。

---

① 牛丽红. 新闻报道中西北民族问题研究[M]. 北京：民族出版社，2007：69.

2011年11月22日，中央电视台晚间新闻报道，云南省少数民族医生邓钱堆挎绳索过河给村民看病后引起社会强烈反响，如今已修好两座桥，并使用电动车给村民看病。新闻报道说云南省怒江打马底公路通车，少数民族医生邓钱堆结束了28年溜绳索给村民看病的历史。该桥有两座，一座通人马，可过5人马/次，一座公路桥，建在海拔3000米，造价1700多万元，可通汽车。邓钱堆出镜说："感谢党和政府的关怀。"而且在第二天的午间新闻报道中更为详细。与昨日晚间新闻不同，邓钱堆出镜的讲话被编辑删去了"感谢党和政府"的话。中央电视台在2012年3月31日报道四川甘孜州石源县牧民翁姆今年连续四个月遭遇大雪，114头牦牛死了70多头，翁姆一家从山上搬到山下新建的帐篷里，她说还会有牦牛死去，能保住30多头就不错了。新闻中石源县副县长罗林出镜说，"没有国家支援，牧民很难过冬。"

为何新闻报道中不能出现这种事实附加观点？这主要是新闻写作法理和新闻报道规律决定的。

第一，新闻分为事实表达和意见表达。新闻在事实表达中，必须有观点但观点应隐藏在事实的背后，这是新闻要求的客观、公正、准确的通用法则，做不到这一点，新闻就会遭人诟病。长期以来，我国少数民族新闻报道涉及人权、宗教等问题，每每遭遇西方国家的反击，原因多在于事实上附加观点。

第二，新闻报道中常出现这种观点与事实混合表达，大多源于公文写作中善戴帽子、戴好帽子的表达模式。公文写作中，在党和政府的领导下，在上级指导下，无可厚非。然而出现于专业记者之手，一则不符合新闻写作法理和报道规律，二则这种歌功颂德只能添乱不能帮忙。

第三，新闻写作中观点与事实不分不符合国际受众新闻信息阅读方式。每每有国际受众看到这种新闻，认为不客观、不公正，原因就在于西方新闻理念强调变动，以事实进行叙事，让公众自己来判断真实性，而我国新闻报道宣教的成分太多。尤其是典型报道中，一味地拔高形象，结果使典型报道失去了其合理性，宣教效果不增倒减甚至于无。

新闻报道少数民族建设成就、工程竣工等事件中出现"党和政府"的领导，当然不能全然否定。然而有关党和政府、国家的关系无论从政治、法律、社会等角度探讨都是自然常理，若从少数民族新闻报道角度探讨认同政党、政府、国家之关系，则具有不同的意义。陈平发表在《新疆新闻界》1985 年第 3 期的文章《“党和政府”与“党政机关”是不同概念—兼谈〈新疆日报〉一则消息》就强调新闻报道中“实体概念”和“属性概念”之不同。至于新闻报道中少数民族从价值认同上认为民族认同、宗教认同、文化认同、国家认同哪一个应为上位概念，本文在第四章路径选择中作进一步阐释。

四、西北地区少数民族新闻传播市场化与国家认同存在的问题

市场化时期，少数民族新闻传播与国家认同存在诸多问题。相比少数民族实用信息的传播，精神信息的传播更具复杂性。精神信息传播中，哪些信息是娱乐信息？哪些信息是政治信息？哪些信息是宗教信息？哪些信息是民族信息？即便是娱乐信息，其中哪些又牵扯民族、宗教、政治等内容。哪些可以传播，哪些不适宜传播？“从广义上说，舆论是一种控制机制，”①长期以来，政治信息、国家信息、宗教信息等都和娱乐信息等精神信息包含在一起，西北地区少数民族信息传播精神信息较之实用信息传播主要表现为一种政治信息和宗教信息相关的民族信息。计划经济时期的集体主义、爱国主义掩盖了国家认同与公民教育，使少数民族对国家认同呈现柔弱化状态。加之市场经济勃兴，消费主义以及文化娱乐过度使十分严肃的国家认同被挤出意识形态宣传的边沿。所以，我国在民族精神领域以歌颂民族团结、国家认同主旋律的作品并不多见，如《大秦帝国》《大汉帝国》《康熙王朝》《雍正王朝》以及《木府风云》等大型历史电视剧，宣传汉族、满族以及其他少数民族加强民族团结、国家认同的多，而宣传西北少数民族的较少。精神信息也会形成舆论冲击波，或讴歌或威胁意识形态。王雄认为，“新闻舆论作为精神生产，与意识形态在本质上是相同的，新闻舆论只能在意识形态的框架内发生、发展和展开辩论，不可能另外建立一套独立于社会主流话语体系的平行概念系统。”②尤其对少数民族新闻传播来说，舆论把关和舆论引导就成为考量新闻工作者是否称职、优秀的标准。而舆论把关和舆论引导，在西方传播学界被认为是社会控制，从库尔特·卢因提出守门人理论，到怀

---

① 陈力丹.舆论导向研究[M].北京：中国广播电视出版社，1999：2.

② 王雄.新闻舆论研究[M].北京：新华出版社，2002：85.

特的守门理论，再到麦克内利的新闻流动模式，都可以看出守门理论几经修正仍不具有完备性，"守门人"理论作为新闻内部生产方式既要受外部制度对传媒机构及其活动的控制与影响，又要受"传媒机构的内部制度对信息的生产、加工和传播活动的制约。"①少数民族新闻传播要受这两方面的"控制"和"制约"，相比汉族的新闻传播就更加具备舆论把关与引导的犯难性。外部制度管得过死与内部新闻生产浅表化形成了矛盾，不能及时、深刻反映少数民族社会发展中的深层问题和社会本质。比如宗教新闻传播稍有不慎就会伤及民族感情，因此，报道宗教就成为一难题；文化传播中报道风俗习惯稍有不慎就伤及民族情绪；民族传播中报道民族起源稍有不慎就会伤及民族心理，如此等等。因此，在改革开放以来，鲜有少数民族的经典报导和深度报导，一方面盖因少数民族专业人才缺乏，另一方面也是因为舆论把关和舆论引导在多元认同中迷失和偏颇，造成这种柔弱化状态，成为一种亟须重新认识和解决的问题。

1. 西北少数民族新闻传播市场化与国家认同未能摆正两者之间的关系，从而使国家权力的硬实力处于偏失柔弱的位置，也使新闻传播的软实力处于国家认同的次级位置

西北地区地处祖国偏远之地，少数民族居住复杂，确有"天高皇帝远"之誉。新中国成立以来，我国建立人民民主专政，国家作为暴力机器被提到无以复加的地步。尤其是计划经济时期开展的无产阶级专政和阶级斗争理论，国家的权力大于一切，由于人民群众难以过上幸福生活，自然将这一刚性需求放在难以吃饱饭的偏失边沿。因为国家机器对敌人或坏人有用，而对人民群众则是无用的，意识形态的宣传充其量是一种长期虚泛、浮夸的宣传。市场经济勃兴后，人民群众一改过去短缺经济，不仅用十年时间就迎来物质生活的富裕，而且精神生活也不断的提高。然而，西方消费主义和文化多元主义的过度膨胀又是国家认同的软实力浸淫、迷失于人们的日常生活中，新闻传播并未在高起点、大视野、国际化背景中成为国家认同的宣传机器。原因不仅在于国内民族问题日益受改革利益制衡，形成不和谐发展，关

① 郭庆光. 传播学教程[M]. 北京：中国人民大学出版社，1999：129.

键还在于外部势力的干扰和破坏。由于近现代中国的历史发展受到现代化、外国列强侵略、内战、民族问题等种种因素的影响,国家认同问题以及与此有关的国家统一问题并未彻底解决,"台独""藏独""疆独"等各地分裂国家的势力仍然是很活跃①。正如马得勇指出,我国学者对当代中国的国家认同问题到底是一个什么样的状态,未能提供可信、确切的证据,论战多而分析少。国外研究如 Tom W. Smit 和 Seokho Kim 根据 IPP 在 2003 ~ 2004 年的调查结果,国家自豪感处于增长趋势的国家有美国、澳大利亚、匈牙利、菲律宾、西班牙和斯洛伐克,而处于下降趋势的有奥地利、日本、爱尔兰、挪威瑞典和拉脱维亚。② 对于发展中的国家而言,今天的发展已经不仅仅是局限于技术、资本和管理的功效,越来越强调社会参与和公平发展,实际上强调个人以主动身份来参与发展和步入现代化的过程。③ 其中公民身份与国家发展在新的国家语境中有重要意义,公民公平参与社会制度的变革可以说是社会进步的重要范式。正如丹尼尔·勒纳所说"现代化进程始于新的公众传播——思想与新信息的传播可以激励人们想要按新的方式行事。"④。而对我国西北地区少数民族新闻传播来说,对于国家理念和国家认同的认识模糊仍然是新闻传播的主要问题,可以说在复杂的历史环境中,西北地区少数民族新闻传播处于次级位置。

2. 西北地区少数民族新闻传播市场化与国家认同两者之间的关系始终处在政党、国家和政府相互替代的模糊之中,从而影响了新闻传播的真实叙事和准确表达

众所周知,中国封建王朝与近现代国家不是同一概念,两者应有其不同的理论分野和现实表述。从地理区域上说,中国东南临大海,西隔高山,北

---

① 马得勇. 国家认同、爱国主义与民族主义——国外近期实证研究综述[J]. 世界民族, 2012:16.

② Tom W. Smith and Seokho Kim. National Pride in Comarative: 1995/96and2003/04 [M]. Interational joural of public opinon Research, 127 – 136.

③ 陈卫星. 关于发展传播理论的范式转换[J]. 南京社会科学, 2011(1):109.

④ Daniel Lener. Toward a Communication Theory of Modernization: A Set of Considerations, The press and Effect of Mass Communication[M]. Wilhur Schramn and Donald F. Robert University of Illinois Prsss, 1977:864.

面大漠,一直处于一种独立于发展的孤立状态,从地理上说是一种"光荣的独立"。金耀基认为"中国过去两千年的古典社会,几乎与世界其他大文化完全隔绝,近乎一种平衡、稳固及不变的状态。"①因此,古代中国王朝的概念只是中国一族一姓的诸如汉朝刘姓、唐朝李姓、明朝朱姓以及满族爱新觉罗氏等,平民百姓在国家无为而治下是不管王朝如何更替兴废的。中国民族是一个很强的"我群",而把其他民族则认为"他群",从而很自然地产生一种"优越情结",把四周的种族都看作"东夷""西戎""南蛮""北狄"。中国人从未承认这些蛮、夷、戎、狄为文化之邦,也没有承认他们是与中国平等的,中国的自我影像根本不承认中国为万国之一国,而坚信中国是万国之国,或中国即是天下或世界。"②孙中山也认为,中国人的传统忠诚在家族和家庭,而传统国家因为不履行国家职能,无为而治,国民的国家忠诚感极其微弱。随着西方的坚船利炮侵略中国,"从清末开始,所有中国政治精英面临的主要任务是如何建立新国家,各种源自西方的思潮在中国都得到传播,到五四运动时期到达顶峰。"③也就是说,现代国家概念的浸润和介入,才使政党、国家、政府的概念呈现在近现代国民中,并形成中国历史上第一个中华民国的国家。而自近现代尤其是清末以来,欧美等宪政国家以风靡之势发展,世界范围都以各种政党、集团组建国家,如英国的君主之宪,美国共和与民主两党之争,日本内阁民主选举,等等,中国如何建立一个现代国家?可以说,自孙中山以来,中国主流的政治精英都在走一条以党建国的道路。这被傅斯年说的再不过明白晓畅了,"与其入政府,不如组党;与其组党,不如办报"。所不同的是中国国民党和中国共产党走的是完全不同的建国、治国之路。共产党代表无产阶级和劳动人民的利益,其民心在党。因此,从政党、国家、政府角度来认识,中国共产党是国家、政府与人民高度统一的利益共同体,自然是以政党作为政权组织领导全国人民的核心,这是我国走向现代化和富民强国的保证。但是,长期以来,新闻传播由于与意识形态共用大众媒介的讯道,始终未把国家的国体和政府的政体区分开来,显得政党、国家、政府

---

① 金耀基.从传统到现代[M].北京:法律出版社,2010:51.

② 金耀基.从传统到现代[M].北京:法律出版社,2010:53.

③ 郑永年.中国模式:经验与困局[M].杭州:浙江人民出版社,2010(1):47.

是一回事。从宣传的角度看似乎也不为过，但是，从严格意义来看，政党是领导人民的核心组织，国家是一个集合概念，而政府才是国家建设的实施者。实际上从学术的角度来认识，国家之国体和政府之政体区分的很清楚。新闻报道中将国家建设诸如大小成就归功于党和政府只是长期以来的模糊替代的误用，不符合新闻报道的真实叙事和准确表达。可喜的是这一现象已开始从政治改革予以关注。著名学者俞可平认为，“党和国家开始分离，党和国家不分，党和政府不分，是传统政党的最大特征”①。改革开放以来，随着市场经济的深入发展，我国政治改革有可喜的发展，党政分开打破“党的绝对化领导的模式，党不再替代政府作为直接的行政管理机关。俞可平的观点昭示人们，西北地区少数民族新闻传播中人民群众的积极性和创造性是与党和政府的领导相统一的，人民群众建设国家的积极性和创造性应和党和政府的感恩、赐恩意识分离而呈现出一种真实叙事和准确表达。

3. 西北地区少数民族新闻传播市场化与国家认同受汉民族对内传播因袭性的影响以及民族主义发展对个别国家解体的影响，使国家认同处于模糊认识甚至有下降滑失的危机

汉代以降，绵延丝绸之路上各种思想、宗教以及文化习俗和社会风俗都在此融汇交织，波斯文明和印度文明、儒家文明等都汇集成西域文明，成为中华民族贡献给世界文化的靓丽风景。其中，“五胡乱华”以及以后的民族迁徙都是儒家文化与少数民族文化交融在一起。民族学者李晓霞以国家哲学社会科学基金项目论证回汉通婚、维汉通婚、哈汉通婚、维回通婚、维哈通婚的现象。这从一个侧面说明汉族与少数民族都受中原文明尤其是农耕文明因袭性的影响，民族文化里蕴含了天朝即国家、文化即天下的传统的因袭的国家概念。正如王赓武指出，“在过去的一千年间，汉族真正统治自己的国家的时间还不到280年。在绝大多数时间里，中国这块土地或者是非汉族人统治，或者是汉族人统治的只是国家的一部分。”②中华民族这种“种族中心主义”的思想观念并非其独有。苏穆纳认为，“任何一个种族都把自己的

---

① 俞可平. 全球化与政治发展[M]. 北京：社会科学文献出版社，2003:29 - 30.

② Wang Gungwu. Joing the Modern World: Inside and Outside China[M]. London and Singapore: Singapore Uervsitsity Prsss world Scintific, 2000.

团体设想为万物之中心，而其他种族则环绕着它，此一种且形成一种坚信，即认为他自己的团体的价值、生活方式、整个文化是高于别个团体的。”[①]这种把自己成为“only men”或“men of men”。

此种“我群优越”的心态，古代民族都不能免。中国史籍和近现代的书籍、报刊对传统国家和现代国家的概念民族认同和国家认同的因袭性都有反映。

改革开放以来，市场经济的繁荣发展，加之国际上苏联解体、东欧剧变以及“泛伊斯兰主义”和“泛突厥主义”作祟，在国际上掀起一种反华浪潮。对此，汪辉一针见血地指出，西方世界对中国的认识，“按照他们的观点，中国可以是一个文明、一个大陆、一个帝国，而绝不是‘正常的民族国家’或‘现代国家’。在这里，‘正常’与‘现代’都是按照西方的自我想象而产生的标准，是硬将自己塞进普遍主义（普世价值）的框架中的特殊主义。”[②]汪辉彻底揭穿西方不怀好意之人对中国西藏、新疆地区历史社会的认识，故意挑战中国国家主权和多元一体化的民族社会。这突出表现在“3·14”事件“7·5”事件中，由于我国媒体的滞后表达，加之新闻事件难以定性，使舆论引导陷入迷津，也使新闻媒体的公信力以及国家形象受损严重。但是，在认清事件性质之后，中国媒体进行有理有据的反击，揭穿西方媒体不怀好意的常态心理，从而掀起一股爱国主义的思潮。据对外传播中心舆情室分析，“美联社、路透社、法新社和共同社十年来的涉藏报道分析，有关达赖的报道基本占每年涉藏报道总量的一半左右，其中所占比例最高的为2007年，占全年涉藏报道总量的69%，比例最低的2008年，占全年涉藏报道的39%。”[③]由于外国媒体出自不同的目的或利益诉求，对中国报导，尤其是涉藏、涉疆有关人权、种族、文化的报导或出于收视率或出于攻讦大都采取移花接木、改头换面、颠倒是非、歪曲事实等方式报道，在其后的发展中遭到中国人民和中国媒体的强烈抗议和据理反驳，其报道才有所收敛。这也形成了当前少数民族新闻传播的怪现象：每遇涉外报道，先是由外国媒体设置议程，中国媒体跟进，

---

① 金耀基. 从传统到现代[M]. 北京：法律出版社，2010:53.

② 汪辉. 东西之间“西藏问题”[M]. 上海：生活·读书·新知三联书店，2011:53.

③ 对外传播中心舆情室. 近年国际涉藏舆论特点与走向[J]. 对外传播，2009(3):28.

进行“出口转内销”传播。这样就形成了外国媒体主动设置议程，我国媒体被动跟进、受人牵制、随人跳舞的局面。如“3·14”事件以后，《人民日报》在4月2日、4月3日和4月7日特别策划推出《拉萨三日——一位网友的图文手记》《4月2日，拉萨，晴》《高原一家·普通一日》等报道就明显以外媒为靶子，进行针锋相对的抗诉、辩白和解说。“7·5”事件爆发后，外电大肆炒作“中国警察枪杀维吾尔人”的消息，新华社专访清真寺保安采写了《干扰礼拜活动，追砍信教群众——清真寺目击者讲述乌鲁木齐解放南路暴力事件经过》，以回击外电报道。这种应和外国媒体议程设置的做法使我国媒体在对外报道中很难占领舆论制高点和优先权。最近，这种被动局面大为改观，尤其在涉藏、涉疆报道中，总结的快速反应，真实报道，抢先发布，占领了高地的经验使我国的对外传播取得明显进步，如两会报道中外媒有关“人权”报道大为减少，而我们自己也不再应和。尽管如此，由于我国在长期形成的对外宣传模式和思维方式的潜在影响，外媒报道的“蝴蝶效应”[①]还难以消除。

不可否认，少数民族新闻传播形成的与外国媒体议程共振的现象，同样出现在国内汉族和其他一些少数民族对新闻传播中，进而形成一种“涟漪效应”，[②]正如林凌所说：“如果不是爆发新疆“7·5”事件，广东和新疆以外地域的受众也许根本不会关注广东“6·26”群殴事件。但是，从舆论监控和引导的角度看，中央网络媒体和广东网络媒体的连续报道忽略了民族纷争的互联性，低估了“三股势力”运用网络媒体，借其发力的可能性，给疆独分子和舆论煽动以可趁之机。”[③]诚如此，新闻传播地域性和受众接受的“接近性”“人情味”有一定的心理共振，即离得越近越关心，越重要越欲知，越新鲜越

① “蝴蝶效应”是由美国气象学家洛伦兹在1963年提出来的，指一个坏的微小的机制，如果不及时加以引导和调节，会带来非常大的危害，相反，一个好的微小的机制，只要正确引导，就会产生好的效应。

② “涟漪效应”亦称为“模仿效应”，是由美国教育心理学家杰考白·库宁(JacobKounit)提出的。涟涟漪效应是指由一个出发点引发周围的点持续性震动，震动会慢慢减退，但如果没有任何阻力，震动会波及很远距离的点。特指在社会上有某些现象引起的社会波动，如不受舆论的制止，将会波及很远的人群，甚至造成不可收拾的局面。

③ 林凌.“7·5”暴力事件的网络舆论传播特点及引导策略[J].当代传播，2009(5):48.

好奇,越利益攸关越追索了解。目前,西北地区少数民族新闻传播中有关社会区域发展、民族政策优惠与身份认同等引起汉族及其他少数民族的猜忌与心理不平衡,已成为当前舆论引导的难点。过多报导就会引起民族之间的猜忌,如少数民族高考加分、计划生育等,应有分寸地、用发展地眼光整体看待,新闻报导应站在一定的高度报道少数民族的特殊性和我国民族整体的可靠性和亲和力。否则,一石激起千层浪就会形成“涟漪效应”影响民族团结。

第二章

西北地区少数民族新闻传播与国家认同之成因

西北少数民族新闻传播与国家认同存在的问题说到底是意识形态舆论引导的问题，主要表现为在新时期全球化发展、中国社会转型以及新媒体传播技术发展多维背景中，社会的急剧变化和社会改革的步伐加快使新闻舆论引导成为社会控制的难题与社会关注的焦点。其中现代化和新媒体技术传播就构成一幅错综复杂的认知图景，加之与民族主义纠缠在一起形成颇为困惑的思想迷思。"'迷思'不仅仅是一个与人类价值等同的人类范畴，同时也是一个通过意识形态扭曲人类价值的政治范畴。按照巴特尔的说法，迷思没有否认什么事物，相反，它的功能是要谈论这些事物。简单地讲，它使之净化，使它们变得清白无辜，赋予它们一种自然的和永恒的正当性，一种不是源自解释而是事实陈述的明确性。迷思通过对复杂性和矛盾性的消除来创造一种'欢快的明晰'。"①迷思本质上是一种去政治化的言谈。基于这样的认识，人类社会发展中现代化与民族主义交织在一起，构成了民族国家和现代化复杂的关系，其中现代化和民族主义在其中起什么作用？新媒体技术与全球化传播也构成了复杂的关系，新媒体技术对少数民族发展起了什么作用？为何少数民族问题成为国际舆论的焦点？加之近期我国社会处于急剧转型期，社会矛盾表现突出，少数民族与主体汉族能否和谐发展成为中华民族崛起并屹立于世界民族之林关注的焦点，这其中少数民族新闻传播成为国家意识形态进行社会控制的难点也是在预料之中的事。概而言之，国家认同与全球化、新媒介技术和社会转型有着错综复杂的关系，对此，

---

① [加]文森特·莫斯可. 数字化崇拜：迷思、权力与赛博空间[M]. 黄典林，译. 北京：北京大学出版社，2010：29.

在全球化视域中，探讨少数民族社会稳定、和谐发展以及新闻传播对国家意识形态尤其是国家认同产生的影响就具有十分重要的意义。

第一节　全球化传播对西北地区少数民族新闻传播与国家认同之影响

一、全球化概念演进与内涵特征

“全球化”一词已成为世界各地最流行、最时髦的话语，有人做过统计，“在近十年一浪高过一浪的全球化浪潮中，西方学术界对全球化进行深入的研究与反思，出版了2000多种著作和3万多篇文章。”①这还不算我国学者的著作和论文。纵观全球化的各种观点，五花八门，几乎从各种视角对全球化的概念、特征、内容、表现、后果以及对策等做出系统的研究，因而涉及政治学、经济学、社会学、民族学、历史学、心理学、文化学、传播学等多个领域，成为人文社会科学研究的热点领域。无论承认与否，全球化已成为一种客观事实，也是一种发展趋势，同时也成为影响世界进程的核心元素和力量。俞可平认为，“全球化首先表现在经济一体化，但经济生活的全球化不仅极大地改变了人类的生产方式、消费方式和交换方式，也极大地改变了人类的思维方式和行为方式，从而对民族文化造成深刻的冲击。换言之，全球化不仅是一种经济和政治现象，也是一种文化和学术现象，正在重塑我们的民族文化和学术研究，改变我们的思维所赖的参照的坐标系，要求我们同时具有民族性和全球性的双向思维。”②俞可平将“全球化”总结为是一个合理的悖论：既是国际化，又是本土化；既是普遍化，又是特殊化；既是民族化，又是世界化；既分散，又整合。基于这种辩证思维和认识，本文引述一些经典作家对“全球化”概念的界定，并评述其内涵特征的演化。

罗·霍尔顿说“到目前为止所进行的讨论中并没有对像‘全球的’（glob-

① 薛晓源，周战超.全球化与风险社会[M].北京：社会科学文献出版社，2005：1.

② [英]戴维·赫尔德，安东尼·麦克格鲁.全球化理论研究路径与理论论争[M].北京：社会科学文献出版社，2009：2.

al)、'全球化'(globalization)这些关键词汇的含义做出任何澄清"[①]。在全球化讨论的嘈杂声中,在众多的学术著作中,有关"全球的""国际的""超国家的""跨国的""世界性的"这些词汇作为同义词经常互换使用,因而给人们理解造成障碍和有害。诚如此,"全球化""国际化""现代化""一体化"使人们认识这一"热词",又熟悉,又陌生。究竟其确切的定义是什么？还是众说纷纭,各执一词。

戴维·赫尔德、安东尼·麦克格鲁认为,"全球化指的是社会交往的跨洲际流动和模式在规模上的扩大,在广度上的延伸,在速度上的递增,以及影响力的深入。它指的是人类组织在规模上的变化和变革,这些组织把相距遥远的社会连结起来,并扩大了权力关系在世界各地区和各大洲的影响。"[②]关于全球化简洁的定义,是由赫尔姆和索伦森提供的,他们把全球化看成是"跨越国界的经济、政治、社会和文化关系的增强"[③]。这一定义的显著特点是指出独立自主体也有开放的本性,它承认,全球化具有主宰世界的内在逻辑,世界是有序、无序,还是混乱都将由全球化以一种制度形式起支配作用。

罗兰·罗伯森从时空压缩和整体意识的角度解释全球化,认为"全球化既指世界的压缩(compression),又指认为世界是一个整体的意识的增强。"[④]美国学者德里克(Dirik)、英国学者斯克莱尔(Sklour)以及左翼学者阿尔博(G. Albo)把全球化看成是市场、资本主义的全球扩张。不难看出,这些定义都强调全球的能动作用和积极效果。

从总体上对全球化的内涵进行界定就显得较为宽泛。文军认为,"全球化就是指以全球意识为基础,以人类共同和谐为目标,以科技进步和经济发展为动力,在全球范围内展现的涉及政治、经济、文化、社会等各个领域的人类社会整体化、多样化、依存化、关联化的客观历史进程和趋势。"[⑤]

---

① [澳]罗·霍尔顿.全球化与民族国家[M].倪峰,译.北京:世界知识出版社,2006:10.

② 戴维·赫尔德,安东尼·麦克格鲁.全球化与反全球化[M].北京:社会科学出版社,2004:1.

③ 戴维·赫尔德,安东尼·麦克格鲁.全球化与反全球化[M].北京:社会科学出版社,2004:11.

④ [英]罗伯森.全球化:社会理论和全球文化[M].上海:上海人民出版社,2000:11.

⑤ 李惠斌.全球化与公民社会[M].桂林:广西师范大学出版社,2003:42.

从信息、通讯技术和交通角度界定全球化，认为人类可以利用先进的通讯技术，克服自然地理因素的限制而进行信息自由传递的过程。马歇尔·麦克卢汉“地球村”就认为世界将变成一个村庄，世界各国文化在“世界市场”的基础上正在经历巨大转型，这种转型即表现在各国文化的交流和合作上，也表现在媒介技术上。

从制度角度界定全球化，认为全球化是现代性的各项制度向全球的扩张，是现代性的基本制度特征向全球化范围转变的必然结果。安东尼·吉登斯认为“现代性正在内在地经历着全球化的过程，这在现代制度的大多数基本特性方面，特别是在这些制度的脱域与反思方向，表现得很明显。”①

关于全球化的性质和特征，我国学者陈德成将其总结为：“资本主义的全球化”“新型殖民化”“发达资本主义国家主导的全球化”“西方化”“美国化”“本身无意识形态色彩”②等。目前，较为普遍流行的观点认为：全球化具有研究的跨国性、综合性、包容性、矛盾性、开放性、片面性等。

我认为，上述有关全球化的概念、特征、性质、表现、后果等研究，反映出人文社会科学研究在各自领域的进取性、开放性和跨学科性，但是由于世界的复杂多变和事物发展的规律性所致，人类的认识似乎像瞎子摸象那样，都说出个人的己见，认为人类可以享受物质生活的同一性，但绝不会放弃追求精神生活的丰富性和多样性。即马尔库塞所说，“技术的进步使发达工业社会可以在富裕的生活水平上，让人们满足于眼前的物质需要而付出不再追求自由、不再想象另一种生活方式的代价。”③人类社会发展，工业化水平越高，对精神消费的需求更加丰富和广泛，这也许就是马克思所说物质生产与精神生产不平衡性所致。

二、全球化与现代化、民族主义、“地球村”的起源与发展进程的叠加背景与互促效应

研究全球化起源和进程，一个有趣的发现跳入眼帘，这就是现代化、民

① 安东尼·吉登斯. 现代性的后果[M]. 田禾，译. 南京：译林出版社，2000:56－57.

② 陈德成. 全球化与现代阿拉伯民族主义[M]. 北京：中国社会科学出版社，2009:15.

③ 马尔库塞. 单向度的人—发达工业社会意识形态研究[M]. 上海：上海世纪出版集团，2008 年:207.

族主义、“地球村”这些词高频出现在相当多的文献中，稍加梳理，这些词汇所承载的内容如各种主义、学说、流派、观点之间似乎也存在一种有机的联系，即在全球化发展中互相影响，产生互促效应，并叠加在全球化的背景中，形成一种错综复杂、欲理还乱的社会图景进而形成一种迷思。然而，一条清晰的线索是媒介历史地、完整地记录了这些主义、学说、流派、观点的纷争和变化，并成为其中的见证者。其中，全球化开始于何时？是解开这一问题的结扣。

全球化究竟起源于何时？历来众说纷纭，各执一词，但是，关键问题还是围绕全球化是现实的还是虚构的这一问题展开。多数人认为，全球化既是一种客观事实、客观存在，也是一种发展趋势。无论承认与否，它都影响世界的历史进程；也有人认为，全球化不是客观事实。全球化是当今世界发展的总趋势，它以经济合作互补为物质基础，显然，现在还缺乏这个经济基础。另外，只有文化交流和融合才能使全球化成为现实基础，但各民族不同的文化传统，岂能轻易化为一体？所以全球化在当前还是“乌托邦”。[①] 对于上述两种截然相反的认识，我认为，这是人文社会科学方法研究路径不同所致，前者看到“实然性”的存在，认为已经发生的现象并波及全世界；后者看到“应然性”的想象，认为不符合理论逻辑，缺少现实支撑。但是，这不影响人们探讨全球化的起源与进程中所携带的风云变化的发展。

斯塔夫里阿诺斯在《全球通史——1500 年以后的世界》中说“为什么世界历史应从 1500 年开始？回答是，1500 年以前，人类基本上生活在彼此隔绝的地区中。直到 1500 年前后，各种集团之间才第一次有了直接的交往。实际上，严格的全球意义上的世界历史直到哥伦布、达伽马和麦哲伦进行远航探险时才开始。在这之前，只有各民族的相对平行的历史，而没有一部人类统一的历史。”[②]我国费孝通先生认为，对于全球化过程开始时间的不确定，存在多种看法。其中一种观点似乎比较合理，这种观点认为，全球化即

---

① 陈德成. 全球化与现代阿拉伯民族主义[M]. 北京：中国社会科学出版社，2009：3.

② [美]斯塔夫里阿诺斯. 全球通史——1500 年以后的世界[M]. 吴象婴，梁赤民，译. 上海：上海社会科学出版社，1999：3.

全球各地人们的密切关联，可以认为开始于15世纪末的航海大发现①。笔者认同15世纪起源说，毕竟航海环球作为一个地理上寻宝的自然现象，它发生了，就应有其本质上的意义，即使不能具有本质上的意义，起码应具有符号意义。也有人将全球化起源定位于公元前开始说、19世纪后半期开始说、二战结束开始说以及50年代中期起源说等，不是失之太早，就是失之太晚，不符合事物发展的现象与本质相统一的规律。

在全球化肇始之后，现代化又开始于何时？我国现代化研究著名学者罗荣渠认为，在西文里，modern time一词大致是指从公元1500年左右以后一直到现今的历史时期。② 这就是说，"现代"一词的历史时限拉得很长，达三四百年之久，而且伸缩性很大，没有明确的下限。这样看来，人们普遍把全球化的起点放在地理大发现的15世纪末期或工业革命开始的18世纪，这两个时期正是所谓世界"现代时期"的开端。这也就是说全球化与现代化同时起步。用A·吉登斯的话说，全球化就是现代性向全球的扩展，现代性的骨子里就是全球化。③ 我国也有学者认为全球化是与现代化同步的，全球化是现代性的扩张，是现代化的必然结果，全球化是在外延上表现为现代化的扩张，意味着现代性因素从支配一个国家延伸到支配全球。不同之处在于，全球化侧重于描述各民族国家和地区相互依赖、相互联系的趋势，现代化却侧重于一个社会内部的变迁。④ 如果说全球化是一个幻象描述，那么，现代化则是一个实体展现。罗荣渠认为：现代化是指近代资本主义兴起后的特定国际关系格局下，经济落后国家通过大搞技术革命，在经济和技术上赶上世界先进水平的国家的历史进程；现代化实质上就是工业化，更确切地说，是经济落后国家实现工业化的进程；现代化是自科学革命以来人类急剧变动过程的统称；现代化主要是一种心理态度、价值观和生活方式的改变过程，也是代表这个时代的一种"文明形式"。⑤

---

① 费孝通.经济全球化和中国"三级两跳"中的文化思考[N].光明日报，2000-11-7.

② Websters third New international Dictionary[M].1976.

③ Anthony Giddths. The consequence of Modernity[M]. Cambridge：Polity Press，1990：63.

④ 吴素梅.十年来国内全球化研究综述[J].东方论坛，2001(1)：75.

⑤ 罗荣渠.现代化新论——世界与中国的现代化进程[M].北京：商务印书馆，2009：9-15.

全球化在长达三四百年之久的发展中，不仅孕育了现代化的胎种，同时也强化了民族主义的发展。安东尼·史密斯认为“最早使用该词是在18世纪末期”，在19世纪早期这个词很少被使用，1836年，英语中首次使用“民族主义”，它当时是以神学用语出现的，指某些民族曾为上帝选民的教条。① 海斯认为，16、17世纪在欧洲发达起来的那种国际主义并不以我们今日所谓“民族主义”为根据，因为这种民族主义——人们对相当大的国家的无上忠诚，和一个政治‘民族’在语言和文化国家上的有意建造——是到18世纪才普遍地说讲，庄重地施行的。② 海斯还认为，民族主义学说的产生是18世纪一种智能的活动，它最初是知识分子的工作与当时一般智能兴趣和趋势的表现。知识分子能够始终把握住大众的东西却是机械技术的一种惊人进步，这种进步就是我们今日所谓工业革命。③ 由此看出，民族主义与工业革命是同时发源的，并在全球化进程中蓬勃发展的。我国著名民族学研究学者王希恩认为，“全球化与民族主义是一对孪生子。”④自全球化进程开始以来，民族过程与全球化不可分割地联系在一起了。而且，民族主义发展与全球化同步而进，“既与其构成因果关系，又成为全球化的重要内容。”⑤

无论是现代化，还是民族主义，人类文明的各类主义、形态都依赖大众传播而发展，并成为其负载的内容。李彬认为，19世纪末与20世纪初，大众报刊作为“新闻事业才彻底告别传统，走向现代，新闻才第一次进入千千万万普通民众生活。”⑥随后与广播、电视一起构成大众传播媒介，发挥其政治民主，舆论自由；经济发展，贸易繁荣；教育普及，读者大增；科技进步，传讯加速；城市兴起，人口集中；大众社会大众文化的作用。

汤普森认为，当今之世几乎没有什么社会不受到大众传播机构和机制

---

① 安东尼·史密斯. 民族主义：理论，意识形态，历史[M]. 叶江，译. 上海：上海世纪出版集团，2006：6.

② 海斯. 现代民族主义演进史[M]. 上海：华东师范大学出版社，2005：5.

③ 海斯. 现代民族主义演进史[M]. 北京：华东师范大学出版社，2005：185.

④ 王希恩. 全球化中的民族过程[M]. 北京：社会科学额文献出版社，2009：150.

⑤ 王希恩. 全球化中的民族过程[M]. 北京：社会科学额文献出版社，2009：53.

⑥ 李彬. 全球新闻传播史（公元1500—2000年）[M]. 北京：清华大学出版社，2009：202.

所触及，因此，几乎没有什么社会不向大众媒介象征形式的流通开放。① 如今，一个发生在某一村庄的小小事件，很快就传遍全球，使人们改变了对媒介的认识。“地方行动，全球思维”成为人们认知信息的重要方式。而麦克卢汉有关传统“地球村”和后来保罗·莱文森·赛博地球村的“处处是中心，无处是边缘”观点，几乎成为全球化传播中家喻户晓的口头禅了。斯巴克斯甚至认为，发展传播学中的“全球化范式”应具有如下特征：一种全能的学说（全球化表征人类历史的新纪元）；方法论的创新（对当代社会复杂性的强调以及对非还原主义或简约主义方法论的诉求）；理论与实践的新型关系（全球化理论缺乏明确的实践检验）；媒体和传播在当代社会中的中心地位；超国家组织发展（媒体传送不再受政治地理的限制）；对本地化或地方化（local）的重新重视；社会主导或控制中心的缺位；媒体和传播中心的多中心化；地区性市场的发展；全球媒体产品的出现等。② 无疑，斯巴克斯将媒介放在全球化舞台上进行论述，显示出现代化、民族国家包括民族主义具有更加复杂、叠加的背景。那么，如何看待全球化进程中这种叠加背景与互促效应呢？

1. 全球化是一种虚拟叙事和空间幻象，也是现代化、民族主义、“地球村”存在的舞台

弗里德曼认为，“全球化指的是通常被称为文化的过程，即在全球舞台上与意义赋予有关的过程。全球舞台是全球化的前提”。③ 只要有全球化这一舞台，其他的各种主义、学说以及意识形态才有所依附。尽管人们承认，全球化是一种客观存在，但它毕竟以“时空压缩和整体意识”④作为其内涵本质的。20 世纪 90 年代，全球化知名度急剧上升，有关全球化以及信息革命的社会思潮铺天盖地地袭来，然而，人们对现代化、民族主义、“地球村”的解释确实成为人类学上的迷思。正如人类学家克劳德·列维—施特劳斯所言，“迷思是帮助人们应对社会生活中的矛盾冲突的故事，而这些冲突是永

---

① ［英］约翰·B·汤普森．意识形态与现代文化［M］．南京：凤凰出版传媒集团，2002：11.
② ［英］科林·斯巴克斯．全球化、社会发展与大众媒体［M］．北京：社会科学出版社，2009：6.
③ ［美］乔纳森·弗里德曼．文化认同与全球性过程［M］．北京：商务印书馆，2003：299.
④ 罗兰·罗伯森．全球化：社会理论和全球文化［M］．上海：上海人民出版社，2000：11.

远不可能化解的”。[①] 哲学家玛丽·来德说得更好,“我们得选择什么迷思、幻象来帮助我们理解物质世界。我们不可能完全不通过它们来理解世界。”[②]也许,现代化、民族主义、“地球村”这些有关联、错综复杂的主义、学说以及现实中的矛盾冲突人们难以弄明白,但是,探索其本质和规律是必须坚持和前行的。

2. 现代化是人类普遍追求的理想目标,其在全球化传播舞台上又呈现出各民族国家发展水平不均衡以及民族主义采取各种措施或推进或抵制的复杂面貌和现实关怀

现代化肇始于西方,以欧美发达的工业化水平为标志,在20世纪60年代,不仅成为家喻户晓之词,也成为世界各国人民普遍向往的目标,更成为大多数国家政府号召人民建设美好家园的励志口号。同时也成为欧美发展资本主义并强输其意识形态的借口。罗荣渠认为,“战后西方出现的这一社会思潮,从本质上说,是一种美国社会思潮”[③]“现代化理论是乐观的社会进化论思潮的产物,是西方资产阶级社会思潮的产物,甚至可以说是战后‘美国第一’的自大狂思潮的产物”。[④] 针对美国式的现代化,一些学者认为,如果将全球化等同于西化、资本主义化则是错误的。随着非西方国家在国际政治中的作用加强,全球化、现代化与西方化的搭档关系已被打破,在全球化、现代化发展中,当今世界的主要倾向是一些弱小民族国家利用民族主义作为武器,站在本国民族立场,不利于本国民族发展现代化,就进行抵制,反之,则大力提倡。正如汉斯·科恩所言,“20世纪是有史以来整个人类接受同一政治观念——民族主义的时期”。[⑤] 事实表明,21世纪以来,民族主义以其不可压抑的态势冲击全球原有的世界秩序,左右着整个20世纪人类历史的演进和国际格局的转换。这突出的表现在苏联解体、东欧剧变、波黑战争、西亚民族纷争。一方面民族主义为自身民族利益和现代化辩护,同时对

---

① [加]文森特·莫斯可.数字化崇拜:迷思、权利与赛博空间[M].黄典林,译.北京:北京大学出版社,2010:28.

② 罗荣渠.现代化新论——世界与中国的现代化进程[M].北京:商务印书馆,2009:14.

③ 罗荣渠.现代化新论——世界与中国的现代化进程[M].北京:商务印书馆,2009:30.

④ 罗荣渠.现代化新论——世界与中国的现代化进程[M].北京:商务印书馆,2009:31.

⑤ 沈国明,朱敏彦.国外社会科学前沿(1997)[M].上海:上海社会科学院出版社,1998:140.

新形式的多国地缘政治组织提供一种批评的理解。“一方面认为民族主义是妨碍全球化社会经济形成的意识形态,同时又承认民族主义在反对西方文化、政治和经济的殖民化斗争中具有战略意义”。[①] 民族主义作为一种主义学说、社会思潮,在一些地区和国家利用其作为意识形态,成为各国民族分裂主义的标榜“民族自决”的思想基础和行动口号。

3. 麦克卢汉的“地球村”成为宣传全球化传播的扩音器

麦克卢汉“地球村”是在他打字稿《关于理解新媒介的报告》(1960 年)里提出来的。后来在《古登堡星汉璀璨》(1962)把这个概念作为一章标题推向世界。其后,随着《地球村里的战争与和平》《地球村》而名震遐迩。“地球村”的观点主要包括这样的比喻延伸:广播造就了一个儿童者的村落,比喻“村落群体听见信息的同步性”,广播作为只许听不许说的单极传播,成就了 20 世纪斯大林、希特勒、罗斯福等要求受众听命于他而不允许发表意见,成为一种家庭媒体。电视造就了窥视者的村落,比喻偷窥者的好奇,通过电视,村里人从收听者变成收视者,从小孩子变成窥视者。网络造就了一个地球村,比喻时空的伸缩性,新媒体可以使大区域缩小为可以互动的社区。[②] 纪莉认为,“麦克卢汉设想的‘地球村’有三个特征。首先,在电子传播时代,生活在地球村的整个人类合为一体,部分与整体相互依存,相互影响;其二,这种变化使民族、国家等概念瓦解和重构;第三,人们对整体合一的需求就是对人类整体无限和谐的追求”。[③] 麦克卢汉发展了伊尼斯媒介时空观,进一步提出时间与空间的关系不是与社会行为相分离,而是由它们产生和再生的。这与罗兰·罗伯森关于全球时空压缩的认识遥相呼应,也与于尔根·弗里德里希斯认为“全球化是一种强化的网络化”[④]一拍即合,也与英国学者 Jan Aart Scholte 认为全球化是以地域空间扩张为标志的社会地理变革有异曲同工之妙。只不过,上述学者强调的是意识形态,而麦克卢汉强调的

---

① 王逢振.全球化、市民社会、民族主义[J].哲学研究,1999(12):12.

② 保罗·莱文森.数字麦克卢汉[M].北京:社会科学文献出版社,2001:95.

③ 纪莉.论麦克卢汉传播观念的技术乌托邦主义—理解麦克卢汉的新视角[J].新闻与传播研究,2003(1):38.

④ [德]于尔根·弗里德里希斯.全球化:概念与基本设想[J].政治与现代史,1997(33、34).

是媒介自身及技术因素。今天看来,他的传播思想似乎是一种技术乌托邦主义,需要重新认识和评价。因此,麦克卢汉的有关“地球村”的认识似乎也是传播史上的迷思。

至于民族主义借用全球化传播舞台,以大众媒介为载体,与现代化、全球化相互发展、相互影响而形成的互促效应诸如“促进说”“削弱说”“并存说”“对立说”以及挑战与回应、相悖与共存等等,都说明其中存在极为复杂的背景与关系。正如科林·斯巴克斯所言,“长期以来,建立在领土疆界之上的民族国家一直是我们进行想象和分析的基本依托和主要坐标,全球化的进程正在无情地撼动民族国家的传统疆域。毫无疑问,在可见的将来,民族国家仍将是政治生活的核心,国家认同和民族认同仍将是基本的政治身份标志。”①因此,在全球化传播中,无论上述主义、学说发展走向何处,其互促效应中的巩固民族国家地位、加强国家认同和民族认同则是我们提倡并促进其发展的社会先进理论和进步思潮。

三、全球化传播对西北地区少数民族新闻传播与国家认同的影响

在全球化发展中,全球化自身与现代化、民族主义等呈现出交织叙事和纷乱发展的特征。因此,在“全球化之谜”中,“全球化问题的根本在于,没有政府不行,有了政府也不行”。② 全球化这种悖论反映在意识形态中,就成为新闻传播舆论把关和舆论引导的难题。加之在现代化建设中,少数民族也有憧憬未来、希冀福祉的愿望,民族主义就成为与已有利的开路先锋和与已不利的挡箭牌。这样,新闻传播在纷乱、交织的叙事背景下,新闻价值和社会价值判断很容易走偏颇或迷失。具体说来,西北地区少数民族的新闻传播舆论导向到底指向何处?如果说计划经济时期我国少数民族新闻传播在单极传播的宣传模式下取得了不可否认的客观成绩,国家认同意识在初步形成后呈较为稳定的状态,那么,改革开放以来,由于受全球化、民族主义等

① [英]科林·斯巴克斯.全球化、社会发展与大众媒体[M].北京:社会科学出版社,2009:2.
② [美]丹尼·罗德里克.全球化的悖论[M].廖丽华,译.北京:中国人民大学出版社,2011:17.

的影响，少数民族尤其是西北边疆少数民族国家认同意识有所淡化，“三股势力”在外国势力的干涉下，不断教唆、挑衅我国少数民族对国家的认同意识。新闻屡屡报道“三股势力”的犯罪行径，都会增加汉族及其他少数民族的心中不快和愤懑情绪，并在汉族和其他少数民族心中形成与该项报道的议程迎合的共振效应以及涟漪效应，尤其是关于少数民族社会稳定方面，由于新闻事件性质难以判断，新闻宣传口径收紧，新闻工作者有关经济发展、社会稳定、民族文化建设、宗教信仰自由等方面很难来判断舆论引导的方向。不可否认，少数民族新闻传播舆论导向，国家认同是大前提，但是，在具体报道方面，到底是民族认同重要，还是文化认同重要，抑或是宗教认同重要？不但广大人民群众会忽略这一问题，而且专业新闻工作者也会忽略这一问题，表现在少数民族新闻传播中的多元认同就成为报道少数民族新闻工作者的价值判断的现实问题。

众所周知，新闻是易碎品，要客观、公正、准确地进行事实判断和价值判断，把新闻事件的性质揭示出来，绝不是像社会科学工作者那样具有充裕的时间可供思考和研究。尤其是涉及到少数民族的新闻传播，具体在舆论导向到底指向何处？没有一定的政治敏感和新闻功底以及综合知识就会疑虑顿生，甚至会无法报道。在纷繁复杂的社会背景中，对于编辑记者来说，每天都面临两种判断：一是事实判断，二是价值判断。这两种判断力是新闻工作者的基本功。尤其是在信息社会，新闻工作者不仅要判断事实之真伪，而且要判断价值之大小，甚至要判断事物发展之性质和方向。著名记者艾丰在《新闻写作方法论》中，把全部社会现象分为两大类六种，见下图①。

- 物质现象
  - 事物特有的现象
    - 正象
    - 歪象
  - 宣传性现象
    - 废象
    - 合理的宣传性现象
    - 不合理的宣传性现象
    - 半合理的宣传性现象

① 艾丰．新闻写作方法论[M]．北京：人民日报出版社，1993：103．

这两大类六种社会现象，对新闻记者来说要在思维的浅层判断社会的正象、歪象、废象和思维的深层判断宣传的合理性，对报道汉族的新闻来说，也许会容易判断，而对报道少数民族新闻记者来说，恐怕是有相当难度的。这其中不光是要拥有深厚的新闻功底和综合知识，可能记者的政策水平和理论水平最为关键。诚如上述，国家认同在少数民族多元认同中是前提。但是，如何去认识和把握它？这应该理清国家认同、民族认同、文化认同、宗教认同等相关概念。这就要求新闻工作者要善于学习人文社会科学，对于政治敏感的问题善于从理论高度予以观照。

郑晓云认为，民族认同是一个民族中的人们对于自己所属民族的一种归属意识。由于这种归属意识的存在，认同于一个民族的人们由此而形成共同的心理、意识、价值观，甚至民族情绪与民族偏见，并由此在一个民族中形成民族集合的力量。①

贾英健认为，国家认同是指生活在某一国家之内的公民基于对自己国家的历史文化传统、道德价值观、理想信念、国家主权等的热爱的基础上建立起来的认同。国家认同的产生与发展，通常是各国政府实施教育及借助大众传媒进行宣传和引导的效果。② 民族认同与国家认同之差别：一是二者的侧重点不同；二是二者之间存在矛盾和冲突；三是性质上不同。分清国家认同和民族认同的重要性是新闻工作者不可或缺的理论素质。因为在少数民族新闻传播中，存在着比汉族新闻传播更为复杂的现象，从而对受众、新闻工作者、新闻主管部门的影响最大。

第一，在全球化背景下，少数民族新闻传播由于社会开放和信息发达，受众在传播渠道发达环境下反而很难来判断信息的价值，尤其是有关政治信息以及意识形态领域的信息，往往被社会精英所主宰的大众传播所“愚民”，从而形成信息接收中的真空和间歇。这在“3·14”“7·5”事件中已经明显地表现出来，当受众要急于知晓事件真相时，大众媒体瞬间“失声”或断频，形成短暂的“静音”。甚至导致受众无法知晓知真相时，纷纷猜测和靠小道消息获知信息以致谣言四起。

---

① 郑晓云.文化认同论[M].北京：中国社会科学出版社，1992：349.

② 贾英健.全球化背景下的民族国家研究[M].北京：中国社会科学出版社，2005：180.

第二，在全球化背景下，有关少数民族新闻传播新闻工作者由于政治素质和业务素质参差不齐，对复杂环境下的新闻现象和本质难以快速判断真伪，导致新闻报道滞后或迟发的行为产生，从而影响了传媒的公信力。这是任何国家意识形态控制与新闻报道权利的正常博弈，关键是新闻工作者在意识形态允许情况下，如何最大限度使公民获得知晓权。

第三，在全球化背景下，有关少数民族新闻传播尤其是有关边疆少数民族地区社会发展和稳定的报道，由于关涉国际声誉和国际形象，新闻宣传主管部门要确定基调、统一口径，因此，新闻传播舆论导向正确要大于传播效果。这是我国新闻界历来被证明是一个有益的经验和定律，也是社会稳定、和谐、发展的必然要求，更是执政党进行意识形态控制的具体体现。

第二节　新媒体技术传播对西北地区少数民族新闻传播与国家认同的影响

人类文明的足迹，一路从机械化、工业化中走来，成为现代化为人类谋求福祉的象征。在当今以互联网为代表的智业文明中，高科技以及数字技术广泛应用于人们的日常生活和生产中，反而对这一技术感到既亲切又陌生。对此，何谓数字技术？何谓数字化传播？何谓新媒体？对于这一问题，一般民众不知其故，恐怕一些学者也难究其详。然而，我们却不能不关注数字化传播对社会的影响。数字技术、网络技术、现代通信技术等传播新技术广泛应用于社会生活的各个领域。使“人类社会面临一种空前复杂的信息环境和传播格局”。从而“衍生了社会结构重组、社会控制失效、数字鸿沟加大、社会交往异化、文化传播失衡等问题”。[①] 而对西北地区少数民族新闻传播来说，新媒体技术不仅扩大了其传播功能和公共领域，也扩大了网上言论自由评说的可能，使意识形态领域里的社会控制和社会民主成为舆论引导的难题。因此，探讨数字化传播对少数民族新闻传播的影响就成为题中应有之义。

一、新媒体技术的概念及其内涵特征

数字技术、数字化、新媒体、新媒体技术以及由上述衍生出的3D、4D、

---

① 罗以澄．新闻传媒发展与构建和谐社会关系研究[M]．北京：经济科学出版社，2011：218．

5D、IMAX、NGX、NGN、SNS、3G、web2.5、Facetime、internet of things、ipod、iphone、ipad 等眼花缭乱的新名词都成为现实生活中流行的时髦用语，但是，时至今日，哪一个是主概念？其内涵特征是什么？学界和业界都没有形成共识，因而不同的界定“关系各方在中国的文化环境中代表自己的利益诉求”①和表达的随意性。

数字技术、新媒体技术以及相关派生的概念到底如何界定，关键问题是要了解这些概念产生的社会背景以及研发目的，然后从其产生的根源上探求其概念的内涵属性。无疑，以数字技术为代表的新媒体技术是在现代化高度发展的基础上产生的。人类为何要发明技术？对于技术的起源历来都有不同的认识，20 世纪上半叶，凡勃伦首次引入技术决定论这一概念，他在《技术本能》及其他著作中说，技术是“创造对人类生活有用财富的本能”，②是人为改进生产工具，完善利用自然资源的一种创造的本能。这一观点，对加拿大传媒学家麦克卢汉产生影响，麦克卢汉认为媒介是人的延伸，诸如报纸是眼睛的延伸，广播是耳朵的延伸，电视是视听觉感官的延伸。这种技术发明创造是人本能观念，最终还是以技术决定论看待媒介与社会的关系。

日本的水越伸在《在数字媒介社会》中提出“媒介是玩具”游戏说，认为“作为媒介，无线电与个人电脑的社会存在形态就存在于他们一开始作为玩具与人类发生的交往行为中”。“游戏正是引发社会与文化实现创造性发展的动因。”③另外，水越伸还认为想象力是促成新技术发明的一个动因，尤其是科幻小说对一些科学家的启发，如威廉·吉布森与布鲁斯·斯特林基于蒸汽技术创建一个独具深意的计算机社，就源于科幻小说的刺激而创设“数字朋克”。保罗·莱文森也主张，任何技术刚开始都具有玩具的功能，其次才开发镜子即工具的功能，最后它演变为艺术。

美国的刘易斯·芒福德认为“人类的技术发明与生物的活动之间存在着很多相似之处：蜜蜂按照工程学的原理来筑巢，电鳗能产生电压很高的电击，蝙蝠用雷达完成夜间飞行的本领遥遥领先于人类”。并认为创造工具并

---

① 张大伟. 数字出版即全媒体出版论[J]. 新闻大学，2010：113.

② 李三虎. 技术决定还是社会决定：冲突和一致——走向一种马克思主义的技术社会理论[J]. 探索，2003：38.

③ 水越伸. 数字媒介社会[M]. 冉华，于小川，译. 武汉：武汉大学出版社，2009：41.

非人类得天独厚的本领，人的创造发明大多来源于对生物的“仿袭”。另外，刘易斯·芒福德还认为，“工业社会中计时所产生的‘数字浪漫主义’，即‘在计时中，在贸易中，在斗争中，人们在不断地计数，’最后习惯成自然，只有数字才算数。”①这可以说是最早涉及数字技术产生根源的见解，因为刘易斯·芒福德的《科技与文明》出版于1934年，比最早的计算机及因特网的发明都要早。

由“本能说”“游戏说”“仿袭说”“想象说”等诱发的数字技术以及各式各样、花样翻新的新媒体技术，要对其进行科学界应立足于这样的前提：一是数字技术对个人、组织、社会群体乃至社会影响的广度、深度；二是界定的内涵和外延要具有学理性；三是常用、常说的统称，如 iphone、智能手机，博客、推客等个人交往工具不具备大众传媒功能的不在其列。但又如智能手机图片上传、下载以及短信群发说到底还是利用现代技术的一种人际传播。基于此，我认为，数字化传播是指以数字技术为言事对象，以互联网为平台，以数字化技术加工为本质特征，将文本、图像、音频、视频等全部转化成计算机数字形式进行信息交流的大众传播的过程。数字技术、数字化、数字化传播、数字化出版等名称不同，其内涵亦不同。数字技术就是有待应用的物理技术，数字化则强调信息处理中加工的色彩，而数字化传播则是一种新的大众传播方式，数字化出版则是含有一定创新思想和见解的文本的多元化、多渠道的方式进行出版的形态。它是“以标记语言为基础，以全媒体为显示形式，以强大的连接、搜索功能和个性化定制功能为主要特点的知识组织和生产方式。”②如果说数字化传播负载通用的共性信息，那么数字化出版则是知识生产体系和思想创新的专业信息。因为出版和传播稍有不同的是，出版信息一般都是专业人士操控的，其信息不是原生态的初始信息，而是经过加工、制造的可供多次使用的信息。

将数字化传播限定在一定的领域进行界定，其内容特质自然也就容易表述了。

第一，数字化传播作为大众传播，一改过去经传播主体单级控制的传播

---

① [美]刘易斯·芒福德.技术与文明[M].北京:中国建筑工业出版社,2009:25.

② 张大伟.数字出版即全媒体出版论[M].新闻大学,2010(1):113.

模式，使互动性成为其最大特点。受众与传播主体，受众与受众之间自由、随意的意见交流使受众面临全新的信息领域，一改过去受人控制的被动局面。

第二，数字化将所有的信息以二进制代码0和1为载体，通过计算机自动符号处理实现信息交流。因此，兼容、共享、开放就成为数字化的本质特点。这样，信息任意组合都能产生新的信息，成为广电网、电信网、计算机网互联互通的基础，也成为媒介融合的技术前提。

第三，数字化传播使信息在时间和空间的压缩中进行，从而产生一种实时和临在感。数字化传播给人最大的感觉是信息传播的实时性，即信息消除了地域的阻隔，传播同声同在，如临实境。时间、空间任意压缩或置放改变了信息发生的场景，从而使物理上的时空观被任意拉长或缩小，信息变为随时可以提取的信息。

第四，数字化传播使受众具有很强的个性化特点，从而使受众成为信息的主宰者。在数字化传播中，只要受众寻得一平台，信息就可实现自由链接、筛选、复制甚至删除，这种个人化的信息处理方式也让信息的无限制创造成为永恒。

二、新媒体技术传播功能的辩证分析

应该承认，互联网迄今为止可能是人类历史上最伟大的发明，它不仅是作为一种物理技术发明载入史册，而且作为一种人类通用的交流传播工具本身就代表着文明。如何看待数字化传播语境下的3D、4D、5D、IMAX、NGX、NGN、SNS、3G、web2.5、Facetime、internet of things以及手机报、手机电视、ipad、iphone等新媒体技术的功能和应用，首先，应以积极的态度迎接新媒体技术降福人类，这就要充分地利用它为人类社会服务；其次我们应以辩证的思维和眼光分析新媒体技术的积极功用和消极功用，这就需要充分认识新媒体技术在诞生、发展进程中优缺点甚至将其放在对民族、国家所掌握的意识形态和现实政治中去认识，同时放在新媒体技术作为双刃剑对改变人的思维方式、认知习惯等信息获取能力的变化中去认识。

日本著名传播学者水越伸认为，“因特网上的各种媒介还未成熟，还不能进化、演变成其他各种可能的媒介形态，现在还处于盘古开天辟地般的混沌中”。[①] 英国的安德鲁·查德威克认为,“互联网政治是一个快速发展的领域,其特征是充满不确定性及悖论,我们有时会高估它,有时也会低估它。”[②] 基于上述认识,我们对新媒体技术传播的积极功用和消极功用得以辨析。

以互联网为特征的新媒体技术拓展、开创了传统媒体不具备的功能和领域,使海量信息传播成为新功能。诚如前述,传统媒体信息的传播是单级传播,信息总量受制于主体,而新媒体创制信息代码的自由组合和无限制链接,从某种程度来说,将全球连为一体。在此基础上,受众的主动性一改过去传播信息受主体控制总量之限制和不足,从而在自由的平台上建立了“电子民主”模式,“以使活跃的公民在任何地方都能参加和参与,从而在社区和国家的治理与公共生活方面改善公民参与的效果”。[③]因此,互联网重新拾起并建立了哈贝马斯认为的18世纪早期资本主义交流基于围绕启蒙批评的文化和拥有财产的中产阶级的理论公共辩论,况且在19世纪晚期和20世纪早期衰落了,而互联网建立了新公共领域并用理想标准来判断当代社会现实的交流结构。针对网络中出现的自由发言、隐匿身份、责任伦理缺失的公共事件讨论形成的公共领域,安德鲁·查德威克开出了“理性协商,公共领域的条件”。摆脱国家和经济权力而自治:话语必须建立在关注公民作为公众的基础上;推理而不断言:协商涉及规范立场的互惠批判,而不是教条性地断言;自反性:参加者必须批判性地反思他们的文化价值、设想、利益和广阔的社会背景以及已有的观点;理想的角色扮演:要求拥有不同观点的对话者承诺恭敬地互相听取意见;真诚:参与者必须真诚地获取信息;无层次的融入与平等:每个讨论的人在参与协商中权利平等。[④] 网络公共领域较之哈贝马斯传统的批判性公共领域以及泰勒所称的“一个外在于政治的、世俗的主体性的定向”[⑤]都有所不同,就在于传统公共领域有受众的在时参与,而网

---

① 水越伸.数字媒介社会[M].冉华,于小川,译.武汉:武汉大学出版社,2009:21.

② [英]安德鲁·查德威克.互联网政治学:国家、公民与新传播技术[M].北京:华夏出版社,2010:443.

③ [英]安德鲁·查德威克.互联网政治学:国家、公民与新传播技术[M].华夏出版社,2010:129.

④ [英]安德鲁·查德威克.互联网政治学:国家、公民与新传播技术[M].北京:华夏出版社,2010:117.

⑤ 查尔斯·泰勒.现代社会想象[M].许纪霖:公共空间中的知识分子,南京:凤凰出版传媒集团,2007:61.

络公共领域失去了参与者的责任感和神圣性，而更多的是以消费心理进行娱乐，并由娱乐消费向安德鲁·查德威克提出的“理性协商”发展，也使泰勒称之为“公共性”“元题性”失去了批判意识，更重要的是参与者的平民化是社会精英很难控制话题的原初意义，从而使公共领域很可能变成和个人私人领域的话题和坊间的闲谈。因此，新媒体技术为公众意见表达提供更加开放自由的平台和空间。正如水越伸所说，新媒体技术“突破了原有景观中以大众媒介为中心的传者与受众的二元对立结构，就是以回归主体性为目的——这个主体性包括构筑媒介体系和使用媒介表达自我意愿两部分。将主体性从国家、资本以及大众媒介手中夺回，重新归还给民众。”①这就意味着传播主体对新媒体技术平台上的信息很难控制。而有关网络传播的法律法规明显滞后于网络实践的发展，民族国家的地域划分疆界很难管理境外网站对本民族国家利益的侵害。这也就是“三股势力”对我国造成伤害的原因。因此，建立、制定全球网络管理新秩序可能就成为全球一体化传播的迫切任务。

较之于传统媒体，新媒体还在不断探索、分化和发展。由于新媒体不像传统媒体报纸以版面作标志，广播以波段作标志，电视以图像作标志具有恒久使用的介质特点。当然，成熟的网站及商业信息运营除外，而像现今的电子报、电子书、iphone、ipod 等以液晶屏幕作为介质仍在研发、开发当中，因此，新媒体受众大多是青年人和专业知识分子，受众群体的单一性（尽管人群庞大）使其传播出现数字鸿沟，从而形成城市与农村、老年与青年、发达地区与贫困地区、发达国家与贫穷国家的差别。这样，久而久之，使社会结构发生变化，出现信息富有者更加富有，信息贫穷者更加贫穷的“马太效应”，甚至会引发社会矛盾。当前，西北少数民族偏远落后地区信息获取、利用的能力明显弱于东部发达地区，已经出现汉族和西北边疆民族的心理不平衡。新闻报道中尤其是博客、维客、闪客、推客等已成为感情发泄、意见抒发的导口。

新媒体技术传播以及时、快捷、信息量大、链接方便风行天下。人们在获得大量信息的同时，也破坏了传播的信息索取和思维方式，传统的线性阅

① 水越伸．数字媒介社会[M]．冉华，于小川，译．武汉：武汉大学出版社，2009：80．

读和文本系统编码被非线性的自由链接和随意解码所冲击,从而形成碎片化思维,也使传统的知识生产体系面临危机。人们面对文本,不再重思考、重理性、重批评,而是以娱乐消费为主,长此以往,会对人的思维方式造成不良影响,尤其是网络新闻中新闻标题、语录、摘要、短讯、图片、视频等大量的碎片化信息传播,很容易形成一种“单向度”思考的模式,除了接受,不会分析批判了。平面阅读和屏幕阅读即传统阅读与新式阅读两大阅读方式差异明显①。

	平面阅读(书报刊)	屏幕阅读		
		电视阅读	网络阅读	手机阅读(排除无线阅读只限手机报手机书)
信息组成元素	元素文字(主体)、图像(图片)	图像(动态视频影像)、声音(主体)、文字	文字、图像、声音、动画、弹出窗口	文字、声音、图像、动画
传播方式	印刷发行	电视台播映	网络链接与网络呈现	网络下载与阅读器
阅读行为	线性阅读	娱乐休闲式阅读跳跃式、扫描式、互动式阅读	休闲式阅读,半线性	
思维状态	内容静止,人相对运动(眼球、思维)	人相对被动地接受静止内容动态	内容动态,人的自主选择性强	自主选择性强
阅读感受	诗意的阅读	轻松便捷	率性而为	时尚随意
审美方式	执著于内容的静观冥想	追求瞬间的震惊效果、即刻反应、冲撞效果、同步感知和煽动性		
信息提取过程	把文本当做整体,由面到点	搜索引擎(包括电视新闻播报)等工具的出现,人们使用“关键词”来思考和检索,先触及文本的细节,之后才是整体,一种由点到线再到面的过程		

① 南长森,朱尉.跨媒体传播与国民阅读方式变革对文化消费的启示[J].出版科学,2011(6):41.

新媒体技术确实使传播回归受众本位，但是，辩证地看，也许受众获得了“思维自由、表达自由、报道自由、传播自由”等联合国教科文组织倡导的个人“传播权利”，但是，迄今为止，并未建立“世界信息传播新秩序”。日本学者水越伸认为“数字信息技术介入新闻报道，将与自近代报刊以来一点一点培育起来的新闻传统与文化难以调和，甚至对其造成损害。”①结合上述传统阅读与新媒体阅读方式的变化和差异，新媒体对报刊线性阅读造成的公共信息知识生产的破坏是显而易见的事。其中，新媒体技术与全球一体化中意识形态的冲突与利益的不协调，以及新媒体技术功能的不断分化、重组进一步影响人们传统的知识生产体系也会愈演愈烈。而更重要的是新媒体技术的虚拟性与媒体伦理构成的矛盾恐怕是影响其成为有权威性、公信力媒介的根本原因。

当今世界，新媒体技术传播既没有建立“世界信息传播新秩序”，又没有使人们获得更大的“传播自由”，反而增加新的“媒介异化”。“异化问题”西方一些学者早有论及，从霍布斯、康德、费希特·谢林、黑格尔、马克思，到霍克海默·阿多诺、马尔库塞、韦洛姆、哈贝马斯都有所涉猎，尤以哈贝马斯、马尔库塞对媒介异化论述较为独特。我国学者近年来也关注这一问题，比如石义彬就敏锐地感觉到新媒体技术传播对“社会交往异化、文化传播失衡”②以及所表现出的“媒介产品的异化”“媒介活动本身的异化”“媒介组织与媒介从业者的异化”“媒介组织与其他参照物之间的异化”③等关注较多。一些青年学者还以数字媒介最新形态的“GIFT”（Google、Iphone、Facebook、Twitter）为研究对象，探讨新媒介信息传播与技术异化产生的“同质性”对知识生产的戕害，认为信息崇拜的知识生产异化、消费主义的技术审美异化，理性剥落的信息使用异化，交往行为的虚拟存在异化等问题，是目前媒介生态学需要解决的深层次问题。④

---

① 水越伸．数字媒介社会．[M]．冉华，于小川，译．武汉：武汉大学出版社，2009：105.

② 罗以澄．新闻传媒发展与构建和谐社会关系研究[M]．北京：经济科学出版社，2011：218.

③ 栾轶玫．异化理论与媒介批判[J]．国际新闻界，2003(5)：60.

④ 郑恩，徐莎莎，龚瑶．新媒体技术的异化与深层生态学治理：基于“GIFT”社会的个案研究[J]．国际新闻界，2011(12)：30.

新媒体技术传播与传统的大众传播双流并汇，都已成为社会的主流媒体。然而其在功能、形态、传播效果等方面还有很多不同之处，媒介作为“双刃剑”其积极功用和消极功用都应重现并极力克服消极功用。

三、新媒体技术传播对西北地区少数民族新闻传播与国家认同的影响

中国少数民族，尤其是西北、西南边疆地区的少数民族新闻传播具有独特的历史和媒介形态特征。诚如上述，我在西北少数民族新闻传播社会变迁和现状中指出的那样，少数民族（非全部）尽管有自己的语言文字，但是，涉足大众传播也就是在19世纪和20世纪的事情，新中国成立以后党和政府以党报为主的传播布局尽管出色地承担着宣传任务，但这只是宣传，还未形成“传播格局”，因此，我赞成白润生教授所说，20世纪50、60年代已经形成以党报主体的多层次、多地区、多种类、多种文字的民族报刊体系”①，但这不是传播学意义上的“传播格局”。

因为媒介生态的种类单一，只有在20世纪70年代及以后的改革开放中才形成了较为健全的传播格局和体系。尤其是新媒体技术传播以来，我国在1986年以《经济日报》《中国贸易报》《神州学人》等报刊运用计算机排版，从而告别了“铅与火”，迎来了“光与电”，标志我国报刊进入新媒体技术应用的到来。而在这一前后，少数民族报刊传播与内地报刊同步运用新媒体技术，而在全球化背景中，几乎与国外也是同时发展的。因此，我国少数民族新闻传播在初始报刊单一布局，中期由国家加大广播、电视投入形成传播体系，到迎来新媒体传播技术的各形态媒体的合流发展并形成竞争，深刻地影响了西北地区少数民族新闻传播和国家认同，并成为党和政府关于意识形态社会控制与舆论引导的重要而长期的任务。

众所周知，新疆自治区自古就是中国的领土，占我国国土面积的1/6，是国家的战略要地，是古丝绸之路的重镇。新疆毗连了蒙古、俄罗斯、哈萨克斯坦、吉尔吉斯斯坦、塔吉克斯坦、阿富汗、巴基斯坦、印度8国，历史上由于特殊的原因，曾遭受俄国的欺凌，维吾尔、哈萨克等有过一段屈辱的经历和

---

① 白润生.中国少数民族新闻传播史[M].北京:民族出版社,2008:241.

民族纠纷,在长期的纷争、战乱、融合发展中,也形成了泛伊斯兰主义、泛突厥主义及其主导下的极端宗教势力、极端民族分裂势力和极端恐怖势力。这些图谋分裂国家的反动势力已成为国家安全之大患,也成为西北地区少数民族新闻传播舆论引导的难点。因为泛伊斯兰主义、泛突厥主义历来借用新闻传播作为宣传舆论之工具,通过出版《东突厥斯坦"自由报"》,《独立》杂志以及《哈米德史》等报刊书籍,大肆宣扬信仰伊斯兰教的穆斯林联合起来,建立统一的伊斯兰教国家和"突厥大帝国",近期又在境外设立"欧亚电视台""自由亚洲电台对华广播维吾尔语部",利用维吾尔族、哈萨克族、柯尔克孜族、汉族、乌兹别克族等语言广播。互联网诞生后又利用互联网建立"东突电子网络广播电台""东突信息中心"等。尤其是在"7·5"事件中,国外"三股势力"和国内一些不法分子相互勾结策划的"7·5"暴力事件,严重地阻挠、破坏了我国的民族团结、社会稳定和新疆的区域经济发展。因此,注重网络传播尤其是关于少数民族网络新闻传播就成为当前新闻舆论引导的关键。

我们承认,网络传播给少数民族生产、生活带来了方便;网络传播加快了社会信息流动;网络传播扩大了传统媒体的功能。但是,新媒体技术语境下,如何认识网络的定义、性质?英国的安德鲁·查德威克在《互联网政治学:国家、公民与新传播技术》中说:"互联网是当地的、国家的、全球的信息技术以相对开放的标准和协议以及较低的进入门槛形成的一对一、一对多、多对多、多对一的网络之网络。"①安德鲁·查德威克从政治学的角度强调,互联网不是纯粹的物理工具,作为传播媒介,互联网关乎意识形态,是政治的容器。因此,安德鲁·查德威克的定义是在新媒体技术环境下对阿特休尔关于权力的媒介的进一步发展。由此看来,网络传播不单纯是信息流动,网络传播是有民族的、国界的、阶级性的。正如戴维·莫利认为,任何媒介都具有双重职责,"一是民族国家的公共服务行业,一是民族文化的认同中

---

① [英]安德鲁·查德威克.互联网政治学:国家、公民与新传播技术[M].任孟山,译.北京:华夏出版社,2010:9.

心”。[1] 新媒体技术传播语境下，网络究竟给西北地区少数民族传播带来了什么影响？从消极意义上说，我认为主要是造成传播结构的失衡和文化传播的失衡。长期以来，我国西部地区少数民族经过多年的建设和发展，已经形成了民族团结、社会稳定、科学发展的良好局面。但是，“3·14”“7·5”事件爆发后，以网络为平台的新媒体技术打破了汉族信息与少数民族信息、国内信息与国外信息、传统媒体与新兴媒体的二元对立模式，从而使传统文化和现代消费文化形成对立，从而使民族文化传播面临困境。近期以来，国外有关少数民族新闻传播尤其是有关“人权”“种族”问题媒体关注较多，而汉族信息在传播常态下关注较少；国外一些媒体无视我国人民群众生活的整体提高和整个民族取得的“人权”成绩，一味地热炒我国一些少数民族尤其是“人权”“种族”方面的新闻，而且有关这方面的信息往往是由网络传播形成的出口转内销。而受众也是对新兴媒体关注较多，对传统媒体则关注较少，并且形成网络造谣，传统媒体辟谣的态势，特别是境外网络媒体的无聊、无知甚或不怀好意的报道，给我国民众造成的误信、误传。加大传统媒体更正、修复特别是舆论引导的难度，使意识形态领域社会控制处于不利地位。因此，戴维·莫利认为，“鉴于新媒体超越国界的能力，他们有可能促动削弱单一民族国家的权力并为新的不同形式的国际主义和地区主义开辟道路”。[2] 这也就是说网络传播的不利因素或负面影响很可能消解国家政权的力量。而对一个多民族国家，网络传播消极因素还不仅仅是限于此，它会影响其他少数民族和汉族的心理产生反应，引起攀比心理，形成“蝴蝶效应”和“涟漪效应”。另外，网络传播的消极因素对少数民族的传统文化也构成威胁，少数民族长期形成的经典文化被网络消费文化所冲淡，中华民族传统美德和价值观会被思想含量低、知识生产粗糙的文化挤兑到边缘境地。

---

① 戴维·莫利，凯文·罗宾斯．认同的空间：全球媒介、电子世界景观和文化世界[M]．司艳，译．南京：南京大学出版社，2001：14.

② 戴维·莫利，凯文·罗宾斯．认同的空间：全球媒介、电子世界景观和文化世界[M]．司艳，译．南京：南京大学出版社，2001：14.

第三节　社会转型对西北地区少数民族新闻传播与国家认同的影响

如果说全球化发展、现代化进程和新媒体技术传播影响了西北少数民族的生活方式和思维方式，从而产生了新闻传播和国家认同在舆论引导方面存在的许多问题，那么，社会转型在影响西北少数民族生活方式和思维方式发生改变的同时，由新闻传播产生的国家认同舆论引导则主要表现为民族心理和社会认知等问题，其中社会转型出现的区域发展不平衡、贫富差距悬殊、社会不公平等现象直接影响了少数民族对国家认同的认知程度。

一、社会转型的定义演变和内涵特征及其认识

"转型"本是生物学的名词，意指"微生物细胞之间以'裸露'的脱氧核酸的形式转移遗传物质的过程"。[①] 其后借用到社会学中，借喻社会的变迁。美国的史蒂文·瓦戈在《社会变迁》中说，"社会变迁是社会学的核心关注点，而且很有可能依然是这门学科当中最引人入胜而又难以解答的问题之一"[②]，社会变迁也就是社会转型。社会转型理论最早起源于社会学的创始人——法国思想家孔德和英国思想家斯宾塞，形成于19世纪末到20世纪初的法国思想家涂尔干、德国思想家马克斯·韦伯和卡尔·马克思，成熟于20世纪下叶的美国社会功能学派思想家塔尔科特·帕森斯。他认为，人类社会的发展是由简单到复杂，又下向上的进化过程，他提的三个假设：①人类社会的发展不是随机的，而是由初等社会到中等社会，再到高等社会，不断向上进步的；②现代社会只有一个单一的来源，即西方体系，英国、荷兰与法国是现代化最早开始的国家；③美国是人类社会进化程度最高的社会。他把工业革命与民主革命紧密地结合在一起，代表第二阶段的现代化[③]。社会转型理论作为现代化理论认为人类社会区分为传统和现代社会，并普遍认为现代化起源于美国等欧洲国家，后来的发展则主要在于美国等发达国家，

---

① 简明大不列颠百科全书：第9册[M]. 北京：中国大百科全书出版社，1986.

② 史蒂文·瓦戈. 社会变迁[M]. 北京：北京大学出版社，2007：1.

③ 李育红. 西北少数民族地区社会结构转型研究[M]. 北京：民族出版社，2008：9.

不发达国家则是外生的，强迫的。

如何认识社会转型？史蒂文·瓦戈认为，“对于理论这个概念而言，关键之处在于，他从来没有真假、对错之分，但却总是有在多大程度上合乎需要之别”。[①] 史蒂文·瓦戈、奥古斯特·孔德、刘易斯·摩根、赫伯特·斯宾塞、刘易斯·科塞、拉尔夫·达伦多夫、涂尔干、塔尔科特·帕森斯、马克斯·韦伯、埃弗里特·哈根、戴维·麦克莱兰等，历数社会变迁理论的观点，但“令人满意的社会变迁理论应该说明哪些因素正在变化，变化的方向是什么，变迁怎样发生和为什么发生”，“但离一个能为大家所普遍赞同的理论的出现还遥遥无期”[②]。我认为社会转型既是一个历史的概念，又是一个动态的概念。历史的解释已定型，而动态的界定还在发展。目前，我国通行的定义是指社会从传统社会向现代社会转变的过渡过程。这是一个普泛意义上的定义，即适合内生性、早发展的国家，也适合外生性、后发展的国家以及非洲、拉美、前苏联和我国等国家。就我国而言，从发生机制上看，有如下之特征。

第一，社会转型理论并非是当今的习惯用语，有其自身的继承性。我国的社会转型，萌芽于19世纪中后期的洋务运动。西方的坚船利炮打开中国的大门，唤醒有识之士“师夷长技以制夷”，倡导于“五四运动”“新文化运动”的“民主”与“科学”，践行于新中国成立后的当今现代化建设，得力于改革开放以来的社会实践。因此，一条清晰的线索是社会转型是只有开始没有结束的接力赛，因此是几代人的社会转型。

第二，社会转型是外因促发而生的，既有其被动性又有其主动性。诚然，我国的社会转型是由于外族的入侵，清政府起用中兴之臣进行被迫防御，但是，也应清楚地看到社会精英与人民群众对现代生活的向往以及其后爆发的富国强民的热情和行动。

第三，社会转型具有复杂性、曲折性。反映出社会制度和国家政府对其干预决定其推进的程度。社会转型以来，历经清政府、国民党政府时期的半

---

① 史蒂文·瓦戈．社会变迁[M]．王晓黎，译．北京：北京大学出版社，2007：39.
② 史蒂文·瓦戈．社会变迁[M]．王晓黎，译．北京：北京大学出版社，2007：39.

殖民地,半封建社会和共产党政权时期的社会主义社会。清政府的无能现代化建设和国民党的无心现代化建设都打上了民族国家受人欺凌的烙印,中国共产党在现代化建设中虽有失误或挫折,然而经过几十年的奋斗和建设,中华崛起。"中国模式"已成为社会转型中取得初步现代化成果的象征。

因此,社会学家吴祖云将其总结为"由外到内""由表及里""由虚到实"的发生发展过程①。从社会转型的内在机理来看,其内容和面向,有着更为复杂的和难以表达的叙述。李培林认为,社会转型是一种整体性发展,还是一种新建的结构动力,还是一种数量关系的分析概念。其特点是"结构转型与体制转型同步进行,政府和市场的双重启动,城市化进程的双向运动,转型过程中发展的非平衡"。② 应该说,社会转型表现为社会发展的一系列矛盾运动和社会的曲折发展。新中国社会转型而言,既要看到它的封建性,又要看到它对其他欠发达国家的借鉴意义和影响。因为中国社会转型是在传统社会向现代社会转型,由"以阶级斗争为纲"向"以经济建设为中心"转轨中同时进行的,改革开放前和改革开放后陈积矛盾和后发矛盾使这场社会变革运动更加具有壮丽的奇情异彩。

目前,社会转型的主要内容经过社会学家的经典陈述,已成为认识社会转型不可回避的内容。

第一,由农业社会向工业社会转化。众所周知,农业社会的基本特征是生产力低下、自给自足、生产方式简单,而工业化则是以机械代替人力,使劳动产品大幅度提高,物质生产、生活日益丰富,社会化大生产使劳动分工日益明确。产业分为农业、工业和服务业。各产业之间资源得到有效配置和合理运用。

第二,由乡村社会向城市社会转化。乡村社会作为传统社会,是人类长期存在的一种社会形态,凝聚了自然状态下人类的原始文明、手工文明以及民风敦厚、纯正等特点;而城市社会则代表了人类社会目前为止现代文明包括科技文明、政治文明、文化文明等,但是,城市化也带来了高犯罪率和对环

---

① 吴祖云.社会转型:一种特定的社会发展过程[J].华中师范大学学报,1997(6):33.

② 李培林.另一只看不见的手:社会结构转型[J].中国社会科学,1992(5):3.

境的破坏。一般说来，一个国家或地区城市化程度如何，代表着这个国家或地区城市化发展水平，国际上通常以居住在城镇人口总数的比例来衡量城市化的标准，达到50%就可以进入现代化的最低标准。

第三，由封闭、半封闭社会像开放社会转化。传统社会中日出而作、日落而息的农耕生产方式和自给自足的生活方式根本满足不了人类对物质生活和精神生活的要求，人类要求生产和发展就必须走向社会开放。而传统社会中相互隔绝，或封闭阻塞影响信息的传播和物质交流，不利于人类文明成果整体运用和享受，尤其是科学技术和精神文明成果可以普惠世界，社会越开放，则现代化程度越高。

第四，由分化不明显的社会向高度分化的社会转化。社会化基于社会分工，社会分工由简单劳动趋向复杂劳动，由耕作、制作、制造向创造发展是人类社会进步演化的主要因素，吴忠民认为，“分化指事物从同质性向异质性转化”①，社会分化就是功能专一化和地位多样化。现代社会是由多行业、多职业、多层次、多身份组成的高度既分工明确又相互协作的有机体。这里的“功能专一化”就是指以一技之长屹立于社会，这里的“地位多样化”就是指人生存的价值不同程度被社会认可或认同。我们常说的三百六十行，行行出状元，在现代化社会中，三百六十行，行行都创新，则是其形象的表达。

第五，由宗教、准宗教社会向世俗社会转化。在传统社会中，当人们遇到不能解释的自然现象和社会现象，总是向宗教、神明寻求精神寄托，久而久之形成一种崇尚宗教的禁欲主义。世俗化社会则要求人们崇尚科学，崇尚文明，崇尚理性，可以说是现代社会人的生存价值最本质的表现。正如罗荣渠所言，“现代化主要是一种心理态度。价值观可以看做是代表我们这个历史时代的一种‘文明的形式’。”②

总之，有关中国社会转型的主要内容，李培林、郑杭生、吴祖云、孙立平、陆学艺等社会学家都有经典论述，虽论述角度不同，但观点都相当深刻。针对中国社会转型的面向或向度，贺善侃在承认中国社会转型总体是面向全

---

① 吴忠民.20世纪中国社会转型的基本世纪分析[J].学海,2003(3):99.

② 罗荣渠.现代化理论[M].北京:商务印书馆,2009:15.

球化语境并认为是由国家垄断模式向社会相对独立模式转型;是由总体性社会向分化性社会转型;是由地方绝对服从国家的总体生存格局向地方社区相对独立的生存格局转型①。我赞同贺善侃的观点。因为转型面向或向度毕竟不同于转型的内容,转型的内容是现代社会由传统社会过渡、分化、突变、前进、上升过程中各种有机体包括社会结构、社会制度、生产方式、上层建筑和传统基础发生变化的显著效应和结果。而转型的向度或面向就较单纯,就是努力的方向或目标。

改革开放以来,是我国社会转型的加速期,由转型带来的紧张和问题日益明显,尤其是转型过程中产生的诸多的不平衡,诸如区域发展不平衡、行业之间不平衡,社会分配不平衡等正在或将会导致群体性事件增多,对抗性升级,利益冲突增大甚或成为影响社会不安定的重要因素。加之,长期形成的老矛盾,旧关系、新关系渐渐产生的新矛盾或纠纷,诸如,"以阶级斗争为纲"时期形成的"领域合一"而产生的政治、经济、文化高度统一至今影响社会的民主化进程和民营企业或个体经济后续发展,这些仍然是社会迈向现代化的顽疾。社会运行中行业垄断和一些权贵重新瓜分改革带来的权力和成果并由此产生的不公平、不合理现象已成为社会关注的焦点,这些问题无一例外,程度不同地都是通过新闻传播及时快速地报道出来,从而使新闻传媒的社会责任和舆论引导面临前所未有的难题。

二、社会转型对西北地区少数民族新闻传播与国家认同的影响

西北地区少数民族的社会转型理应与其他少数民族社会转型一样,是我国社会转型的必然范畴,但是,由于西北地区的自然环境和独特地理区域,加之各个少数民族信仰宗教和独特的文化传播使西北少数民族的社会转型有一定的特殊性,尤其是在转型中民族利益与文化心理以及自身价值取向与新闻传播有着千丝万缕的联系,因此,西北少数民族新闻传播与国家认同深受社会转型的影响,并使意识形态呈现出价值认同与舆论导向的复杂性。

---

① 贺善侃.当代中国转型期社会形态研究[M].上海:学林出版社,2003:30.

1. 西北地区少数民族社会转型的特点与成因

在全球一体化的发展中，西北地区少数民族作为中华民族“多元一体”中的一员，也有憧憬现代化的美好愿景，在与中华民族表现出整体社会转型的普遍性特点之基础上，有其自身社会转型的特点与成因。这些特点与成因对新闻传播乃至舆论引导起着至关重要的作用。

第一，由传统农牧业向现代农牧业转型表现出区域性、跳跃性、内生性特征。西北地区地处我国内陆，以天山、祁连山脉将其分为南、北两个自然环境带。整体上说交通不便，气候恶劣，地广人稀，信息封闭，在向现代化社会转型中呈现出区域性的特征。新疆维吾尔自治区的南疆地域适宜农耕，历史上形成了以维吾尔族为主的封建地主占有制经济，基本上是原始的手工农具和原始的生产方式。北疆适宜牧业，历史上形成了以哈萨克族、柯尔克孜族等为主的封建牧主占有制经济，其生产、生活方式基本上是逐水而居的游牧方式。青海地处西藏与中原交互地带，农牧兼宜，形成了以藏族为主的封建农牧占有制经济，其生产、生活方式以手工农具地原始生产方式与逐水而居地游牧生活为主，这是社会转型前长期形成的共性特征。有人主张将西北地区少数民族社会转型分为三个阶段：第一阶段是19世纪60年代以前，农耕经济由初兴鼎盛再趋于衰落；第二个阶段是19世纪60、70年代到20世纪40年代，近代化因素曲折缓慢的成长；第三个阶段是从20世纪50年代初开始步入工业化进程①。其中在第二阶段是跨越性的。这里的跨越有两方面的含义，一是在建国前还保留着奴隶制、农奴制、农牧制的少数民族，“一下子跨越了一个或几个历史发展阶段，跟那些社会经济结构与汉族大体相同的其他民族一道过渡到了社会主义。”②二是跨越了伊斯兰文明的阻隔而跃入现代化行列。众所周知，现代化起源于欧美，实质上是以美国为标准，而离欧洲较近的新疆地区为何被现代文明之风所阻隔，恐怕与自然环境和政教合一以及宗教文化等主导下的生产、生活方式有关。与汉族社会转型发生机制不同，少数民族的现代化是在党和政府领导下与内地同步发

---

① 李育红. 西北少数民族地区社会结构转型研究[M]. 北京：民族出版社，2008：41.

② 李仲先. 少数民族近现代化社会转型研究——以四川省攀枝花市少数民族社会转型为例[J]. 成都理工大学学报，2009(3)：71.

展的内生现代化。新中国成立以后,我国开始在少数民族地区实行地方自治政策,革除了原始奴隶制、封建农奴制的统治的影响。国家充分发挥高度集权的政治之力量,在西北地区开展工业化建设,仅“一五”时期,在国家确定的156项重点建设项目除军工项目以外的120个项目中,安排在西北地区的共有15项。整个“一五”期间,西北地区全部基本建设投资总额占全国地比重为11.52%[①]。这些项目大多布局在省会城市以及中等城市,宝鸡、天水、张掖以及新疆、青海、宁夏的地矿丰富的城市。由此可见,西北地区少数民族的现代化建设是与国家整体发展一盘棋的思路紧密相连的,其现代化生成具有自身独立性、独特性、自主性和民族性。

改革开放以来,西北少数民族告别了短缺经济,人民群众的物质生活和精神生活得到极大的改善和提高,尤其是社会财富的极大丰富使人民群众精神面貌发生巨大变化,国富民强使人们对国家认同有了新的认识。但是,在改革开放时期,西北地区区域经济发展明显落后于东部,并与东部形成强烈反差。尽管国家发展战略西移,提出西部大开发,但是由于地域、气候、人才、工业基础等因素的影响,西部现代化建设明显滞后于东部,由此引发的区域性,行业性,民族性矛盾和整体发展不平衡性成为新闻传播报道的常见难题,本文将在其后再论述。

第二,由政教合一主导的政治社会向区域自治社会转型所表现的滞后性、自治性成因。西北地区少数民族绝大部分分布在新疆维吾尔自治区、青海省、宁夏回族自治区、甘肃省等地,这一地区历史上以河西走廊为通道,由古丝绸之路连接中亚、西亚等地。因此,这也是古代文明交汇之地。儒道为主的中原文化、伊斯兰文化、草原游牧文化、青藏高原文化以及佛教文化多元交汇,形成了今天这里的少数民族普遍信教。西北地区少数民族地区信仰伊斯兰教地少数民族有10个,占西北少数民族人口的89%,信仰藏传佛教的少数民族有4个,占少数民族人口的10%[②]。宗教意识占统治地位并决定了政治的走向。在长期的发展中,宗教信仰者崇拜自然,崇拜祖先,崇拜

① 周述实.重建西北经济的支撑点[M].兰州:兰州大学出版社,2001:7.

② 邹东涛.《中国西部大开发全书》第2卷[M].北京:人民出版社,2000:56.

图腾,正如社会学的创始者法国思想家孔德所言,人类社会发展经历了神学时代,即宗教时代;假设时代,即自然科学时代;实证时代,即科学时代。西北地区少数民族上层统治者借用宗教神明愚弄人民群众并用封建伯克制、部落推举制、土司制等多种形式统治人民群众,因此,政治借用宗教的力量是西北地区少数民族社会转型缓慢滞后的主要原因。马克斯·韦伯在论述政教伦理与近代资本主义发展之间的生成发育关系时说,“资本主义精神的兴起是宗教改革产生的某些影响的结果,甚至说,资本主义作为一种经济体制是宗教改革的创造物”。“进一步言之,我们要确定资本主义文化的哪些具体方向可溯源于宗教力量”,[①]马克斯·韦伯同样注意到宗教信仰对社会发展的影响,并在书中探讨了资本主义兴起之时非经济因素对社会发展的影响。鉴于历史的成因,西北地区少数民族社会转型滞后的原因还在于自然崇拜和图腾崇拜所产生的多元文化发展有自得其乐或自怡性的特点。刘中民认为“伊斯兰教具有包容性、自足性的特征”,[②]由于多数人崇尚真主、崇尚神灵赐予,加之民族性格中本身就有的热情、率真、乐善、好施,因之,满足感和幸福感较强,维吾尔族、哈萨克族、克尔克孜族、锡伯族的歌舞文化、器皿文化中,可以看出自得自乐的自怡性。

这种政治组织善借宗教控制意识形态的做法在新中国成立以后屡见不鲜。新中国成立以后党和政府实行少数民族地区区域自治,要求政教分离,保留寺院进行正常的宗教活动;公民信仰宗教自由,要爱国守法。但是宗教干预意识形态的现象仍频繁发生。这其中有党和政府自身的因素,笔者曾深入伊犁地区的昭苏县,蓝天白云之下依然依稀可见“以阶级斗争为纲”“将文化大革命进行到底”的口号标语。曾经一度,我们也借宗教之名宣传了错误思想观念。另外,泛伊斯主义、突厥主义伺机借宗教之名向人民灌输分裂民族、分裂祖国的毒素,成为21世纪以来最为祸国殃民的事。少数民族的新闻传播无时无刻不和宗教及其宗教信仰者打交道,准确及时报道少数民族宗教信仰活动,防范抵制并打击“三股势力”的侵袭就成为新闻工作者的新

---

① 马克斯·韦伯.新教伦理与资本主义精神[M].成都:四川人民出版社,1986:68.

② 刘中民.民族与宗教的互动——阿拉伯民族主义与伊斯兰教关系研究[M].北京:时事出版社,2010:300.

使命。尤其是防范借宗教信仰自由、干预政治旧病复发是新闻工作监测社会履行职责最应敏感的职业意识。

2. 社会转型对西北地区少数民族新闻传播与国家认同的影响

应该承认，新中国成立以后，西北地区少数民族社会转型尚处于缓慢发展之中。改革开放以后，少数民族社会转型则处于急剧变化之中。尤其是市场经济勃发时期。孙立平在描述20世纪90年代以来中国社会发生的演变趋势时说：

> 第一，从生活必需品时代向耐用消费品时代的转型，这种转型不仅意味着社会生活中一系列逻辑关系的改变，而且在这个转型中会面临种种阵痛。第二，改革进入利益格局形成的新阶段，与人们生活关系最密切，与人们利益关系最相关的那些改革是在这个时期进行的。其中的大部分是在这个基本时期完成的，人们与社会中那块最重要的资源的关系，是在这个时期改变的。而且90年代利益调整最终的结果是新的利益格局固化为一种新的社会结构。第三，全球化的趋势以及中国更深入的加入全球化的过程。在这个过程中，社会力量在重组，新的游戏规则在出现，新的社会生活的逻辑在形成。①

这是社会学家孙立平在20世纪90年代初对社会发展走向的预测。20世纪90年代以来，中国社会GDP以9.8%速度持续增长，成为世界上第二大经济实体。正如国际上通行惯例那样，年人均收入超过3000美元，社会就进入矛盾高发期。经济发展高位运行期，也是改革开放进入攻坚期，同时也是社会转型并发症综合爆发的时期。这突出的表现就是出现这样的悖论：经济有一个较为快速的增长，但社会中的很大一部分人并不能从中受益。而如果没有一个较为快速的经济增长，社会中的大部分人都会从经济停滞中受害。② 当前，影响社会健康发展的致命因素是社会贫富差距拉大、城乡差别加剧、社会发展不公平现象突出；部分官员腐败侵蚀国家利益、劳资矛盾

---

① 孙立平. 失衡：断裂社会的运作逻辑[M]. 北京：社会科学文献出版社，2004：2.

② 孙立平. 失衡：断裂社会的运作逻辑[M]. 北京：社会科学文献出版社，2004：3.

突出；政府宏观调控难见成效以及人民群众理应享受与改革成果相称的医疗、教育、就业、环保等问题得不到满足。凡此种种，这些社会矛盾和问题都是生活在中华人民共和国国度里的汉族与少数民族共同遇到的矛盾和问题。我不认为并反对将少数民族社会经济发展所遭遇的纠纷、矛盾、问题以社会维稳作为幌子上升为民族矛盾。这样会使容易处理的问题复杂化、政治化甚至国际化。同时应强调的是"三股势力"企图分裂民族、分裂国家与西北地区少数民族要求提高物质生活与精神生活的愿望是截然不同的。基于这样的认识，社会转型对西北少数民族新闻传播与国家认同的影响主要表现为以下几个方面。

第一，社会转型导致区域发展不平衡。

1952 年，我国开始实行"一五"计划，出于国家安全的考虑，国家现代化建设中工业化布局要基本合理平衡，且向西部倾斜较多。一些军工企业、能源、地矿、机械制造等在西部占的份额较重。改革开放以来，东部沿海地区由于工业基础较为雄厚，凭借独特天然的出海运输方便条件迅速崛起，加之国家实行经济发展由南向北、由东向西、由外向内梯次开放战略，使西部社会发展明显落后于东部。尽管 20 世纪 90 年代后期国家实行西部大开发战略，但是与东部的差距依然很大，甚至短期内无法赶上。中国统计年鉴 2009 年报告，东部上海市城镇居民平均年收入为 28837,78 元，而西部新疆维吾尔自治区为 12257,52 元，[①]以上海为代表和以新疆维吾尔自治区为代表东西部相差 2、3 倍。城镇居民收入差距反映在生活水平上势必导致消费观念有所不同，消费观念不同自然会影响思想观念，思想观念不同自然会影响对国家观念的认识。加之，社会转型中人口流动的加快以及信息几乎同时传受，对等接受，西北地区少数民族向往东部大城市现代化生活与自身处境的不尽如人意形成明显反差，似乎有边缘化之感，这种现象反映在新闻报道中自然会增加东部汉族和西部少数民族的心理不平衡，新闻报道反映的越多，这种认识就越强烈。这种感觉西北地区汉族人民群众似乎同样有之。反映在新闻报道中，其舆论把控与引导就成为难以拿捏的理论认识问题与技术操

① 中国统计年鉴 2009[M]. 北京：中国统计出版社，2009：352.

控问题。

第二,汉族地区经济发展与少数民族经济发展的不平衡。

汉族地区经济发展和少数民族经济发展有两层含义,一是宏观上是指东部以汉族为主体的民族经济与西部少数民族经济的比较;二是西部汉族和西部少数民族经济发展的不平衡比较。汉族经济发展历来胜过少数民族经济发展,这已成为不争的事实。而少数民族社会发展较为落后有其历史原因,这也是不争的事实。但是,中华民族既然是“多元一体”的统一体,社会发展差异过大,自然会影响少数民族的民族情绪和心理。新中国成立以后,由于我国实行高度的集权政治,国家在统筹发展中调配社会资源较之于资本主义国家有着其权威性。因此,长期以来,西部少数民族地区人稀而物丰,国家在建设中自然会利用各种资源进行各种建设,然后采取各种民族优惠政策予以补偿。一些资源属于公共资源,如油、气、煤、矿产,然而在整体开发利用中会触及少数人的利益甚至出现不公平,自然会伤害一些人的利益,从而产生不公平、怨愤心理。另外,国家在教育尤其是对少数民族的高考加分引起汉族与少数民族心理不平衡,还有计划生育国策向少数民族倾斜政策引起汉族心理不平衡,等等,都会使新闻报道遇到较之汉族难以判断和把握信息把控与舆论引导最后会成为难以想象的政策问题。

第三,行业垄断与职业收入差距的不平衡。

改革开放以来,国家为了加快经济发展,提高职工的生产积极性,先后实行企业承包、企业转制、资产重组等重大改革,为社会聚积了巨额财富,也赢得了可观的经济效益。但是,20 世纪 90 年代以后,在国有企业完成资产重组以后,经济发展出现了行业垄断,一些能源部门和特别部门如油、气、煤、电、铁路、交通运输、民航银行等行业进行垄断经营导致职工收入差距加大,产生社会分配不公,已经成为社会关注的焦点。中国社会科学院将中国社会分为十大阶层已成为人们的共识。一些行业丰厚的利润和职工可观的收入与其他行业的收入形成巨大反差已经成为社会不公平、不合理的根源。反映在少数民族社会生活中,比如西气东输工程,新疆的资源上海享用,而当地群众的油价汽价贵于内地。类似这样的事诸如棉花、煤炭以及其矿产,新闻报道中作为日常叙事会经常见诸各种传媒。这样,少数民族新闻报道分寸的把握与汉族新闻报道分寸的把握不仅是一个舆论引导的问题，恐怕与国家宏观经济政策和国家整体发展有一定的关系。这样如果新闻报道少有差池都会伤损国家利益和国家认同。

第四，少数民族人口流动中形成的漂泊心理与汉民族人口流动中形成的漂泊心理的差异不平衡。

社会转型中，人口流动是社会发展的动力，也是现代化的典型特征，只有人口流动，才能有利于创造社会财富和社会价值，尤其是对社会精英人才的流动，可以说是现代化的标志。英克尔斯认为，人的现代化对于社会现代化有举足轻重的意义。“如果在全民之中，没有我们确认为现代的那种素质的普遍存在，无论是快速的经济成长还是有效的管理，都不可能发展”。[①]显然，人口流动是现代化中高素质的人，其中信息占有和掌握是关键。当今世界，在全球一体化中，拥有跨国护照或双重国籍已经日趋成为一种人们向往的状态。但是，漂泊或远离故土也成为其心病。因此，英克尔斯认为，现代人应具有的12项素质：乐于接受新经验；准备接受社会的变革；意见的成长（The grouth of opinon）——具有形成意见并持有意见的倾向；积极的获取形成意见的事实与信心；守时惜时；效能感，个人相信能够如何控制他的环境；倾向于工作与生活中制订长期计划；可依赖性与信任感，有信息认为他周围的世界是可依赖的以及周围的人或机构是可以信赖的；重视专门技术，并承认以此作为分配报酬的正当基础；重视教育，并乐观于其后代去选择离开传统所尊敬的职业；了解并尊重别人的尊严；了解生产及其过程。[②] 英克尔斯关于人的全面现代化说到实质是指在全球化传播下掌握专门技能、拥信息话语权、善于交往的人。但是，孤独感、思乡病、到处漂泊也随之而生。具体说到同一国度，汉族由于语言交流、风俗习惯相通和所处的具体环境大体相似，即使在异乡漂泊而无生疏感，而少数民族与汉族在漂泊心理上有所不同，少数民族外出打工，自认为势单力薄，受汉族欺负，遇到矛盾和纠纷，往

① 阿列克斯·英克尔斯，戴维. H. 史密斯. 传统人到现代人——六个发展中国家的个人变化[M]. 北京：中国人民大学出版社，1992：454－455.

② 阿列克斯·英克尔斯，戴维. H. 史密斯. 传统人到现代人——六个发展中国家的个人变化[M]. 北京：中国人民大学出版社，1992：22－23.

往出于本能之需要，很可能采取较为极端或激进的行动，甚或很快抱团形成自我防卫。2008 年，在广东韶关旭日玩具厂爆发的“6 · 26”群殴事件就是这种心态的反应。这反映出少数民族独在异乡的心理。按理说这些同胞兄弟远离新疆千里之外打工应是有本事、有技术的人。新闻报道却没有考虑到少数民族文化心理的适应性并予以观照，可能按汉族心理以常规的工友矛盾、合同关系等予以处理。而且新闻在报道时就没有监测到事件发生以后被“三股势力”和热比娅所利用，也就是说没有监测到维吾尔同胞在广东打工与汉族具有不同的心理。结果事件发生以后，“中央网络媒体和广东网络媒体的连续报道忽略了民族纷争的互联性，低估了‘三股势力’运用网络媒介借其发力的可能性，给了疆独分子的舆论煽动以可乘之机。[①] 而在其后的时间发展中，新疆网络媒体缺位，直接限制了舆论和意见的流动，使这一少数民族与汉族普遍关心乃至国际关注的事件陷入信息流动的迷雾中。说到底，这一事件应是劳资双方的纠纷，撇开事件的性质而言，应是少数民族心理认知的差异在劳资纠纷认识上的分歧。

总而言之，社会转型给我国带来巨大变化，表现为人民看得见的生活方式的变化和思想认识的巨大变化。但是，社会转型中有关汉族与少数民族形成的区域发展不平衡、民族发展不平衡及其贫富差距、分配不公现象以及教育、就业、医疗、社保等出现的错综复杂问题，已成为新闻报道的日常叙事，成为新闻传播舆论引导研究的常态问题。

---

① 林凌.“7 · 5”暴力事件的网络舆论传播特点及引导策略[J]. 当代传播,2009(5):48.

第三章

西北地区少数民族新闻传播与国家认同的价值指涉

现代社会，信息无孔不入，媒体无时不在。新闻传播和信息依赖已成为人们须臾不离的必需品，进而成为人们从事物质生产和精神活动尤其是精神交往的重要工具。正如马克思、恩格斯指出“报纸最大的好处，就是它每日都能干预运动，能够成为运动的喉舌，能够反映出当前的整个局势，能够使人民和人民的日刊发生不断的、生动活泼的联系。”①可见，很早革命导师就注意到媒体与人们的现实生活有着千丝万缕的联系。少数民族的新闻传播在全球化、社会转型和新媒体技术传播多维交叉的社会背景中，自然有其与现实社会相互联系、协同发展的体貌特征，然而也正如恩格斯说“新闻事业使人浮光掠影，习惯于匆忙地解决那些自己都知道却还没有完全掌握的问题”。② 因此，新闻事业反映的可能是现实社会的冰山一角。近期“三股势力”以泛伊斯主义和泛突厥主义为思想指导，不断挑战中华民族的国家安全和国家认同，其背后有其不可告人的罪恶目的。但是，从学理的角度看，西北少数民族新闻传播价值指涉的宗教认同、文化认同、民族认同等价值关联的内在联系被人淡化才是问题的关键所在。因此，探讨西北少数民族有关价值认同的指向特征就尤其必要。

第一节 西北地区少数民族新闻传播与国家认同的现实指涉

本文从西北地区少数民族新闻传播与国家认同价值关涉的角度构建逻

① 马克思恩格斯全集第7卷[M].北京，人民出版社，1996:3.

② 马克思恩格斯全集第37卷[M].北京:人民出版社，1996:319.

辑命题,主要是以西北地区少数民族新闻传播与国家认同研究作为命意旨归和问题意识,承载发展传播学中国家形象与西部地区少数民族的内在关系和发展前景。因此,“认同”及其相关的认同理论就成为本文的重心所在。

一、认同

“认同”是20世纪60年代,随着同性恋者、少数族群和女权主义者等群体的争权运动而在欧洲兴起的波及心理学、社会学、民族学、政治学等人文社会科学的常见词汇。自介入我国以来,因为英语 identity 一词具有多重含义:一是使……等同于,认为……一致;二是同一性、一致;三是身份、正身、本体、个性、特性等。由于“认同”与“身份”在英语中同义,而在中国语境中意义不同,从而给人们理解该词准确性增加了难度和歧义,并使“认同”和“身份”既具有相似的含义,又具有独特的语境。

“认同”概念最早是由弗洛伊德和威廉·詹姆斯提出的。弗洛伊德于1921年在《群体心理学与自我分析》一文中首次使用这一概念。1926年在一次演讲中又谈到“内在认同”,即是一种独立于大多数人之外的存在和思考能力。他将其作为个体人格结构的核心。随后,他将认同看做一个心理过程,是一个人向另一个人或团体的价值规范与面貌去模仿、内化并形成自己认为的模式的过程。① 詹姆斯则用“性格”表示他内在的认同感受。认为“一个人的性格特征可以在精神或道德态度上看出,当这种情形突然发生在自己身上时,他会感到自己充满生机和活力。这一刻,有一种发自内心的声音在说:这才是真正的自我。”②社会学家汉斯·摩尔认为,“认同是一个人在混沌环境中所占据的稳固方位,个人能够据之对外在环境做出积极的防御。”③曼纽尔·卡斯特认为,“认同(identity)是人们意义(meaning)与经验的来源”。“认同是劳动者自身的意义来源,也是自身通过个体化(individu-

① 梁丽萍.中国人的宗教心理——宗教认同的理论分析与实证研究[M].北京:科学文献出版社,2004:12.

② David L · Sills. International Encyclopedia of the social sciences[M]. Crowell collier and Macmillan. INC.

③ 李素华.对认同概念的理论述说[J].兰州学刊,2005(4):202.

ationa)过程建构起来的”。[①] 而对认同最简洁的表述莫过于认同(身份)是“一个个体所有的关于他这种人是其所是的意识”。[②]

“认同”自译到我国以来,已成为人文社会科学与现实社会常用的热词。然而,越常见,越陌生,其真义往往被人忽略。我认为,“认同”是“主体”以“他物”为参照从情感上对“所是”之物趋于向往顺从;从价值判断上对“所是”之物趋于承认归属;从所达目的上对“所是”之物趋于同类涵化进而达到“所是”的心理认知和行为实施的过程。这里的“所是”,一言以蔽之,即寻找事物的同一性并心理认可或成为行为的践行者。“是”即事物相互联系中的关联性或同一性。“认同”从情感上说,就像没有比较没有鉴别一样,首先要有一参照物,然后排除异己表现出一种推崇和自然归队的心态,再从认知方式进行价值判断承认自己所属的某一类而寻得一种安全归属,最后达到自己与某一事物趋同涵化并成为一份子的心理认可与行为践行。一般而言,人们都把认同看做是心理认知的过程,而往往忽略其行为实践的意义。本文则强调认同的行为实践对少数民族具有普泛意义。

认同具有社会性、可塑性、共存性、动态性、可变性等特点。

人是社会交往的动物,认同作为一种客观存在广泛浸淫在事物的相互联系中,因而具有普遍性。由于人是阶级的人及其属于不同的社会阶层,自然在社会交往中趋利避害,寻找与自己相似的或具有同一性而得到庇护。从心理学角度看,寻求认同是人的天性,如素不相识的人,经过交往认同乡,认同学,认同族等。与身份相比,认同不仅具有“给定性”,而且具有可塑性、可变性,这一特征是总是处于动态之中,也就是说认同作为一种客观存在与“他者”互为参照而形成的,不仅是先天给定的,而且可以通过后天教育进行塑形,正如布尔迪厄在《教育、文化和社会的再生产》中所说“教育机制同时也是再生产社会不平等并使之合法化的方式,是现代社会中阶级再生产的机制”。[③] 也就是说,认同可以通过后天教育得以改变进而产生身份不平等。这种改变就是可塑性。当然,既然是改变,就有变好、变坏和不变之分。因

---

① 曼纽尔·卡斯特.认同的力量[M].北京:社会科学文献出版社,2006:5.

② Peter Straffon, Nicky Hages . A student's Dictionary of psychology[M]. Edward Arnold,1988.

③ 孙立平.失衡:断裂社会的运作逻辑[M].北京:社会科学出版社,2004:94.

此，总是处于动态之中。这种处于动态之中的变化，不是一种人、一类人所具有，而是人类所共同共有的，因此，认同又具有共存性。

与“认同”相比，“身份”因受英语 identity 翻译一币两面之影响，在当代文化研究中，也呈现理论语境与现实语境理解和应用的困惑。按照汉语的解释，“身份”有多种意思：一是指出身和社会地位；二是指身价；三是指姿态架势。我认为，“身份是人自出生或在母体中就蕴含的本身固有的社会属性或阶级属性，它具有社会学的‘先致性’和‘后赋性’。”①概而言之，身份是个体在社会中的位置及地位的标识和称谓。“身份”既是给定的，又是设计的，这也就是说，在现实语境中，“认同”和“身份”不同之处在于“身份”先天的阶级属性或社会属性，而“认同”只是后天才具备的。但是后天的“设计”（哈贝马斯）也使“身份”属性趋同于“认同”。现实生活中，新闻报道常出现的“官二代”“富二代”“民族身份”等就是先天给定和后天设计的。随着高科技和新媒体技术的发展，现实生活中的电子护照要求指纹识别、门房卡的电子身份识别都说明“认同”和“身份”具有一致性。

二、宗教认同

宗教是一种与政治密切相关的意识形态，自其诞生就是一种图腾崇拜和信仰活动。在当今世界，宗教作为公民个人的信仰权利，既是公民个人的信仰自由，也是关乎国家利益与国家形象的意识形态。在我国作为大国崛起之时，西方一些敌对势力与我国民族分裂分子、极端宗教势力和恐怖势力，借助“人权”“宗教”“种族”等作幌子，极力诽谤、诋毁我国形象，破坏我国民族团结和社会稳定，甚或危害国家安全，破坏国家形象。其中就有用宗教自由做幌子，肆意干涉我国的宗教活动和政策，已经引起我国普通民众和学者以及国家的高度关注。在 2011 年 12 月 10 日举行的“国家形象建构与跨文化传播战略研究”学术研讨会上，著名学者胡智锋认为“在当前的世界体系中，有近 90% 的国家是宗教国家，近 90% 的国家自称是民主国家或准民主国家。中国跨文化传播为什么这么难，很大程度上就源于中外主流价值

① 南长森.阅读识别身份：数字时代阅读方式变革与文化身份认同研究[J].出版业，2012(7)：4.

观、意识形态、政治体制以及文化的差异。”[①]正是西方一些国家借用民主自由、平等博爱的普适价值观尤其是以宗教自由作幌子，肆意干涉我国内政并造成了我国形象在国际受损或遭遇“污名”，从而对当今认识宗教以及宗教认同产生了复杂性。本节主要探讨宗教以及宗教认同对现实社会尤其是现实政治的影响，无意于探讨宗教的起源、本质、特征与意识形态之关系，但是认识宗教似乎必须从这里起步。

关于宗教的定义，美籍德国学者麦克斯·缪勒说“世界上有多少宗教，就会有多少宗教定义，而坚持不同定义的人们间的敌意，几乎不亚于信仰不同宗教的人们”。[②] 因此，对宗教要下一个公认的定义，确实绝非易事。

宗教起源于远古人们对土地、天体、山神、岩石的崇拜。随着人类社会发展到部落民族以后，又出现了图腾崇拜、祖先崇拜、英雄崇拜等。随着民族部落向民族国家的发展，又出现了君权神授乃至于民族至上等。

一般认为，宗教学以 1873 年麦克斯·缪勒发表《宗教学导论》，明确提出“宗教学”(science of Religion)为正式产生的标志。作者在《宗教的起源与发展》中说“宗教产生和发展是沿着三条基本路线展开的，这就是从自然对象中形成物质宗教，然后与心理宗教合流。”

关于宗教本质的认识，一种意见认为，宗教是以信仰的对象为中心来规定宗教的本质的；另一种意见认为宗教是以信仰主体的个人体验作为宗教的基础和本质的；第三种意见则认为凡是与他们所规定的宗教社会功能起相似作用的社会化现象都可以成为宗教的等价物或类似物。

凡此种种，正如上述麦克斯·缪勒所说，都是站在一定的角度揭示了宗教的部分本质，而未揭示宗教的真正本质。宗教作为一种社会意识形态，产生于原始社会人们对自然界幻想的认识，发展到阶级社会其特征和性质表现最为明显。因此，对于宗教的本质还是恩格斯在《反杜林论》中对宗教的本质论述最为精辟，“一切宗教都不过是支配着人们日常生活的部分力量在人们头脑中的幻想的反映，在这种反映中，人间的力量采取了超人间的力量

① 董军．“国家形象建构与跨文化传播战略研究”开题会综述[J]．现代传播，2012(1)：122．

② 熊坤新．宗教理论与宗教政策[M]．北京：中央民族大学出版社，2008：192．

的形式。”①可以说恩格斯在人类宗教活动盛期第一次科学地解释了宗教的本质。宗教是人类社会在无法解释自然的力量而显示神性来自于人的本质的异化，这就是一语破的地道出宗教是人的本质的异化论断的科学性。宗教是“支配人们的日常生活的外部力量在人们头脑中的幻想的反映”，则解释了神和人性的来源和与社会生活之关系。人们日常生活所表现出的意识形态在头脑中的颠倒的反映，则解释清楚了宗教与人类生活的关系。

宗教的特征主要表现在下述几个方面：第一，宗教是一种群体现象。无论从宗教的三大发源地还是非洲、拉美各洲，宗教信仰和宗教实践活动都是一种群体行为。据有关资料统计，现在世界上 60 多亿人口中，信奉宗教的人有 40 多亿，占世界总人口的 2/3 左右。②第二，宗教是现实世界的虚幻反映。宗教起初在人们无法解释自然现象时通过神灵而显示人类祈求征服自然的魔力，因此，充满着神秘、虚幻的色彩。第三，宗教是一种有严格规范的信仰体系。宗教有着至高无上的价值信仰，也有着严格规范的教义、教条和教理，甚至信众对宗教的崇拜近乎于至诚的程度。第四，宗教有着严格的礼拜、洗礼和朝圣活动。

熊坤新在总结宗教的本质和特征的基础上，认为“宗教是在异己的外部力量的压迫下产生虚幻的反映，这种力量的一种信仰和实践体系，是以信仰超人间力量的社会意识形态为核心的观念、情感以及与之相适应的行为和组织与制度所构成的一种社会化现象。”③这一定义较全面、深刻地揭示了宗教本质属性以及宗教对意识形态的影响，同时指出宗教作为一种历史文化与人类社会之关系。

我认为宗教认同是人类社会特有的社会文化现象，是建立在宗教信仰基础上对自然界和人类社会超出人的力量控制的魔幻神奇之力的向往和崇拜，是人们信仰的神灵被异化为万物之主而对人的精神压迫却甘愿认可的精神自慰和自虐。宗教认同要高于宗教信仰，宗教认同要比宗教信仰在自愿性、皈依性、忠实性的基础上更具有固执性、保守性和偏见性。因为宗教

---

① 马克思恩格斯选集第 3 卷[M]. 北京：人民出版社，1996：354.

② 熊坤新. 宗教理论与宗教政策[M]. 北京：中央民族大学出版社，2008：1.

③ 熊坤新. 宗教理论与宗教政策[M]. 北京：中央民族大学出版社，2008：196.

认同经过人们理性认识过滤以后一旦所信仰的宗教趋于落后或谬误就会产生比一般信众更可怕的认识偏见。因此，历来宗教认同与意识形态都有联系，在介入政治之后都程度不同地成为社会改革以及科学发展的推动力量或反动力量。

西北地区是少数民族宗教信仰最多的地区。仅以新疆维吾尔自治区为例，“全新疆就有伊斯兰教活动场所23900个。在城市，居住点都有清真寺，在南疆的农村，保证每个生产组一个小型礼拜寺，每村一个居玛寺（礼拜五做聚礼的寺）；在牧区，由于居民居住分散且流动性大，一般在帐外就地做礼拜。基本保证行政村有清真寺。”[①]多丽丝·奈斯比特在《对话中国模式》中说：“西藏基本上还是一个以精神生活为基础的社会，藏族可能更关注精神生活。”[②]可以说，宗教信仰占据了西北地区维吾尔族、柯尔克孜族、哈萨克族、回族、藏族、锡伯族等精神生活的大半部分。因此，对于大多数人而言，“宗教认同与其说是一种获得，不如说是一种归属，即人们的宗教认同不是一个学习与选择的过程，而是一种社会定位，因而宗教认同类似于社会标识。”[③]宗教信仰和宗教认同在我国少数民族地区，除了与其他民族面临“宗教的长期性、群众性、复杂性、民族性和国际性”等普适性问题之外，还面临着“政治上的适应性、信仰者的多层次性、发展上的地域性、文化上的渗透性”。[④] 在社会主义初级阶段尤其是改革开放以来，我国经济快速发展，国内矛盾诸如土地征用、房屋拆迁、少数民族、资源滥用以及医疗、就业、社保等问题日益突出；而国外借助少数民族宗教信仰自由对我国形象的“他者”塑造乃至妖魔化报道也愈加严重，因此，报道少数民族宗教活动是少数民族新闻传播遇到的前所未有的困难要面临的问题。

三、文化认同

何谓文化？文化的定义、特征、类型是什么？文化是如何产生、演进的？

---

① 于鹏杰，陈昌文．对西部地区宗教认同状况的分析［J］．西藏民族学院学报，2005(1)：60.

② ［中］赵启正，［美］约翰·奈斯比特，［奥］多丽丝·奈斯比特．对话中国模式［M］．北京：新世界出版社，2012：62.

③ 梁丽萍．中国人的宗教心理［M］．北京：科学文献出版社，2004：16.

④ 时汉生，伍期胜．我国社会主义宗教理论研究综述［J］．社会主义研究，1991(2)：62.

中华民族主体民族(汉族)与少数民族文化是何关系?文化认同有何差异?如此等等。这些问题成为理解新闻传播中少数民族文化传播的重要问题。说起文化,人们很可能头头是道,滔滔不绝。但是,未必对文化的本义进行深究。文化犹如宇宙天体那样神秘,犹如生物那样复杂,犹如考古那样神奇。研究文化正如澳大利亚莫什纳大学新闻学院副教授马克·吉布森所言,“文化研究领域的理论工作在很多方面都可以认为是一种无止境的探索”。① 这样说来,文化研究也是一个十分深奥的理论问题,然而,理论研究似乎都起始于概念的界定。

文化“culture”来自拉丁语动词“colo”,意思是“耕作”或“耕耘”,这里文化被看成是需要经常照料和提供营养的一个过程。文化既是一个动态的概念,又是一个演进的概念。在演进中,文化与文明之区别在于:文化被看成是朝向最终产物的渐进运动,而文明则是被看成是最终产物本身。②

“文化”这一概念最早出现在何时,为何人所用?爱德华·T·霍尔说:“一言以蔽之,文化的概念最初是由爱德华·泰勒于1871年在出版物中定义的,经过这么多年,它还是缺乏表征许多没有什么革新性却很有用的理念的严密特征。”③尽管如此,美国人类学家阿尔弗雷德·克罗伯(Alfred kroeber)和克莱德·克拉克洪(Clyde kluckhohn)在《文化:概念和定义的批判回顾》一书开先河,研究并总结了164条有关文化的定义,并将文化根据“基本主题”进行归类,得出9种基本文化概念:哲学的、艺术的、教育的、心理学的、历史的、人类学的、社会学的、生态学的和生物学的。并倾向性地给出文化的定义:文化作为一个描述性概念,从总体上看是指人类创造的财富积累,图书、绘画、建筑以及诸如此类,调节我们环境的人文和物理知识,语言,习俗,礼仪系统,伦理,宗教和道德,这都是通过一代代人建立起来的。④ 然而,从国外翻译并流行较广的权威的还是雷蒙·威廉斯的定义,文化一般有

---

① [澳]马克·吉布森.文化与权力:文化研究史[M].王加为,译.北京:北京大学出版社,2012.

② [加]D.保罗·谢弗.文化引导未来[M].北京:社会科学文献出版社,2008.

③ Edward T . hall. The science language. [M]. New York: Anchor press/Doubleday, 1973, p20.

④ A · kroeber and C · kluckhohn. culture: A Critical Review of Concepts and Definitions[M]. New York: Vintage Books, 1963, p83.

三种定义:首先,文化是人类完善的一种状态或过程。文化分析在本质上就是对生活或作品被认为构成永恒秩序,或普遍的人类状况有永恒之关联的价值发现和描写;其次,文化是知性和想象作品的整体,文化分析是批评活动,借助这种批评活动,思想和体验的性质、语言的细节以及它们活动的形式和惯例,都得以描写和评价;最后,文化是一种特殊生活方式的描述。文化分析就是阐明一种特殊生活方式,一种特殊文化隐含的或外显的意义和价值。①

文化在演进中,表现出各种各样的特征,正如保罗·谢弗在《文化引导未来》中总结的那样"文化具有整体性、因果性、价值性、认同性、冲突性、批判性、观察性、创造性、权力性等特征"。② 文化研究正如约翰·斯道雷认为的,"通常,我们可以将文化研究简单区分为两种类型,一是文本研究(如流行小说、电影、流行音乐等等),二是文化或实践研究(如海滨度假、青年亚文化、圣诞庆典等等)"。③

文化研究自从20世纪60年代以来,已经成为当前我国学术界乃至国际学术界最热烈、最具创造性的学术思潮。我国对文化乃至文化产生在初始就如火如荼乃至于文化产生方兴未艾之时,大有政治提倡、全民介入之势。因而正如周宪等人所说"文化总是和传播密不可分,是一枚硬币的两面。"文化,究其本质乃是借助符号来传达意义的人类行为,其核心是"意义的创造、交往、理解和解释"。④

那么,文化作为"意义的创造、交往、理解和解释"表现出哪些具体特征呢?文化在历史的演进和动态的发展中又有那些表现形态?文化与传媒又有怎样的关系?

首先,文化是民族的。这表现在文化从诞生就贴有民族的标签,如希腊文化、玛雅文化、儒家文化、伊斯兰文化、法国文化乃至于地域文化,等等都

---

① 罗钢,刘象愚.文化研究读本[M].北京:中国社会科学出版社,2000:125.

② [加]D.保罗·谢弗.文化引导未来[M].北京:社会科学文献出版社,2008:58.

③ 约翰·斯道雷.文化理论大众文化导论[M].常江,译.北京:北京大学出版社,2010:18.

④ [美]约翰·R.霍尔,玛丽·乔·尼兹.文化:社会学的视野[M].周晓红,徐彬,译.北京:商务印书馆,2002:1.

有其民族印记。从历史的角度来看，文化是一个民族从诞生、发展、繁衍的记录，是民族思维的长期积淀，也是民族创造的表征。从现实的角度来看，文化具有具体性，也是可感知的，她具有民族的独特性，如美国好莱坞文化、麦当劳文化，阿拉伯民族的伊斯兰文化，参与其中就可感到是具体的、可触摸的。而伊斯兰文化中饮食文化不吃猪肉、不食死物就具有其独特性，其他民族触犯则是对该民族的大不敬。在社会转型与变迁中，一些新闻工作者因知识所局限或操作不慎屡犯伤害信仰伊斯兰教少数民族的情感报道，大多则是主观的疏忽从而影响了传媒的公信力。斯图亚特·艾伦在《新闻文化》中说 1998 年 5 月 25 日《太阳报》一篇头版的新闻评论《小猪是一个民族主义者——一位母亲摆放的瓷猪触怒了穆斯林而被没收》，新闻讲述一位叫南希的女主人公因搜集瓷猪导致她的一些穆斯林邻居认为触犯了他们而遭投诉。在现实生活中，类似的例子并不罕见。①

其次，文化是文本的。文本的含义是什么？汪民安认为“在最通常的意义上，文本是指任何书写或印刷的文件”。② 这当然是文本未被引申的含义。文本作为西方文化、文学研究的重要学术用语在其后发展中被“泛指一切具有释意可能的符号链，不管其是否由语言组成。因此，一段舞蹈、一个表情、一种仪式、一座建筑、一个广告、一首诗或一篇小说，都可以视为文本”。③ 陶东风认为，文化研究要以文本为依据，说明上述泛指文本形态对文化建构的重要性。可以说，文本是文化的物质表现形态。文化在历史中表现为是一种真实记录，在现实生活中表现为是一种生活方式，在未来表现为一种憧憬或引领。这一切其实都是以物质的形态和精神形态凝聚成为一种文本在叙述。大到宏伟的建筑，小到物质文化的民间音乐等都可以看到文本对文化的支撑作用。

第三，文化是媒介的。文化与媒介的关系可以说是一币两面的。从原始文化到现实大众文化，都可以说是人类从五种媒介革命变化中继承、发展和创新的。邵培仁认为，人类传播经过声音传播、文字传播、印刷传播、电子

---

① ［美］斯图亚特·艾伦. 新闻文化［M］. 北京：北京大学出版社，2008：172.

② 汪民安. 文化研究关键词［M］. 南京：江苏人民出版社，2007：339.

③ 刘安海，孙文宪. 文学理论［M］. 上海：华东师范大学出版社，1998：95.

传播和网络传播。这五种传播不仅陪伴人类社会从原始社会、奴隶社会、封建社会、资本主义社会和社会主义社会依次走来，而且也负载了人类社会不同形态中的不同文化。可以说无媒介则无文化。人类社会无论在何种形态中存在着何种文化，发展到如今，似乎都成为以消费为特征的大众文化，正如道格拉斯·凯尔纳认为“媒体是文化发行和散播的基本载体，揭示了大众传播的媒体已经排挤掉了诸如书籍或口语等这样的旧的文化模式，证明我们是生活在由媒体主宰了休闲和文化的世界里。因而，媒体文化是当代社会中的文化主导性形式与场所”。① 由此看出，无论是高雅文化、低俗文化、精英文化、大众文化等等，都是靠媒介传播才能继承、发展和创新的，这也符合拉斯韦尔关于媒介功能的定义，即媒介具有文化积存的功能。

第四，文化是艺术的。像艺术那样生活，像生活那样艺术，似乎是人们共同心驰神往的。其实，人类无论是追求多高的艺术境界，都生活在媒体构筑的文化土壤和氛围中。因此，艺术的审美功能是基于文化生活的基础上，是对现实生活的反映和模仿。亚里士多德认为“一切艺术……实际上都是模仿，只是模仿的媒介，模仿的对象和模仿的形式各不同罢了”。② 文化是生活的记录，艺术是生活的升华。说到底都与对生活的模仿有关，亚里士多德这里的“模仿”，不是生活中机械的镜像映照，而是一种创造或创新。文化作为一种艺术，就得益于艺术审美对其进行无论何时何地、跨越时空或社会意识形态的想象或回忆。现实生活中人们对希腊文化、玛雅文化、饮食文化、山水文化等各种形态各异文化的缅怀、追求、想往、赞叹都可以说是因为文化具有其艺术魅力。

第五，文化是有意识形态的。文化自其产生就具有民族、地域、阶级等意识形态表征。因此，历来文化都是历史的、具体的、冲突的、交融的、可感知的、可消费的。从马克思对法兰克福到亨廷顿对文化的论述，都可以看出文化的意识形态性。文化作为一种教化或习惯，是“一个人进入并生活在一个社会中的许可证书。一个人只有通过教化与意识形态认同，才可能在以

---

① 道格拉斯·凯尔纳.媒体文化[M].北京：商务印书馆，2004：36.

② 亚里士多德.诗学[M].罗念生，译.北京：人民文学出版社，1962：3.

这种意识形态为主导思想的社会认同”。[①] 这主要是因为人的身份是通过社会赋予的并在文化教育中习得,其价值观自然就具有意识形态性。当前世界文明的冲突主要表现为各种意识形态主导的不同文化的冲突,而少数民族文化认同的差异成为当前国际舆论利益争夺的焦点问题。

总之,文化的内在特征表现出多棱镜的特征,即站在不同的方位有不同认识。我认为,文化是一个“历史演进”(保罗·谢弗语)的概念,又是一个动态变化的概念。作为历史文化既有主观确定性,作为未来又有它的吸纳性,作为现实则表现为生活普遍存在的复杂性。文化作为历史来理解是对当下物质精神生活方式的一种反映状态和艺术感受的能力,作为未来来理解则是一种价值取向和精神指引,故而成为一种美好的想往。英国文化社会学家K·波普尔曾提出过“三个世界”的观点,他把客观世界叫“世界一”,主观世界叫“世界二”,文字、艺术、科学、技术等文化叫“世界三”。如果一场大战或毁灭性灾难把客观世界毁了,人类还可以通过主观世界重新建立,如果把文字、艺术、科学、技术等文化毁了,就可能重新花费几万年甚至几十万年重建乃至不能重建。从这一角度来认识,给文化界定一个恒定的定义确实是一个难题。文化认同是西北地区少数民族新闻传播的重要概念,至于如何认识少数民族文化,本文已在上文中陈述。

四、民族认同

民族认同是指以民族为主体及其伴生的民族国家和民族主义以及根生的族群、族裔和氏族先潜性的概念,民族认同已成为民族学、人类学、社会学、政治学等学科常见而复杂的学科认知对象。由于民族学、人类学、社会学、政治学等学科诞生中外来词汇释义与中国语境的差异,给人们理解、认知其学科本相造成了惑义或不确定性,因此,本文中使用的“民族认同”一词是指对外传播主要指中华民族多元一体、涵盖56个民族的整体民族,对内传播主要指中国境内的少数民族。基于上述的认识,如何界定“民族”的概念是上述问题的关键和入口。

“民族”这一概念作为舶来品,在我国古代并没有“民族”这一名称。我

---

① 俞吾金.意识形态论[M].上海:上海人民出版社,1993:3.

国古代常用“种族”“部落”“部族”“族类”“种”“族”“种类”等指代现今意义上的民族。唯独没有将“民”和“族”联起来称呼这一人们共同体。[①]自现代以来，在民族学、人类学中，曾经多人如林耀华、茹莹、黄兴涛等人考证，认为“民族”一词不见于古汉语，系日本传入乃形成之。据林耀华研究，“民族”一词最初是由梁启超1898年在《东籍月旦》上发表文章从日文引用的。梁启超还对民族进行定义“民族者民俗沿革所生之结果也。民族最要之特点有八：其始也同居于一地（非同居不能同族也，此后则或同一民族而分居各地或民族而杂处一地）；其始也同一血统（久之则吸纳他族互相同化，则此不同血统而同一民族者有之）；同其肢体形；同共语言；同共文字；同共宗教；同共风俗；同共生计。有此八者，则不识不知之间，与他族相互阂隔，造成一特别之团体，固有之性质，以传诸其子孙，是之谓民族。”[②]梁启超对民族的定义和特征的论述，比斯大林在1914年的《民族问题和社会民主党》给民族所下的定义还早。这说明“民族”作为西方社会思潮的外来词汇传入中国以来，斯大林的关于民族应有共同语言、共同地域、共同经济生活、共同心理素质四个特征组成的共同体著名定义，雄霸学术界并广泛地影响着中国社会和民族政策。

改革开放以来，随着人文社会科学的繁荣发展，西方社会思潮大量涌入，民族主义已经成为全球化语境中影响世界政治和社会发展的重要力量。因此，学术界关于以民族主义为主导的有关民族、族群、国家等的讨论、研究成为当今社会科学持续升温的热点问题。而对西方有关民族主义研究的著作、论文、译著等文献几乎是成倍增长。因此，文献越多，研究就越复杂。本文立足于民族、族群、国家等以民族主义为核心概念的权威界定，以期探究当下中华民族多元一体的民族认同和狭义的少数民族认同。

埃里克·霍布斯鲍姆说“若你不曾问起民族的定义为何，我们会以为我们早已知道答案，但是实际上我们很难解释清楚到底民族是什么；也很难给

① 欧潮泉.基础民族学——理论、人种、文化[M].北京：民族出版社，2007：265.

② 林志钧.饮冰室合集第5册[M].北京：中华书局，1936：71－72.

出一个简单的定义”。[①] 尽管难下一个确切的定义,但是理论研究一般大都始于概念的界定。因此,有必要借用一些权威的定义以加强对民族认同的理解。

本尼迪克特·安德森认为“民族是一种理想的政治共同体——并且,它是被想象为本质上有限(limited),同时也享有主权的共同体。”[②]本尼迪克特·安德森的定义成为民族学主观说界定最流行的定义,认为民族与国家是资本主义历史时期的产物,是先有民族主义后有民族、国家的产物。安德森的这一定义回避了民族的客观存在,而是直指民族是集体认同的结果,并且认为18世纪兴起的两种想象形式——小说与报纸为民族这一想象的共同体提供了技术手段。同时强调“民族”,这个“想象的共同体”最初是通过文字阅读来想象的。安东尼·吉登斯认为“民族指居于拥有明确边界的领土上的集体,此集体隶属于统一行政的机构,其反思监控的源泉既有国内的国家机构又有国外的国家机构”。[③] 显然,吉登斯持客观说,认为民族应有固定的疆土,拥有共同认可的机构组织与其他国外机构相区别。安东尼·史密斯认为“民族” 具有名称,占有领土的人类共同体,拥有共同的神话,共享的历史和普通的公共文化,所有成员生活在单一的经济之中并且有同样的权利和义务”。[④] 史密斯的定义,也是强调民族的客观存在性,认为民族是历史形成的共同体,与斯大林的定义多少有些相似,所不同的是强调民族的权利和义务,多少有一点现代国家中的公民的意思。

而对族群的定义,史密斯认为,反过来,给族群的定义则为:“与领土有关,拥有名称的人类共同体,拥有共同的神话和祖先,共享记忆并有某种或

---

① [英]埃里克·霍布斯鲍姆.民族与民族主义[M].李金梅,译.上海:上海世纪出版集团,2006:1.

② [美]本尼迪克特·安德森.想象的共同体:民族主义的起源与散布.[M].吴叡人,译.上海:上海世纪出版集团,2005:6.

③ [美]安东尼·斯密斯.民族——国家与暴力[M].胡宗泽,赵力涛,译.上海:生活·读书·新知三联书店,1998:141.

④ [美]安东尼·斯密斯.民族——国家与暴力[M].胡宗泽,赵力涛,译.上海:生活·读书·新知三联书店,1998:14.

更多的共享文化,且至少在精英中有某种程度的团结”。[①] 史密斯还通过与米勒有关民族的定义进行比较,认为“族群与民族的有区别就只在于它通常缺乏共同文化”。[②] 这一认识无疑是有见地的。但是我认为,族群(ethnic group)与民族的最大区别在于:一是民族占有租地(homeland),而族群仅仅象征性地与之相连;二是精英阶层的团结而结成的以血缘和宗族为纽带的共同体。其中,拥有租地成为民族与族群的根本区别之所在。也为以后民族、族群术语翻译和民族实践应用留下了难题。近年来,国际上民族主义表现为地方民族主义或分裂民族主义盖因宗教或宗族团体向现行民族国家施压和抗议。其原因似乎就在于族群主义思潮的泛滥。因此,作为国际社会主流似乎不应给族群发展留生存的空间。对此,我国学者韩震认为,“民族国家的民族与国家内部的各民族,并不是一回事,国家内部的各民族只能算是族群……如果族群认同超越国家认同,那么任何国家都会分裂成相互竞争的碎片”[③]。马克斯·韦伯认为:“如果那些人类的群体把他们的共同世系抱有一种主观的信念,或者是因为体质类型,文化的相似,或者是对殖民和移民的历史有共同的记忆,而这种信念对于非亲属社区关系的延续是至关重要的,那么这种群体就被称为族群”[④]。韦伯在这里强调三点:一是族群要有共同的世系;二是在体质上有相同的血缘关系;三是具有相同的文化记忆和社会特征。从中可以看出,族群是仅次于民族的人类学中的一个亚称谓,民族是由族群发展而来的。在现代国家中,明显可以看出国家由族群→民族→国家发展的轨迹。因此,过多地强调族群会影响国家的地位,这也是族群仅仅出现在学术研究中而出现在现实生活中却被多个国家抑制发展的原因。正如霍布斯鲍姆指出:“当今世界的一百八十多个国家中,真正有资格宣称其国民皆隶属于同一族群或语言团体者,不会超过十二国。想要在这

---

① [美]安东尼·斯密斯.民族——国家与暴力[M].胡宗泽,赵力涛,译.上海:生活·读书·新知三联书店,1998:14.

② [美]安东尼·斯密斯.民族——国家与暴力[M].胡宗泽,赵力涛,译.上海:生活·读书·新知三联书店,1998:13.

③ 韩震.全球化时代的公民教育与国家认同及文化认同[J].思想战线,2010(5):225.

④ Max weber. The ethnic group[M]. Theory of society, p306.

样一个世界里，主张族群和民族主义，不仅不受欢迎，甚至可能会自取灭亡”[①]祁进玉认为，“族群”一词来自于西方学术界，其最显著的特质就是宗教的、语言的特征，地理的起源特征[②]。祁进玉的观点，显然受到马戎教授的影响。马戎认为，“族群”(Ethnic group)这个词汇多用于表示多族群国家内部具有不同发展历史、不同的文化传统甚至不同体质特征，但保持内部认同的群体[③]。按照马戎的观点，将“中华民族”统称56个“民族”改称族群或“少数族群”。如汉族就称为汉族，蒙古民族称“蒙古族”，不要叫成“蒙古民族”。这样不避免在两个层面上称中华民族和下属的各“民族”。[④] 应该说这一观点与费孝通先生的“多元一体”有相同之处。但是，此文发表以后也曾遭到学术界多人的质疑和诘难。朱伦认为，我国社会媒体、学术界乃至宗教机构对这些概念的应用常有错位，特别是以“ethnic group”取代“nationality”来界定我国55个少数民族的做法，不符合我国国情[⑤]。朱伦的观点只是就“族群”的概念进行系统的归纳，没有指出到底应如何具体应用。正如他在文中指出，“族群”翻译差别涉及符号转换，在跨文化传播中，“二度符号”(由一种语言符号转换为另一种语言符号)难免发生意义的歧义。朱伦的观点，只批判，不开处方，因而难以解释民族认同中一些关键词语的混用。

总之，“民族”“族群”是民族主义研究的重要概念和学术习惯用语。在人文社会科学领域多有争议甚为正常，但在现实生活尤其是政治领域轻视或忽视微小的概念之差别都会对我国民族政策带来不良的影响。

关于民族主义的研究，无论在国外或是国内都是显现出复杂的学术面貌和流派，本文根据陈德成对民族主义的研究，主要介绍民族主义的不同定义、类型和特点，由于民族主义起源于资本主义借助印刷技术向外扩张时期，正如本尼迪克特·安德森所言：“资本主义印刷科技与人类语言宿命的

---

① [美]本尼迪克特·安德森. 想象的共同体：民族主义的起源与散布[M]. 吴叡人，译. 上海：上海世纪出版集团，2005：179.

② 祁进玉. 群体身份与多元认同[M]. 北京：社会科学出版社，2008：83.

③ 马戎. 理解民族关系的新思路—少数族群问题“去政治化”[J]. 北京大学学报，2004：123.

④ 马戎. 理解民族关系的新思路—少数族群问题“去政治化”[J]. 北京大学学报，2004：123.

⑤ 朱伦. 西方的“族体”概念系统—从“族群”概念在中国的应用错位说起[J]. 中国社会科学，2005(4).

多样性这三者的重合，使得一新形式的想象的共同体成为可能。而自其基本形态观之，这种新的共同体已为现代民族的登场预先搭好了舞台”。① 因此，民主主义得力于大众媒体的宣传。本文将设专节论述民族主义与大众媒介国家话语的特征。

陈德成在《全球化与现代阿拉伯民族主义》一书中，对民族主义的定义、类型和特征等进行了分析和归类，认为当今世界上主要存在：一是资产阶级的看法、纲领和政策说，这一认识主要源于宁骚、陈永龄等人的观点；二是“情感”和“心理学说”，这一认识主要来自安东尼·吉登斯、本尼迪克特·安德森等人；三是意识形态说，这一认识主要来自埃里·凯杜里、厄内斯特，盖尔纳等人；四是综合说，主要来自安东尼·史密斯、罗伯特·康奎斯特等人。在这几种界说中，各人都有自己的学说和主张并成为影响民族主义发展动向的重要人物，也成为民族主义在全球化传播中影响社会思潮乃至政治运动的重要力量。陈德成还将民族主义的发展类型进行分类，从历时性上看有传统民族主义和现代民族主义，从共时代上看则显现出多样态、多种类的特征：既有西方民族主义又有东方民族主义，还有宗教民族主义和文化民族主义等等。各自又表现与众不同、花样繁多的特征。总结、分析民族主义的定义、类型、特征。我认为，民族主义是当今世界最难表达的学术之语和政治话语。从学术脉络上看，民族主义是人类探索其历史根源、民族认同及其发展趋向乃至影响世界的社会思潮。从政治脉络上看，民族主义是强势国家寻求扩张和弱势国家寻求独立的理论武器和各自政治伦理公正性的砝码。民族主义借用学术话语彰显其政治意图，因此具有相当的隐晦性。它在社会实践中表现出带有强烈意识形态的性质的政治运动。民族主义和大众媒介一样，作为一把双刃剑，有其积极作用和消极作用。民族主义在借用大众化媒介的发展中都会给社会带来福与祸。因此，要进行民族认同首当其冲的是要分析民族主义的真实意图和何人持举民族主义的大旗，防止民族分裂主义者利用其做幌子危害国家安全和社会稳定。

---

① [美]本尼迪克特·安德森．想象的共同体：民族主义的起源与散布[M]．吴叡人，译．上海：上海世纪出版集团，2005：45．

当下，如何理解主体（汉族）民族和少数民族的民族认同？我认为应以辩证思维的态度加以认识，并将其放在对外传播与对内传播两个维度进行把握。毕竟我国是一个多民族国家，任何单一的叙述似乎都难以概括其本质。

西方有关民族认同的概念的界定也是众所不一，各有己见。迈尔威利·斯徒沃德认为，民族认同是指某一民族共同体的成员将自己和他人认同为同一民族，对这一民族的物质文化和精神文化持接近的态度①。Carla认为，民族认同是指个体对本民族的信念、态度以及对其民族身份的承认，这种群体水平上的认同包括群体认识、群体态度、群体行为和群体归属感四个基本要素②。比库·派瑞克认为，民族认同是对某一特定共同体道德和情感认同，建立在忠诚于章程性原则并参与集体的自我理解的基础上。它创造了共同的归属感，提供了集体认同的基础，培养了共同的忠诚，给予团体成员以生活在一起的自信，甚至是存在不一致和文化差异所带来的快乐③。

我国学者庄锡昌认为，民族认同有广义、狭义之分：广义的民族认同指某一主权民族国家之间的认同，即国家认同；狭义的民族认同指一个国家内部的各民族对各自民族文化的认同，即族群认同④。贺金瑞、燕继荣也认为：民族认同包括两层含义：一是民族首先是一个人群共同体，对其中的人们的相互关系的认同是民族认同的核心。产生民族认同问题，主要区分此民族与彼民族界限引起的。二是民族自然文化的认同⑤。

我认为，民族认同是基于民族历史起源与现实需求，以他（者）国民族作比照对其民族的同一性和差异性进行心理认知的过程。其中民族已有的文化资源和现存的国家体制成为认知的主要对象，而相伴随的宗教信仰、社会

---

① ［美］迈尔威利·斯徒沃德．当代西方宗教哲学［M］．周伟驰等，译．北京：北京大学出版社，2001：86.

② Carla J · Reginald J. Recial identity ，African self－consciousness，and career decision making in African American college women［M］. Journal of Milticultural Counseling and Development ，1998，26（2）：p98－108.

③ ［英］爱德华·莫迪默，罗伯特·法恩．人民·民族·国家——族性与民族主义的含义［M］．刘泓，黄海慧，译．北京：中央民族大学出版社，2009：94.

④ 庄锡昌．多维视野中的文化理论［M］．杭州：浙江人民出版社，1987（5）：45－48.

⑤ 贺金瑞，燕继荣．论从民族认同到国家认同［J］．中央民族大学学报，2008（5）：7.

习俗、价值规范和现行制度成为民族认同的隐性标尺。民族认同无论在哪一国度都有一个认同的范围和程度,且都有很强的倾向性或认同者的情感投射。具体到中华民族的认同,应持一币两面的态度来认识,并用对外传播与对内传播角度统一的视觉观之:对外来说,中华民族以民族之称谓屹立于世界民族之林,并以国家之称谓行使主权的只能是由56个民族(严格意义是族群)组成的中华人民共和国;对内来说,中华民族是由主体(汉族)民族与少数民族多元融合一体化发展而来的,无少数民族无中华民族,无主体民族(汉族),无中华民族。在现有格局下,汉族离不开少数民族,少数民族离不开汉族,少数民族离不开少数民族。其中的道理,则基于以下辩证的认识。

第一,少数民族自古与主体民族一样拥有世居的祖地(homeland)。从理论上看符合西方民族理论权威专家史密斯、霍布斯鲍姆等人对族群发展成民族并形成为国家的表述。中国的绝大多数少数民族祖辈世代都生长在祖先留给的土地上,不像犹太民族或其他民族世界迁徙,即使战争与灾荒,或是民族融合迁徙,基本上都有固定的属地。

第二,少数民族自古就与中国历代诸王朝存在或臣属、或平属的关系。中国在秦、汉、唐诸朝,疆域甚广,汉、唐都曾在西域设都护府和军政建制,唐在西域的疆域较之两汉更大,东至玉门关、阳关,西到两河流域、波斯以北。直到清朝,国力渐弱,才有准噶尔叛乱、张格尔叛乱以及沙俄、英国对新疆的觊觎。这期间,西北边陲各少数民族都与中央王朝存在社会和平时期是一种臣属关系,动乱时期是一个暂时的平属关系。

第三,西北少数民族自古就与主体民族存在一种血缘融合的关系,1905年,梁启超在《历史上中国民族之观察》中说,中华民族,自始本非一族,实由多数民族混合而成。我国古代上层统治者的和亲,战乱年代诸如南北朝时期的民族大融合即"五胡乱华"都说明中华民族自古就有一个血缘关系,直至现今。李晓霞在《新疆民族混合家庭研究》中说到有回汉通婚、维汉通婚、哈汉通婚、维回通婚、维哈通婚等现象,并将其总结成这样的规律:社会动乱时期,由于人口迁移频繁,政权常常更迭,更易出现族际婚姻;社会稳定时期，利益群体较为明确，民族界限相对清晰，更易缔结族内婚姻[1]。

第四，西北少数民族自古就与主体民族文化传统紧密相连。中华民族不仅以儒家文化为主体形成了中华民族的传统文化，而且也以各个少数民族文化的丰富多彩形成了中华传统文化的有机统一体。千百年来，无论是从汉王朝的罢黜百家、独尊儒术，还是少数民族宗教信仰形成的尊佛、次儒、道三的信仰自由作为文化的核心，都可以看出中华民族汉文化与少数民族文化的有着不可分割、你中有我、我中有你的必然联系。至于生活中常见的社会习俗、婚姻习俗、衣食文化、庙堂文化乃至于宗教文化、建筑文化都有相互关联的影响。中央电视播出的《舌尖上的中国》以纪录片的形式报道少数民族如蒙古族、藏族、维吾尔族、回族等的饮食文化就反映出各民族饮食文化的独具一格而映射出彼此之间的相互影响。

以上的认识是基于中华民族组成国家的角度来看应达成这样的共识，中华民族自古就有世居住地，自古就有中央王朝与地方诸侯臣属之关系，自古就有主动和亲与战乱融合的关系，自古就有文化一脉相连的关系，这些当然是出自于民族认同的同一性。而在对外传播或国际视角中，一些西方国家往往出于自身利益，粗暴干涉别国内政，“特别是在大国博弈的年代，一个国家内部的民族问题日益被其他国家利用，成为遏制对方发展的‘杀手锏’。”[2]甚至于叫“人权高于主权”，利用宗教、种族等问题对别国指手划脚。而我国的新闻报道每每应和西方媒体的议程设置，不但不规避，反而跟踪报道，正中西方文化霸权主义者利用媒体干预别国意识形态之计。

我们从对内传播或国内视角来看，有民族认同的同一性，自然也有民族认同的差异性，否则，无“他者”作参照，也就构不成认同的统一性，也不符合辩证唯物主义的观点。中国少数民族认同的差异性，主要表现在自古以来流传已久的各民族在宗教信仰、社会习俗、婚姻制度乃至社交礼仪等方面的差异或与众不同，诸如摩梭族的走婚，傣族的泼水节，藏族的朝拜、天葬，伊斯兰教的“念、礼、斋、课、朝”等，作为传统风俗和民族习惯流传至今，乃有其

---

① 李晓霞. 新疆民族混合家庭研究[M]. 北京：社会科学文献出版社，2011：28.

② 吴晓林. 加强国家认同在民族政治整合中的作用[N]. 中国社会科学报，2010－1－21.

存在的合理性和科学性。如伊斯兰的“念”，与儒家倡导的“吾日三省乎吾身”反思、思过就有相同之处，一个人、一个民族，不忘祖先，反思过去自然就会越来越进步。再如“斋戒”，回族、维吾尔族、哈萨克等信仰伊斯兰者，在伊斯兰教历九月，要斋戒一月，每日东方发白前进食，日落开斋，白天不饮不食，绝性交，即“清心寡欲，侍奉真主”。从现代饮食养生学角度看，每到这一时期，清楚肠内垃圾，以便身心健康，也是相当科学的。与主体民族（汉族）相比，在我国社会主义国度里，已经形成相互尊重、相互理解、以诚相待，互不干涉并尊重各自民族习惯和风俗的社会礼俗。如伊斯兰的“古尔邦节”，藏族的“天葬”，傣族的泼水节，汉族或主动参与享受同乐，或巧妙回避防止侵犯，如此等等，形成了既有民族认同的同一性又有认同差异性的辩证统一体，西方一些媒体对中华民族认同的同一性视而不见，而对其差异性则大力借“宗教信仰自由”之名义，诋毁我国人权，其用心可谓阴险至极。

第二节　西北地区少数民族新闻传播与国家认同的价值指涉及何以可能

媒介作为社会的舆论机构，与社会的政治、经济、文化、科技乃至意识形态有着极为复杂的关系，媒介作为社会化的产物，从某种程度上来说，媒介就是意识形态，媒介就是文化，媒介就是政治。21世纪初期，以民族分裂分子、极端宗教势力和极端恐怖分子形成的三股势力，利用境外和新媒体技术作为宣传阵地和工具，挑战我国多元化一体化的民族国家，其思想或理论源头就在于狭隘的民族主义或地方区域民族主义思想在作祟。因此，研究、追索西北少数民族新闻传播与国家认同中相关价值和指涉，对于厘清新闻报道中舆论导向和价值认同的关系尤显重要。

一、西北地区国家认同及其相关概念释义

如上所述，有关民族国家的粘连认同或统一认同，在本尼迪克特·安德森、安东尼·史密斯、埃里克·霍布斯鲍姆、威尔·金丽卡等人的著作中以不同的叙述方式多有反映，其中，认为民族是想象的共同体，先有民族主义，后有民族国家似乎都得到多数人的认同。然而，有关“国家认同”的概念首

次被引入政治学是在行为科学革命时期,特别是苏联剧变、东欧解体,国家整体发生动摇或分裂的时期。我国有关“国家认同”的议题概念大多是与政治学、国际关系等议题有关。渐次才波及民族学、社会学乃至传播学。在传播学中涉及国家认同的较有影响力的著作有刘强的《媒介身份重建——全球传播与国家认同的建构研究》,龙晓农的《从形象到认同:社会传播与国家认同建构》,彭伟步的《新马华文报文化、族群和国家认同比较研究》等。而研究国内少数民族新闻传播与国家认同的专著似乎未曾看到。本文基于认同理论,试图分析国家认同与相关认同的关联与指涉等关系。

这里需要说明的是,新闻传播中涉及的意识形态诸多问题其实只是国家认同之表象,而其内在关系则是与此有关的诸如族群认同、宗教认同、文化认同、民族认同等价值认同,尤其是有关少数民族新闻传播的舆论引导,似乎形成了这样一种宗教认同—族群认同—民族认同—国家认同—文化认同既相互交织又依次发展的认知图景。其中民族认同与国家认同形成了较为复杂的叙述关系,因为“中国学术界漠视认同理论的研究,在国家认同理论研究上毫无建树,这与中国复杂、敏感的多民族格局极不相符。即使是一些学者的零星研究,也处于混沌状态,即所提出的观点或是根本无法实现的目标,或是与国家的稳定、统一原则相悖”。① 也就是说,我们并未借用西方的认同理论研究中国的现实民族问题,未能给国家提供有用的理论支撑。经过近20年的争论、研究,这种现象得以很大的改观。已初步形成了主流的观念,“民族认同与国家认同共存于个体的观念和意识中,应有机地统一起来,不是非此即彼,二者的长期共存是客观现实,并不必然是矛盾与冲突的情况,实践中可以存在良性互动的共生关系。”②看来国家的概念和国家认同在认同理论中占有十分重要的地位。

有人做过统计,对国家已下过150多种不同的定义 。③ 而对国家认同的研究则始于20世纪70年代的政治学领域。贺金瑞、燕继荣认为,“国家认同,指一个国家的公民对自己祖国的历史文化、传统道德价值观、理想信念、

---

① 都永浩.民族认同与公民、国家认同[J].黑龙江民族丛刊,2005(6):2.

② 李智环.民族认同与国家认同研究述论[J].西南科技大学学报,2012(2):91.

③ 李元书.国家的特征、本质、定义[J].理论探讨,1990(2):17.

国家主权的认同,即国民认同。”国家认同实质上是一个民族确认自己的国族身份,将自己的民族自觉归属于国家,形成捍卫国家主权和民族利益的主体意识。”①贾英健也同意上述的看法,认为通常是在国民认同的意义上来理解,并认为国家认同的产生与发展通常是各国政府实施及借助传媒进行宣传和引导的结果。②

我认为,界定国家认同既是政治学领域的核心概念,又是发展传播学的必涉范畴,对其界定和认识,应符合历史逻辑和现实需求。因为任何理论研究都始于概念的界定,但必须符合社会现实。这就要求下定义,无论是描述,还是揭示,都应符合事物的内在逻辑。即描述要反映事物的基本特征,揭示要反映事物的本质属性。尽管由于单一性民族国家和多民族国家认同表述在逻辑上形成狭义和广义的界定,但是,尽可能全面、系统、科学、规范的表述还是应尽力而为的。对此,我试图界定为:国家认同是由族群发展到民族形成社会群体的个体(公民)对自己的民族属性延伸到国族属性的包括民族传统文化、社会制度、国家政策以及宪法法律合法性的自觉认同,是公民出于民族情感和文化习惯等内心自愿的情感归属和理想寄托,也是公民出自外敌侵犯或自然灾害的安全保护和祈求社会福祉的现实需求和良好愿望。这只是就公民(个体)对国家认同的普遍认识而言的。国家认同显然是群体认同的集体作为,是民族形成后对合法化国家的理性认识,也是国际交往中重要的评价尺度,社会个体(公民)和社会群体(民族)对国家认同度越高,则国家在国际上的地位越高,国家在国内的权威性越高。任何社会形态和社会制度都应注重国家认同高于其他认同。在阶级社会里,以往表述的国家概念仅指资本主义社会时期的国家概念,某种程度上说国家认同就是识别、承认、认可某一具体的国别、国度。而不是诸如封建社会时期、社会主义时期等等的社会共同体,这也就是一些人屡屡要将单一民族国家和多民族国家认同分为狭义和广义的原因。在社会发展转型期,中国当下之现实,人为地或有意、无意地将公民个体对国家的认识进行地域或制度分割、分

---

① 贺金瑞,燕继荣.论从民族认同到国家认同[J].中央民族大学学报,2008(3):7.

② 贾英健.全球化背景下的民族国家研究[M].北京:中国社会科学出版社,2005:180.

离，就会出现学理逻辑上错误，和现实的政治上错误。很显然，中国社会现实之格局诸如大陆、台湾、香港、澳门都有一脉相连的血脉和文化以及共同使用的语言，是一个多元一体化的民族国家。国家认同的广泛性是中华民族的历来就有的而且已形成民族基因和已达成的共识。任何分裂祖国的言论和表述在理论上都是站不住脚的，在现实中都不为中华民族所不允许的。

基于对国家认同的基本认识，我们描述、揭示国家认同与宗教认同、民族认同、文化认同等之间的内在关系，主要表现为一种价值关联、相互依存和多维度视角中国家认同统摄和导向的逻辑关系。

宗教作为一种意识形态，与国家认同构成一种较为复杂的认知关系。宗教认同与国家认同都要作用于认识主体（公民）的思想意识，都将起积极作用或者消极作用。所不同的是宗教作为人类对超自然力量幻象的认识，多表现为自觉自愿的行为，因此宗教的欺骗性正如革命导师所言，宗教是欺骗人民的鸦片，宗教的虚幻本质使它不可能成为一种社会革新创造的力量，只可能表现为一种传统势力和保守势力”。[①]宗教的这种保守的意识形态的特征，假借神名而使其在阶级社会里信条永生不灭。因此，多数情况下与国家认同构成一种反向或相悖的关系。所以在承认公民信仰自由基础上，引导国民由宗教认同向国家认同发展几乎是现代国家通用的做法。宗教的这种本质与特征，一方面源自宗教和家庭的习惯，一方面也有社会影响和一些人精神的空虚。在当代消费文化背景下，一些人的商品拜物教、金钱拜物教都与其现实意愿得不到满足从而产生一种“幻觉”“倒像”的意识有关。因此，宗教是以信仰超人间力量的社会意识形态为核心的观念、情感以及与之相适应的行为和组织与制度所构成的一种社会文化现象，是异己力量对人的认识产生的一种颠倒世界观的反映。在意识形态的诸多的价值认同中，越来越多的学者认识到，要坚持民族国家认同，反对宗教认同，[②]国家认同同样要借助认识个体（公民）形成对自己的民族和国族以及所表现出的传统文化、民族情感和国家政体的一种归属意识，但不同的是国家认同大多数表现

① 时光，王岚. 宗教学引论[M]. 北京：中央民族大学出版社，2003:29.

② 刘忠民. 民族与宗教的互动：阿拉伯民族主义与伊斯兰关系研究[M]. 北京：时事出版社，2010:230.

为一种群体认同,要靠国家的国民培育、大众传媒乃至意识形态领域的广泛宣传和长期培养才能习得。因此,国家认同具有艰巨性、长期性、脆弱性、强制性等特征。如果宗教认同大于国家认同,将会出现政教合一、国家利益受损;如果国家认同大于宗教认同,则会国泰民安,社会稳定。

民族认同与国家认同之关系则呈现出更为复杂的关系。这里首先应承认这样的基本事实,现在世界上大体有四类国家:一类是由古代帝国演变而成的国家,第二类是新移民国家,主要分布在美洲和澳洲;第三类是殖民体系崩溃后形成的国家如非洲和东南亚地区国家;第四类是以朝鲜、韩国、日本为代表的单一性民族等同于国家的国家。其中由古代演变而来的国家有中国、印度等东方国家;欧洲宪政或君主立宪国家以及中东、政教合一或宗教影响较深的国家,这类国家在世界上占大多数。严格意义上的民族国家是什么?他是指出现于西欧摆脱中世纪和教权控制而诞生的现代主权国家。在其后的演进中逐渐形成了民族和国家同一的形态,即一国一族。因此,陈乐民认为"欧洲的民族国家不是一个普世性的概念","民族国家是一个欧洲概念"。[①]言下之意,现代国家的概念源于西方学者将西方经验、概念理想化、普世化的结果,可以说,民族认同、国家认同就是基于这一背景。霍布斯鲍姆就认为,无论如何,民族认同等于国家认同的观念,在欧洲政坛已经日渐得势,[②]然而在同书中,霍布斯鲍姆利用 1972 年联邦德国所做的民意调查说明,"人民"等于"民族"等于"国家" 的确定关系如今已然崩溃。[③] 也就是说,在欧洲对国家、民族的认识处于矛盾中。对此,我们对西方流行的社会思想应该采取批判接受的态度,依据实事求是的观点加以辨析。首先对西方民族国家的观点产生的条件和背景应有一个时空观念,充分认识其局限性;其次,要考虑世界上多民族国家的复杂性;第三,要注意事物发展的矛盾性和统一性。从中找出适合自己发展的规律性的东西。

---

① 姜鹏.民族主义与民族、民族国家——对欧洲现代民族主义的考察[J].欧洲,2000(3):70.

② [英]埃里克·霍布斯鲍姆.民族与民族主义[M].李金梅,译.上海:上海世纪出版集团,2006:131.

③ [英]埃里克·霍布斯鲍姆.民族与民族主义[M].李金梅,译.上海:上海世纪出版集团,2006:181.

一般认为，我国的民族认同和国家认同的基本形成的关系是民族认同是国家认同的前提和基础；国家认同是民族认同的目的和归宿。其实质是民族认同先源于国家认同，国家认同高于民族认同。而公民认同作为公民的主观意识，在现阶段应淡化两者之间的区别，消弭民族认同，修补、培养、固化国家认同。在国家意识形态的操控下，将两者完全等同可以形成承认差异、和而趋同的态势，国家认同应成为国家意识形态大力宣传之必需，并成为新闻传播的常态化的任务。根据笔者主持教育部人文社科一般规划项目的调查，2011 年 7 ~8 月的社会调查，在发放的 1500 份，收回 1230 份，有效 1118 份，有效率 74.53%。笔者通过四种问卷，同时设置“民族认同”“国家认同”“文化认同”“其他认同”等先后在新疆、宁夏、西藏民族学院等地调查，以西北地区少数民族为例，其“国家认同”度汉族较高，为 63.4%，其他民族如维吾尔族为 42% ，藏族 20%，回族为 58.9%，哈萨克族 49.7% 等。说明我国国家认同与相关的认同确实呈现出复杂性。

西北地区少数民族相关价值认同调查表

认同比例 / 民族	宗教认同		国家认同		文化认同		党派组织		其他	
维吾尔族	68	20%	145	42%	120	35%	1	0.29%	6	1.3%
藏族	15	26.3%	61	20.%	68	23.6%	14	4.1%	4	1.37%
回族	78	22.3%	206	58.9%	60	16.4%	6	1.9%	4	1.12%
哈萨克族	18	26.8%	34	49.7%	12	17.9%	3	4.4%	2	2.89%
蒙古族	15	17.4%	30	34.8%	36	41.7%	3	3.4%	3	3.44%
柯尔克孜族	14	16.7%	23	26.4%	42	48.3%	4	4.5%	3	3.48%
塔吉克族	31	28.8%	27	25.3%	41	38.1%	7	6.4%	1	0.93%
锡伯族	19	21.1%	21	23.3%	42	46.6%	5	5.55%	3	3.33%
乌孜别克族	10	20%	16	32%	20	40%	3	6%	1	2%
塔塔尔族	32	30.8%	28	26.1%	46	43.9%	0	0	0	0
汉族	17	3.49%	309	63.4%	102	20.4%	18	3.69%	41	8.41%
其他民族	2	2.56%	44	56.1%	23	29.8%	4	5.12%	5	6.41%

从现实看，多民族国家中国家认同与民族认同冲突确实存在，这是历史事实。但是还应看到事物矛盾斗争中对立的两方面的统一性，即应看到，一

是我国多民族国家历史上民族融合的优越性；二是我国遭受外敌入侵民族团结的内聚性，也就是黑格尔、亨廷顿所认为的外敌入侵有利于国家的统一；三是共产党政权处理民族事务和政策迄今为止恐怕是世界上最成功的。正如霍布斯鲍姆所说“于今回顾，我们不免感叹，在多民族国家爆发民族冲突，共产党政权的确取得莫大成功”。[①] 我国自新中国成立以来实施民族区域自治以及内地支持边疆发展和民族优惠政策，已经获得包括汉族、少数民族在内的广泛地认同。因此教条地看待民族国家认同中的对立和冲突，而不是变化地看待共同差异中的调适，不但会走入思维的死胡同，而且无视当下个体差异和消除差异形成一致。

近年来，有关民族认同、国家认同和文化认同的研究常常会被混合交织在一起，贾英健认为，这种“混合在一起，或者以国家利益来代替民族利益，或者以国家为工具扩大民族利益”，[②]形成了民族利益和国家利益交互难辨。而在现实生活和新闻报道中，国家认同、文化认同、民族认同等一起连用就更加司空见惯。比如中央电视台《远方的家》《华人世界》等栏目中有关少数民族文化生活的报道，对内传播少数民族文化生活中的丰富性，对外传播又起到彰显中华民族文化的个性特征的作用，给人一种少数民族文化标举整个中国、彰显中国的印象。但是从学理的角度看，还应区分其联系与区别，文化认同可以包容民族认同和国家认同，但是，民族认同和国家认同却不能包容文化认同。因为文化认同是一个民族的，却不是一个国家的。这其中文化认同有其复杂的因素。比如华侨的身份认同即可认同带有母语血缘关系的文化，但不应认同其国家，因为华侨的身份认同可以认同宗属国的文化，不一定认同宗属国的意识形态。可以打一个形象比喻，文化是大海，民族、国家是溪流、支流，民族认同有血缘和宗族特征，国家认同具有主权、政治特征，而文化作为普遍状态的生活方式则具有仿拟性、融合性、独特性等特征。文化作为一种软实力，确实具有意识形态的自我吸收或文化霸权的作用。因此，对上述三种认同进行的区别是有必要的。韩震认为，文化认

---

① ［英］埃里克·霍布斯鲍姆．民族与民族主义［M］．李金梅，译．上海：上海世纪出版集团，2006：174．

② 贾英健．全球化背景下的民族国家研究［M］．北京：中国社会科学出版社，2005：180－181．

同、国家认同和族群认同若基本一致，则往往会出现表现为单一民族国家。这当然是现代国家最理想的状态；若文化认同、族群认同交叠部分大于国家认同，则出现国家认同走低或趋弱；若文化认同和国家认同交叠部分大于族群认同，则会出现群组认同走低或趋弱。[①] 对此，我认为，在现代化国家理念下，多民族国家应以国家认同为统摄和主导，在文化认同的氛围中，应尊重公民的信仰自由，但不宜过渡倡导宗教认同，因为宗教的保守和封闭性对民族国家的现代化不利。民族认同和国家认同若能趋于一致，国家安全和人民福祉就会得以保障。现阶段在国际上流行多民族国家“冲突论”“熔炉论”“同化论”等社会思潮，但都不适合我国的国情。在我国的政治实践中应坚持多种认同的协同发展，并以国家认同为最高目标。因为我国毕竟是由56个民族组成的多元一体的中华人民共和国。协同发展可以理解为各种认同虽有差异但不湮灭，有统摄与主导，最终达到社会和谐、科学发展之目的。

二、国家认同为主导的相关认同协同发展的必要性与可能性

众所周知，国家认同是20世纪70年代行为科学所使用的一个概念，后经苏联国家解体、东欧剧变而成为国家发展的流行名词。在我国，关注、研究民族国家问题的学者会更早，我国有关民族国家的研究达到高峰的是辛亥革命、五四运动期间以梁启超、孙中山为代表对中华民族受外敌欺凌进而对国家命运的思考。在此之前，具有现代国家名义并称呼中国是国家的外交辞令，即1842年的对中英《南京条约》称呼。追溯明清之际，其称呼也迥异于现在。顾炎武认为“有亡国，有亡天下，亡国与亡天下奚辩？易姓改号，谓之亡国。仁义充塞，而至于率兽食人，人将相食，谓之亡天下。是故知保天下，然后知保其国。保国者，其君其臣肉食者谋之。保天下者，匹夫之贱，与有责焉耳矣”。[②]从中可知，明末之际，在顾炎武眼中，国为朝代，天下也非指中国，而是文化。因此，陈壁生认为，古代的“国”，不是指国家，而是指朝廷。古代人并没有民族国家的观念，是与今天国家的观念完全不同的。[③]由

① 韩震.论国家认同、民族认同即文化认同——一种基于历史哲学的分析与思考[J].北京师范大学学报,2010:107.

② 顾炎武.正始[M]//日知录卷十三.长沙:岳麓书社,1994:471.

③ 陈壁生.民族主义与民族国家建构[J].社会科学论坛,2006(9)上:22.

于古人受天文地理知识所限，以为泱泱华夏，唯中国居世界中央，因此，对现代意义上的国家的认识，不唯是视野狭窄、思维闭塞所致，也与交往、传播不广有关。1928 年出版最早的研究中华民族命名的著作《中华民族小史》的作者常乃德认为，“中国自昔为大一统之国，只有朝代之名，尚无国名。至清室推翻，始有‘中华民国’之名出现。国名既无一定，民族之名更无统一，或曰夏，或曰华夏，或曰汉人，或曰唐人，然夏、汉、唐皆朝代之名，非民族之名。惟‘中华’两字，既为今日民国命名所采纳，且其含义之大，较之其他名义之偏而不全者最为适当。”①无疑，常乃德是站在现代国家观念的角度来考察中华民族名称与国家的关系的。这里强调王朝更迭的作用，自然就把多民族放在现代国家应有的地位来认识，即我国古代少数民族与主体汉民族纷争与战乱都是在中国版图进行的，这也成为认识现代中国国家概念的历史依据。其实，早在汉代，司马迁在《匈奴列传》中就说，“自三代以来，匈奴常为中国害，欲知强弱之时，设备征讨，作《匈奴列传》第五十”。②后在班固的《汉书》中也有“明犯强汉者，虽远必诛”。③ 因为当时的匈奴不属于任何现代意义上的国家，与汉朝一样都是部族王朝。

1. 国家认同的必要性

(1)基于对民族、国家、王朝名称的辨识，我们来认识现代国家和国家认同的意义似乎才有立足点

“国家”这一概念最早出现在 17 世纪中叶的西方，而且还是与民族国家概念连用的。时至今日，国内外学者大多从政治学、法学、民族学、国际关系学等对民族国家进行不同的界说，至今还未有统一、权威的认识。有关国家起源的学说就有国家神权说、国家共同体说、国家契约说、国家要素说以及马克思主义国家理论和当代西方理论学说。就国家属性而言，也有国家自然属性、社会属性和政治属性等。面对众说纷纭的界定和认识，马克思主义

① 黄兴涛. 现代“中华民族”观念形成的历史考察——兼论辛亥革命与中华民族认同之关系[J]. 浙江社会科学，2002(1)：138.

② 司马迁. 史记[M]. 长沙：岳麓书社，1988：954.

③ 班固. 汉书[M]. 长沙：岳麓书社，1988：1310.

经典作家认为，“国家无非是一个阶级镇压另一个阶级的机器。”①列宁认为，“国家是一个阶级压迫另一个阶级的机器，是一切被支配的阶级受一个阶级控制的机器”。② 现代国家，不管它的形式如何，本质上都是一个阶级压迫另一个阶级的机器。目前，被学术界普遍论及的概念是西方学界定义现代国家的一个基本概念，是指在一个划定界限的区域内享受最高国家管理权，有暴力垄断的支持，并且作为国民对国家最低限度的支持或效忠的结果的一种政治机器③。按照现代国家来衡量，国家应具有领土、人民、主权、暴力机构等。因此，对国家的认同应包括“主权性”“政治性”“领土性”“阶级性”“合法性”“波动性”等内容的认识④。这与民族认同特征“族群性”“文化性”“宗教性”“地域性”“排他性”“延续性”等构成较为复杂的认知对象和关系。加之，宗教认同的自愿性、皈依性、保守性反映在文化认同更为复杂的知识群落中，就呈现出以文化认同为底座，以政治认同为中心，构成相互交织、相互渗透的关系。如图：

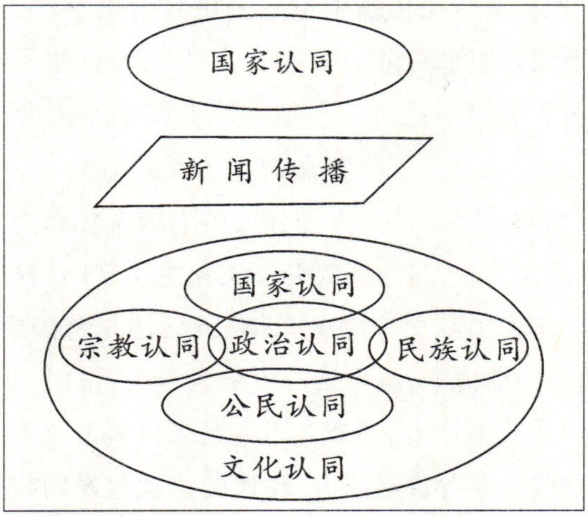

这一图示，国家认同作为统领其他认同的主导关系，反映在新闻传播中，都与意识形态多有联系，其中的宗教认同、民族认同、公民认同等都包容

① 马克思恩格斯选集第2卷[M].北京：人民出版社，1972：336.

② 列宁选集第4卷[M].北京：人民出版社，1960：49.

③ 张建军.民族国家研究综述[J].中南民族大学学报，2005(2)：10.

④ 陈茂荣.论“民族认同”与“国家认同”[J].学术界，2011(4)：58.

在文化认同的概念和关系中，形成新闻传播反映意识形态并以国家认同统领其他认同的复杂关系，尤其是少数民族的新闻报道，不仅要反映少数民族地区受众的生产、生活方式，而且要反映其宗教信仰、民族文化等社会主义核心价值观所要体现的价值认同。因此，在诸多的价值认同中以谁为主导并统摄于意识形态领域的舆论导向就尤为重要。

国家认同是相关认同的上位概念。认同作为人类特有的心理认知现象，是主体以他物作参照，在差异中寻求同一或趋同的过程。认同具有比照差异、心理依附、情感归属并付诸行为实践等特点。李素华在综述"认同"不同的定义和认识后认为"认同"有"对某一现象承认认可并且自愿地按其规范行事"的含义。[①] 从思维发生的角度看，人们对国家的认同似乎经过了宗教认同、族群认同、民族认同、文化认同依次并交织呈现最终趋于国家认同的趋向。其原因不外乎，一是国际交往中国家的地位越来越重要，可以说国家成为世界交往的基本单位。二是国家交往中公民身份是区分国别、人种的重要标志。尽管在全球化传播中世界公民身份出现在学术研究中，但是到目前为止，双重国籍似乎对每一国家来说都不允许，这不仅是对移入国难以管理，关键是对所属国不认可。三是传统上说中国人的文化认同高于国家认同得到极大的改观。美国学者詹姆斯·哈里森认为，中国人把最高的忠诚感给予了文化而非国家(state)，但是，当中国文化作为文明古国其优越性难抵西方的物质文明时，自然就放弃了文化主义转向国家认同[②]。基于这样的认识，无论是作为国际交往中的个体公民，还是跨国组织或集团，在现阶段国家还未消亡的前提下，国家认同应是诸多认同的上位概念。

(2)从国家形成发展来看，国家认同是现代国家之必需

从发生学角度看，学者普遍认为，现代国家理念发明权属于欧洲人。无论是单一民族国家还是多民族国家，欧洲人对民族国家的研究都是举世公认的。欧洲自中世纪以来，经济社会得到巨大的发展，社会生产力得到极大的提高是国家产生的社会基础。王权和教会势力弄权、争斗给国家发展留

---

① 李素华.对认同概念的理解述评[J].兰州学刊，2005(4)：203.

② James Harrison，Modern Chinese Nationliism[M]. New york：Research Institue on Modern Asia，1969.

下巨大的空间，商品经济与资本主义殖民化掠夺为国家积累大量财富。对此，李云龙认为，全球范围内现代民族国家是进入17世纪分三批逐次建立的。第一批是产生于17世纪到19世纪初的资产阶级革命时期，以英国、法国、美国、荷兰为代表。第二批产生于19世纪上半叶至20世纪初，以德国、意大利和南美一些国家为代表。第三批产生于第一次世界大战到冷战时期，以非殖民化运动和民族解放为目标形成欧、亚、非等地区的国家。① 如今，尤其是第三批多民族国家都高举主权独立、民主建国原则，表现出现代国家的基本特征：一是主权独立和国家统一；二是中央集权行政管理体制的建立；三是国家政权民主化；四是统一的民族市场体系的建立。② 可以说，从国家诞生、形成、发展来看，凡国家稳定、安全，社会就发展，人民就幸福；反之，国家动乱，社会就停滞不前，人民就遭殃。20世纪至今，巴以冲突、印巴冲突、东欧剧变、苏联解体以及利比亚、叙利亚等国家发生的内乱、纷争都可以说明，国家稳定安全是社会发展的基础，社会生产力发展是国家发展的根本，国家认同高于民族认同是当今国家发展之必需。

(3)从全球化发展来看国家认同是国际交往的重要理念

全球化发展使国家身份和公民身份成为国际交往的通行证。当今世界，全球化市场发展日益昌盛，国与国、国与跨国公司、国内团体组织之间的交往日益频繁。那么，国际交往靠什么？无疑，国家就成为其交往的基本单位。世界上无论是经济、军事的强国，还是人口少、领土小的弱国，只要获得联合国的承认，在合法性上就是一个平等参与世界事务的国家。比如，大洋洲的瑙鲁，领土面积只有21平方公里，人口只有1万人，照样是一个国家。而巴勒斯坦民族在阿拉法特的领导下，为实现建国理想，在长期的追求与斗争中，不知牺牲了多少民族优秀儿女才达到目的。还有库尔德人、犹太人以及中东、东欧等少数民族，在国家的分合以及寻求建立自己的国家中都付出惨重的代价，其目的就是参与国际社会事务，赢得民族一席之地。现行的事实是国家越具有凝聚力，公民的国家认同就越高，民族就越兴旺发达。反

① 李云龙.21世纪民族国家的命运[J].东南亚研究,2001(6).

② 瞿炼.民族国家的历史命运——西方世界的困惑[J].欧洲,1989(1).

之，公民的国家认同就越低，民族就越遭受强国的蹂躏欺凌。这几乎成为一个真理。

(4)从发展传播学来看国家认同是国家发展的最高追求

发展传播学与国家认同有着内在的关联。发展传播学是兴起于20世纪50年代新的传播学流派，它主要研究大众传媒如何为国家发展服务，大众传媒在社会发展与国家进步中的作用以及地位、功能等问题。发展传播学既包括发达国家媒介促进国家发展的功能研究，也包括不发达国家或第三世界国家媒体促进国家发展的功能研究，尤其是欠发达国家或第三世界国家，媒介不发达阶段具有强大的功能是宣传功能，常常遭受西方发达国家的讥笑和嘲弄。其实，“这种传播模式的成功实践证明，在经济文化落后的国家与地区，在社会经济发展的初级阶段，利用强大的国家机器所有的组织功能，借鉴组织传播与制度传播的力量，宣传并推行各种国家发展方案，可以收到事半功倍的效果”。[①] 由此可以看出，大众传媒在宣传国家认同上有其得天独厚的优势。这种优势表现为“信息力”“舆论力”“产业力”“文化力”[②]等综合力共同作用于国家发展。因此，联合国教科文组织在《一个世界，多种声音》中说“这些基本信条包括确信新闻媒介具有团结而不是分裂的作用；确信新闻媒介是社会正义的工具和有益社会变化的手段；并认为新闻媒介应该是作者到读者、电台到听众的双向交流的工具”，[③]可以说利用媒介宣传国家认同是媒介服务于意识形态的最高追求。

2. 国家认同的可能性

(1)我国行之有效的民族政策和区域社会协调发展为国家认同奠定了社会基础

我国少数民族大多处于边疆地区，且多与跨国民族居住。一些少数民族从传统的农耕、农牧社会向现代社会的发展中，由于交通不便、气候恶劣、地理复杂等环境因素以及历史原因，社会经济发展滞后，这一状况在新中国成立后得到根本性的改变。党和政府遵循国家宪法，先后在民族地区实行

---

① 孙聚成. 信息力——新闻传播与国家发展[M]. 北京：人民出版社，2006：22.

② 孙聚成. 信息力——新闻传播与国家发展[M]. 北京：人民出版社，2006：22.

③ [美]J. 赫伯特. 阿特休尔. 权力的媒介[M]. 北京：华夏出版社，1989：174.

区域自治政策，人民群众获得了当家做主的权利，宗教信仰自由，民族文化、社会发展取得可喜的进步。但是，与内地主体民族汉族相比，社会经济发展仍有差距。1997 年以来，国家实行西部大开发战略，强调东部支援西部发展，如山东、江苏、浙江、上海、广东等省市与西藏、新疆、青海、甘肃、宁夏等地结成对子进行互帮，加之实行许多有利于少数民族地区发展的惠民政策，少数民族生活水平得到极大的改善和提高。历史地看我国少数民族对国家认同有一定物质基础。因此，霍布斯鲍姆认为“在制止多民族国家爆发冲突一事上，共产党政权的确取得莫大的成功”。① 这无疑说明，我国少数民族对国家的认同有一定的历史和现实基础，并有一定的提升空间。

(2)“多元一体化”发展格局为国家认同奠定了心理基础

众所周知，中华民族是由汉族和 55 个少数民族组成的一个大家庭。各民族对国家认同具有不同的心理。长期以来，少数民族对国家的认知包含在族群、民族文化的认同之中，只是在大清帝国灭亡以后以梁启超、孙中山等人倡导现代国家理念建立“中华民国”才表现出国家意识。而汉族自封建社会鼎盛以来，由于受主体认知和时空观的限制，汉族认为中国居世界之中央，国家即天下。因此，王朝灭亡灭一姓，天下灭亡灭一国，对国家的认识也是以文化存而天下存，即使少数民族执政时期，也有入中原即被汉文化征服的历史定论。费孝通先生认为儒家主导的农耕文化，使“任何一个游牧民族只要进入平原，落入精耕细作的农业社会里，迟早就会服服帖帖地主动融入汉族中”。② 中华民族作为一个自觉的民族实体是近百年来和西方列强对抗中出现的，乃至于中华人民共和国成立以后，56 个民族组成的多元一体格局，少数民族对国家认同有新的认知，尤其是在社会主义建设中各族人民在物质生活和精神生活获得极大的改善和提高对国家认同与日俱增，特别是我国经济腾飞和国力强盛，国家抗击自然灾害和社会风险能力提高以及国民幸福指数提高之后，为国家认同奠定了心理基础。

---

① 埃里克·霍布斯鲍姆. 民族与民族主义[M]. 上海：上海世纪出版集团，2006：174.

② 费孝通. 中华民族的多元一体格局[J]. 北京大学学报，1989(1)：7.

(3)从民族国家发展演变规律来看，公民获得国家庇护的安全性越大，公民对国家认同度越高

人类社会是由部落民族到族群团体，由族群团体到单一民族国家，再到多民族国家一路走来的。因此，国家在人类社会发展中起着重要的作用。西塞罗认为，国家“乃人民之事业，但人民不是人们某种随意聚合的集合体，而人民是许多人基于法的一致和利益的共同而结合起来的集合体”。[①] 威廉·洪堡认为“国家的目的可能是双重的，它可能促进幸福，或者仅仅防止弊端，而在后一种情况下，就是防止自然灾害和人为的祸患”。[②]依照现代国家理念建立国家的四个基本条件：土地，人民，主权，暴力机器来看，国家不仅是国与国交往的基本单位，也是保护本国公民不受外敌侵略的庇护安全之所在。从历史上看，世界上的超级大国或列强，欺凌弱小民族国家都与本民族分裂冲突甚至不认同国家有关。我国自鸦片战争沦为殖民地或半殖民地就是明证。国将不保，哪有人民群众的生命和财产安全。因此，现代国家的使命不仅仅是抵御外敌入侵，保障人民生命和财产安全，而且要带领人民谋求更高的福祉，实现国家和民族的全面复兴以及人民群众的现代化生活，这样才能赢得人民群众更大范围的认同。

(4)国力强盛、抗击风险社会能力越强，公民对国家认同的程度越高

我国随着改革开放和社会主义市场经济的深入发展，融入、参与全球化程度越来越高，全球风险性也越来越大。贝克认为“当代中国社会因巨大的社会变迁正步入风险社会，甚至将可能正处于泛城市化发展阶段，存在着多重安全风险”。[③] 当前，我国的综合国力已居世界第二位，在现代化发展中，城市之间、贫富之间、区域之间、主体民族与少数民族之间的社会公平和人民群众幸福指数等问题日益突出甚至风险越来越大。一些学者已经敏锐地意识到，社会中不仅光存在自然风险、经济风险，而且还存在政治风险和意识形态风险。这些能看得见的诸如前苏联切尔诺贝利核电站泄漏、英国疯牛病、日本海啸引起核泄漏等物质领域里的事件，这些人们普遍能感觉到，

---

① 徐大同. 西方政治思想史[M]. 天津：天津教育出版社，2002：56－57.

② [德]威廉·洪堡. 论国家的作用[M]. 北京：中国社会科学出版社，1989：37.

③ 郑红娥，宋冉冉. 风险社会的研究述评[J]. 社会主义研究，2009(6)：144.

而像苏联国家解体、东欧剧变以及西方文化霸权主义入侵的风险则不宜觉察，尤其是像我国“三股势力”对国家安全和民族团结的威胁，一般人关注甚少。因此，贝克认为，中国社会风险主要应是信任风险。任何一个社会制度得以维系都需要有不可或缺的两种关系：一是法律关系；二是伦理的信任关系。尤其是后者，公民对政府越信任，才能对国家越精忠[①]。近年来，我国应对社会风险的水平逐年提高，尤其是在汶川地震、舟曲地震等自然灾害方面逐渐获得国际社会的好评。正如单波指出，“对活跃的信息流动和最高领导层的快速反应与中国在唐山地震中的表现完全不同，也与缅甸处理气旋灾难完全不同。”“中国政府快速有效的反应得到赞扬”。[②] 中国政府抗击风险与危机的能力不仅得到国际社会的公正认可，而且也得到了国民的高度认同，举全国之力，帮助受灾群众不仅体现出社会主义制度的优越性，而且也表现出以人为本对生命的尊重。如今，一方有难，八方支援，被公民普遍认可，同时也对社会主义制度优于其他社会制度抗击风险而感到自豪。但是，我们在意识形态这方面抗击风险的能力还不尽如人意，尚需努力提高，尤其是外国敌对势力和意识形态掌握的大众传媒对我国意识形态的威胁显得我们被动甚至力不从心。

(5)外国媒体设置议程引起我国媒介律动产生的连续反应对国家认同的影响越来越大

近年来，随着我国全球化程度日益加深，与外国科学技术、社会思潮以及全方位接触越来越多。外国意识形态对我国的影响不仅仅改变人们思想观念和行为方式，而且也极大地影响了我国大众传媒的市场化生存和舆论引导。正如普莱斯诺所说“一个国家通过媒体将触角伸向另一个国家的情况并不是新兴事物，而围绕思想流动、信息流动和纯数据流动的协商活动也日益加强”。[③] 长期以来，我国舆论引导的主动权掌握在我国意识形态自控

---

① 薛晓源，刘国良. 全球风险世界：现在与未来——德国著名社会学家、风险理论创始人乌尔里希·贝克教授访谈录[J]. 马克思主义与现实，2005(1).

② 单波. 跨文化传播的问题与可能性[M]. 武汉：武汉大学出版社，2010：224.

③ [美]门罗·E·普莱斯诺. 媒介与主权：全球信息革命及其对国家权力的挑战[M]. 麻争旗等，译. 北京：中国传媒大学出版社，2008：1.

之中自不待言，然而，在“人权”“种族”以及西方诋毁我国意识形态形象这方面确实需要总结经验教训。美国约翰·奈斯比特夫妇与我国的赵启正在其和著的《对话中国模式》中就谈到一个令奈斯比特夫妇不解的问题：中国在西藏等问题上老是紧跟外国媒体设置议程。比如说，“2008 年法国总统萨科奇会见达赖，随之就采取了一系列报复措施，实际上就是一些回应措施。这样做反而让达赖的影响越来越大，反而帮助了他，与其这样，还不如冷落他，把他放在一边”，[①]这样就形成了两个悖论：我国越反击，显得达赖的能量越大；我们越跟进国外媒体，显得我们媒体的反击越无力。究其原因，还是我们太重视政治的作用，忽视了按新闻的价值大小应对国际事务的传播规律。这样，在对外传播上形成了多年来的应和外国媒体议程设置的律动规律，一有事件发生，不管新闻价值大小，我们出于宣传目的，都如题应对，久而久之，在国人心目中就形成了这样的媒介反应，外国媒体报道什么，我们就跟进什么，媒介议程设置权老是随外国媒体进行时空律动，尤其是外国媒体以不实之词报道我国负面或消极东西时，我们应据理反驳，一语破的，指出其目的何在，否则，盲目跟进，只能是越描越黑，长此以往，会影响国人对国家认同并形成减损效应。这种减损效应突出表现在国外敌对势力唆使“三股势力”以“人权”“种族”“宗教”等为幌子，利用我国藏族、维吾尔族等少数民族，以破坏我国国家安全和民族团结为目的，借用外国媒体进行宣传以达到其减弱和破坏我国国家形象和利益的罪恶企图。这种效应产生的负面效应就是“蝴蝶效应”和“涟漪效应”引起的连锁反应，它像太平洋的蝴蝶，会引起全球气候变化一样，自然会波及其他少数民族和主体民族，而且又像涟漪一样引起民族之间的攀比、猜忌等心理，进而会影响我国多年来行之有效的民族政策和民族区域自治。

---

① 赵启正，[美]约翰·奈斯比特，[奥]多丽丝·奈斯比特.对话中国模式[M].北京：新世界出版社，2010：63.

第三节 民族主义传播的话语特征与国家传播的话语特征

在全球化进程中，民族主义凭借资本主义扩张和印刷技术两只板斧，从第一次世界大战后的民族解放运动，第二次大战后殖民地半殖民地民族独立运动和第三次冷战结束兴起的民族分离运动的三次浪潮中，开辟出影响民族国家发展的大舞台，成为影响世界的社会思潮和政治实践活动。民族主义与民族国家是同一事物的两个不同侧面，民族主义是民族或民族国家的灵魂和意志，是一个民族的成员的民族认同和民族情感，是与民族国家的建立和建设相联系的理念与实践。没有民族主义，就没有现代民族也没有民族国家。[①]民族主义作为一把双刃剑，"它把世界引向两条截然不同的道路，一条是和谐的，一条是动荡的。"[②]民族主义自身的演进特征与大众传媒的功能特征十分相似，成为新闻报道两者合一的共性特征。如今，民族主义已成为人们政治生活中频繁用语，尤其是国际新闻报道中，"民族利益"和"民族情绪"已成为民族主义看世界的基点和视窗。当前，随着民族问题国际化、宗教问题政治化、经济问题全球化愈演愈烈，任何有关民族、国家的变化和冲突，都会"使国家间体系和国际经济关系面临不稳定和挑战"。[③] 正如霍尔顿在《全球化与民族国家》中说"全球通信变化的最终结果就是使公众能更多地接触到、意识到世界大事。从这种意义上看，某个国家、甚至是某个小镇的公开政治事件可以说已经变得全球化了，因为世界其余地区很快就会对它们有所了解。"[④]因此，从世纪之交的科索沃战争到伊拉克战争，再到利比亚战争；从我国"3·14"事件到"7·5"事件以至于"7·18"事件，国际国内的民族事务和纠纷都牵扯"全球思维，地方行动"。当民族冲突、民族纠纷、民族宗教、民族利益通过大众媒介不断撞击人们耳鼓之时，尤其是我

---

① 苏国勋.全球化：文化冲突与共生[M].北京：社会科学文献出版社，2005：426.

② John T · Routhe. International Politics on the Word Stage[M]. Connecticut：The Dusk in Publishing House. Inco，1989.

③ 徐晓萍，金鑫.中国民族问题报告[M].北京：中国社会科学出版社，2008：229.

④ 罗·霍尔顿.全球化与民族国家[M].北京：世界知识出版社，2006：111.

国的涉藏、涉疆特别是我国和平崛起的国家形象传播为世人瞩目时，传播学界才愈加倚重从民族主义与媒介之关系考量其传播效应。然而从大众传播学切入，探讨民族主义的中国演进特征与国家传播的话语特征研究似乎较弱。有学者认为，国家形象传播中的“民族主义”是当前国际传播研究最新关注点，[①]也是民族主义的大众传播研究新的制高点。本文从传播学角度深思：民族主义与大众传媒呈现出何种交互影响的关系？媒体自身的表达规律和民族主义的中国演进规律有何共振特征？两者在演进中的变化对各自和社会有何影响？以往民族主义所呈现的学术话语和意识形态话语经过大众媒介的传播，其普泛性和世俗性又使民族主义获得怎样的新质？这是以往研究鲜有关注的。

一、民族主义传播的话语特征

描述中国民族主义的演进历程，首当其冲的是确定民族主义的科学含义。而民族主义自18世纪以来，各国就有不同的界定和表述。目前学术界已有200余种不同的概括。国外学术界较权威的定义有：本尼迪克特·安德森的“它是一种想象的政治共同体——并且，它是被想象为本质上有限的(limited)，同时也享有主权的共同体”[②]。埃里克·霍布斯鲍姆“我所谓的‘民族主义’是采用盖尔纳的定义，亦即‘政治单位与民族单位是全等的’。民族主义早于民族的建立。并不是民族创造了国家和民族主义，而是国家和民族主义创造了民族”[③]。“直到20世纪，‘民族主义’一词才获得了我们今天所能联想到的含义。在这些用法中最重要的几个含义是：民族的形成和发展过程；民族的归属情感或意识；民族的语言和象征；争取民族利益的社会和政治运动；普遍意义或特殊性的民族信仰和(或)民族意识形态。”[④]这与斯大林对民族的定义何其相似。美国的海斯在《现代民族主义的演进史》

---

① 陈娜.学术研究的根要扎在现实中，要接地气——访美国威斯康星大学传播艺术系教授潘忠党[J].今传媒，2010(8)：4.

② 本尼斯科特·安德森.想象的共同体：民族主义的起源与散布[M].上海：上海世纪出版集团，2005：7.

③ 安东尼·史密斯.民族主义：理论，意识形态，历史[M].上海：上海世纪出版集团，2006：6.

④ 安东尼·史密斯.民族主义：理论，意识形态，历史[M].上海：上海世纪出版集团，2006：6.

中将“民族主义何以这么盛行”归纳为下列因素的影响：人类大众是本能的民族主义者，现代经济发展是现代民族主义盛行的“根本趋势”，民族主义的勃兴和政治民主主义及社会民主主义具有密切关系，民族主义兴盛与国家（尤其是民族国）能够帮助而且应当帮助人类的进步有关，而最具实质的是“民族主义无疑是现代文化的一个特征”，“视民族国为文化获得最大保障与最大进展的媒介物”。[①] 海斯对民族主义历史演进的勾画，实际上是一种描述现象、总结规律的符合其发展特点和趋势的研究，应该说这种规律性的描述符合民族主义的演进轨迹。我国目前流行的定义就有意识形态说、文化价值观念说、政治理念及民族情感或民族心理说等。[②] 然而，中国民族主义的性质、特征、发展趋势以及介入社会的方式都与西方民族主义迥然不同。其内容的丰富性、性质的隐晦性、层次的复杂性、表现的多样性都难以界定和描述。这些定义和阐释，各有说道，都成为20世纪大众报刊和专业书籍的言事对象。认为民族主义就其内涵与性质而言，在不同时期、不同环境、不同民族、不同地域有不同的表述，无论是其作为一种社会思潮还是政治运动，抑或是学术话语，其内涵和性质都是以国家利益作为出发点，以宗教信仰作为纠结点，以民族情绪作为爆发口，以风俗习惯作为言事对象，以文化认同作为认知路径，从而在全球化背景下民族主义形成多元一体发展的对外具有独立性和统一性、对内具有综合性和异质性的特点。

众所周知，民族主义自诞生以来，就与国家概念交织在一起，形成单民族国家和多民族国家。如西欧的法兰西、德意志等国，既是单一的民族也是单一的国家的合并体，而像东欧的南斯拉夫、俄罗斯，西亚的伊斯兰国家、拉丁美洲一些国家和我国都是多民族国家。张晓刚认为：从“民族主义‘一族一国’的概念出发，西方学者曾经有一著名的论断，即民族主义运动在西方创造的是民族国家（Nation－state），而在东方创造的是国家民族（State － nation），也就是先有国家政府而后再由所统辖的范围内具有不同种族、文化背景的人组成一个新民族。”[③]就我国而言，中国是“多元一体格局”的中华民

---

① 海斯.现代民族主义演进史[M].上海：华东师范大学出版社，2005：238.

② 崔明德，曹鲁超.近十年来中国民族主义研究述评[J].烟台大学学报，2006（1）：100.

③ 张晓刚.民族主义、文化民族主义、第三世界民族主义[J].战略与管理，1996（3）.

族。费孝通说“我把中华民族这个词用来指现在中国疆域里具有民族认同的11亿人民。它所包括的50多个民族单位是多元，中华民族是一体，它们虽则是都称‘民族’，但层次不同”。① 无论是单一的“国族”，还是多元的“族国”，民族主义介入社会的方式都是多种多样的。或表现为一种学者话语的政治学说；或表现为一种大众参与的社会运动；或表现为一种依附的意识形态。都与社会政治生活密切联系在一起。胡涤非认为，在近代中国政治变迁的过程中，民族主义成为现代化最有效的社会动员资源，成为凝聚人心，整合社会意识形态的象征。② 我国的民族主义在其历史的演进中，由于它“必须与某种政治或社会力量结合起来，表现为社会运动或历史进程。它的性质和作用取决于所依附的意识形态和政治力量”。③ 加之在国家层面民族主义统摄下不同时期、不同地域产生的少数民族主义、地方民族主义、大汉民族主义、狭隘民族主义、分裂民族主义，等等，显示出历史内容的驳杂和嬗变的交叉重叠。本文将中国民族主义层次的复杂性和多样性放在媒介干预社会、干预生活的话语中，归纳中国民族主义的介入大众生活的话语特征与国家传播的话语特征。

1. 社会战乱时期呈现出全民族团结的爱国主义的国家话语

“民族主义”一词是经梁启超使用而在中国广泛应用的。19世纪末20世纪初，梁启超等人通过《清议报》《新民丛报》《民报》等刊物把西方的伯伦知理（又译布伦奇里），瑞典政治理论家、法学家介绍到中国。1903年，梁启超将民族概念引入到中国。其后又把洛克、黑格尔诸大家的民族主义思想介绍到中国，孙中山是中国近代民族主义理论的缔造者。维新变法和辛亥革命是中国民族主义思想成熟的时期。尽管梁启超、孙中山的民族主义思想包含有废除帝制，实行新政，驱逐鞑虏，恢复中华之意，当在内忧外患，尤其是八国联军外敌入侵时，汉族与清政府满族在内争中意识到国家、民族利益至上。因此，孙中山对中国近代民族主义的巨大贡献在于：不仅把民族主义同民主、民生紧密的联系起来，而且突出的强调民族平等的观念，既不容

① 费孝通. 中华民族多元一体格局[M]. 北京：中央民族学院出版社，1999：3.

② 胡涤非. 民族主义与近代中国政治变迁[M]. 北京：知识产权出版社，2009：214.

③ 宋新伟. 民族主义在中国的嬗变[M]. 北京：社会科学出版社，2010：1.

许其他民族压迫和奴役本民族，也不容许本民族反过来去压迫和奴役其他民族，而且提倡各民族之间相互尊重相互合作。“五四运动”前后，中国民族主义发展到极致，以陈独秀、李大钊、毛泽东等人所倡导的反帝反封建爱国运动将一种社会思潮演变为一种全社会参与的爱国主义运动，以至于抗日战争爆发后中华民族团结御倭，求大同存小异，八年抗战成为世界民族发展史上举国抗击外族入侵的罕例。因此，曹跃明、徐锦中说，“日本侵略者所面对的不是当年满清入关时碰到的具有传统思想的汉人，而是充分具有现代民族主义思想的中华民族，因此他们的失败就不可避免了。”[①]对此，崔明德认为，“近十年的中国近代民族主义研究的突破则表现在新的阐释和认识上”。[②] 这就是说无论民族主义具有多么复杂性和多变性，近期的研究都认为爱国主义是民族主义的灵魂。尽管有清朝、民国、新中国之更迭、变迁，但是，民族之国和政府之国相互交织被抽绎出的中华民族爱国情怀始终是民族兴盛的国家话语。

不仅仅是中华民族在未推翻三座大山时，民族主义表现为一种爱国的国家话语，散见于各种主义、流派、社会思潮并负载于报纸杂志中，而且在新中国成立以后中国共产党执政时，这种爱国主义以意识形态的主导话语影响人们的政治生活，成为与大众传媒息息相关、合二为一的国家话语。从开国不久抗美援朝、西藏闹独立、中苏论战，再到十年内乱的“文化大革命”以及改革开放以后，再到中日、中美贸易摩擦，“3·14”事件“7·5”事件“家乐福事件”等，似乎都表现出中华民族大家庭中民族基因所固有的爱国主义精神，这无论是草根阶层，还是社会精英的思想表达，抑或是大众媒体的群体意见的表达，其话语内容和表达方式都是一种国家话语，这并非是意识形态之强迫而是中华民族主流价值观之自觉遵循所致。可见，爱国主义是中国百余年来民族主义发展的主线，争取民族独立、抵御外族入侵是社会战乱时期民族主义参与社会运动并成为政党、政府号召民众奋发图强的思想武器，也是和平建设时期发展经济、保家卫国、加强民族凝聚力具有强大号召力的

---

① 曹跃明，徐锦中．中国近代民族主义之路[J]．天津社会科学，1996(5)．

② 崔明德，曹鲁超．近十年来中国民族主义研究述评[J]．烟台大学学报，2006(1)：100－101．

共同话语。

2. 社会稳定时期民族主义呈现出民族发展的内省话语

中华民族自古就在欧亚大陆板块的东部繁衍生息，秦汉乃至魏晋南北朝以降，虽有五胡乱中华、匈奴，女真、满族的相互战乱与迁徙，但是，这毕竟是中华民族多个少数民族自身发展的纷争与内乱。从其内在性上说既有民族血脉相连的交往性和亲和性，又有思想文化中儒、道、释程度不同的相互影响，即使近代有基督教等新教的浸濡，亚细亚生产方式中所形成的农牧文明产生的民族性格的“内聚性”或“内敛型”，即好和平、不尚武、勤劳勇敢、聪明智慧成为民族血脉存续的基因。但也产生了负面影响，一盘散沙，凝聚性差，以至于有人认为中华民族每前进一步都要靠外力推动，即外族入侵方才觉醒。这种“掺沙论”在战争年代表现尤为突出，而在非战争年代，其民族自身的优质性表现为由忧患意识转变为自省意识和自责意识，从而使民族主义话语呈现为一种社会精英在意识形态领域的言说论战，表现为一种文化民族主义自戕、自虐、自罚。而社会底层人士或弱势群体则更多表现为麻木和娱乐，甚至是阿Q式的满足与自嘲。这突出的表现就是“五四”新文化运动和“文化大革命”的“打倒孔家店”“除四害破四旧”民族虚无主义主导下对中国传统文化的反思与自省以及改革开放初期精神污染与反自由化时期，以《河殇》为代表的崇尚蓝色文明对黄色文明反思与反对，从而展示出中国民族主义在和平年代发展的精神一脉相承和形式多样性的自省特点。当然，《河殇》所反映出的思想倾向性不仅是对民族文化的自戕或自残，甚或是对传统文化全盘否定的反动。

“五四”新文化运动时期，出现了杜亚泉、梁启超、梁漱溟等人为代表的东方文化派和以陈独秀为代表的文化革新主义相对立的思想主张，形成了新文化运动和复古主义两大阵营。《新青年》《每周评论》与《学衡》《甲寅》学派的论战构成了国家民族现代化发展以白话文运动为启蒙和保护“国粹”守住“文化本位”之间复杂的文化民族主义景观。这期间，“旧的文化价值体系随同旧制度崩坏而流失民间，新的文化价值体系几经聚散仍未成形，两者之间的主流文化在价值取向上表现出无法掩饰的虚无性与蜕变性”。[①] 新旧两派的讨论方式尽管有激烈的言论论战，但双方都对中华民族传统文化表现出“自省”。他们逆乎“时尚”，对“民族”乃至“爱国”的宣传持激烈的批评态度。这在“五四”时期鲁迅等人身上表现最为突出。

“文化大革命”时期，整个社会、整个国家、整个民族都以虚无主义来对待民族文化，其话语方式不仅是自省，而是一种民族文化自戕，民族主义被一种狂热所绑架形成民族虚无主义。而改革开放初期即所谓资产阶级自由化时期，出现了一种“逆向种族主义”。[②] 认为中国文化是劣等文化，中国民族是劣等民族，这种完全否定自身传统、自身文化的民族文化虚无主义是自“五四”以来中国知识界的反传统的民族主义复杂情绪的又一表现。这种矫枉过正的做法，对当代中国社会思潮产生的震动和影响，危及到国家民族的安定团结，成为共产党执政以来最危机的社会思潮，其话语方式和媒介传播的效果，从民族主义角度看可以说这种民族自省是破坏性的。这突出的表现在《河殇》上，《河殇》对西欧蓝色文明的推崇和顶礼膜拜，而对传统文化黄色文明的否定、批判，不仅破坏了中国知识分子爱国心态和形象，而且也使民族主义发展到当代遭遇了挫折。

3. 新时期民族主义发展呈现出爱国、自省共时空话语

民族主义发展中爱国、自省话语并非战争、和平时期划分的那样绝对，两者也有交叉，只是各有偏重而已。“五四”时期，新文化启蒙者原先的设想是把中国传统思想文化全部打烂，在一片废墟上重新建设一套新的东西，新文化的样板是以西方为模板，走西方化道路。后来发现，全盘西化不太可能，顿感尴尬和困惑，[③]开始反思与批判。因此，这一时期既有民族自身优劣的反省，又有以爱国为前提的民族自信。如抗日战争时期，西南联大一批社会精英如闻一多、陈寅恪等人对民族的爱国与自省集于一身就是例证。两者完全可以共时空反省，从某种程度上说爱国就是反省，反省就是爱国。鲁

① 陈思和. 陈思和自选集[M]. 桂林:广西师范大学出版社,1997:169.

② 王小东. 民族主义和中国的未来[J]. 天涯, 2000(2).

③ 张涛甫. 报纸副刊与中国知识分子的现代转型——以 <晨报副刊> 为例[M]. 桂林:广西师范大学出版社,2007:84.

迅以小说的形式探求国民性格中的痼疾,成为民族反省的先觉者。因此"针砭劣根,解剖病源,构建国民精神即新国民性",①既是现代民族反省思潮重点关注的三个问题,也是爱国主义情感涌动必须具备的工具或手段。只是受外族入侵的干扰,这种话语的表现方式、存在成分随时代变化不同而已。

新时期以来,民族主义发展有了新的内涵:第一,中国新民族主义反对专制主义,这一点把新民族主义与极左势力区分开来;第二,中国新民族主义反媚外而不排外,这一点把新民族主义与锁国主义的井蛙心理区分开来;第三,中国新民族主义没有组织形态,而是知识分子和普通民众的自主性认同,这一点把新民族主义与暴民政治区分开来。这就是说,新时期中国民族主义有自己独特的存在方式和表现形式,始终是以爱国主义为基点,以民族利益为目的,是一种具有视野开阔和包容情怀的理性民族主义。既有和国际民族主义发生矛盾表现的斗争,也有和国内少数民族发生纠纷表现的协调。陶文昭认为,与世界许多国家和地区的民族主义不同,中国的民族主义没有宗教色彩,也不因价值观和血缘方面的差异而树敌。中国民族主义所针对的主要是已经发生或即将发生的损害中国民族利益和民族感情的事件,主要指向国际列强和国内分裂势力。② 其中以美国为首的西方民族沙文主义和国家霸权主义对我国西藏达赖集团、新疆热比娅反动势力分裂祖国的支持是新形势下当代国际民族主义对我国内政和民族事务的粗暴干涉。而少数民族区域经济和社会发展表现出的不平衡,则是我们自身完全可以协调、克服、解决的事务。因此,也需要各族群众在民族认同、国家认同的前提下自身反省,消除隔阂,摒弃狭隘,平等交流,和谐相处,共同建设美好家园。其中媒介的宣传与传播对国内少数民族和国际民族主义广泛关注和深入报导成为国内政治经济和国际外交事务的常见话题。

二、民族主义传播的国家话语特征

民族主义从产生到发展,都与传媒尤其是大众传媒有着天然的联系。英国著名学者安东尼·史密斯认为"典型的民族主义运动通常不是起始于

---

① 俞祖华.略论近代中国的民族反省[J].北京师范大学学报,2007(1).

② 陶文昭.网络民族主义探因[J].电子科技大学学报,2009(3):88.

抗议集会、独立宣言或武装反抗,而是源于文学社团、历史研究、音乐汇演或文化期刊的诞生。"[①]传媒是民族主义的载体,民族主义是传媒的内容,两者相互关联,相互依赖,交互影响。长期以来,伴随媒介从印刷传播到电子传播再到网络传播的发展,中国民族主义经历了意见领袖借助报刊进行思想启迪,政党利用组织传播进行宣传教化,民众发起运动进行参与,网民利用网络进行自言其是的表达依次行进、重合叠加的嬗变过程。西方学者十分关注媒体在民族主义传播中所起的作用。安德森(B·Anderson)直接将民族主义(国家)的产生同媒体联系起来,认为印刷工业和媒体的发展将人们聚集起来,是他们通过获得共同的信息而产生一种群体的认同感,同时由于使用同一种书面语言,人们会对过去产生一种共同的迷思(myth),这也是形成民族国家所必需的。王昱认为,"民族主义与媒体往往处于一种相互触发的关系中。媒体既受到民族主义的影响又会刺激民族主义的产生和发展。"[②]而在我国也不例外。在辛亥革命时期,革命派通过办报纸杂志和出版书籍以大力宣传民族主义,进行民族主义和爱国主义教育,从而激发中国人民的民族精神,成为"五四"运动以来借用媒体宣传各种党派主义最为鼎盛的时期,也促成了传媒在成熟初期宣传灌输方法之养成。总结媒介负载中国民族主义演进规律,表现出这样的国家话语传播特征。

1. 民族主义在国家有难、民族危机时期呈现出宣传话语

大众媒体宣传灌输的作用到底有多重要,中外历史不乏作家惊人的经典论述。而把媒体作用说得更直白的应属傅斯年了,他说"与其入政府,不如组党;与其组党,不如办报。"[③]中国的民族主义其存在方式到底如何,萧功秦把当代的民族主义以70年为界分为两个阶段,认为前一阶段的民族主义在社会主义意识形态未起决定作用之前,民族主义生存环境不能在意识形态话语系统取得直接合法地位,只能以"爱国主义"来表述。[④] 前期党派报刊

① 安东尼·史密斯. 民族主义:理论,意识形态,历史[M]. 上海:上海世纪出版集团,2006:8.

② 王昱. 政治传播·媒体管理·民族主义——略论当代欧洲一体化中关于媒体的几个焦点问题[J]. 国际新闻界,2001(4).

③ 李金铨. 文人论政:知识分子与报刊[M]. 桂林:广西师范大学出版社,2008:5.

④ 萧功秦. 中国民族主义的历史与前景[J]. 战略与管理,1996(2).

的"主义"宣传,已成为中国现代新闻事业史上典范。而在后一时期,民族主义作为意识形态的附着物,其宣传意味之浓厚不言自明。这就说明了民族主义在中国对民众表达方式是一种宣传灌输的话语。

辛亥革命时期,革命派创办的许多报纸杂志、出版的许多革命书籍都积极宣传民族主义。"据统计,1902 到 1905 年四年间在国外创办的报纸杂志有 30 多种,这些报纸杂志介绍西方民族主义,阐述民族主义基本原理,并揭示中国面临的帝国主义侵略的严重民族危机,揭露清政府民族压迫的事实,着重说明中国急行民族主义,振作民族精神,推翻清政府的必要性。"①当时国内创办的《国民报》《民报》《浙江潮》以及陈天华、邹容的《猛回头》《醒世钟》都是以宣传灌输之话语行之于世的。

抗日战争时期,中国共产党打起抗日救亡之民族大旗,其抗日主张得到国人的广泛认同,尤其是得到知识分子的赞同。"19 世纪 30 年代初,民族主义和反日情绪汹涌,中国知识分子赞成报纸宣传的功能。"②在延安创办《解放日报》等群众报刊和设立新华广播电台,由知识分子为主导迅速向民众传播发生转变,都是以宣传灌输话语号召全民族团结抗战的。这种民族主义在爱国主义精神的驱使下,由大众传媒的广泛传播,不再是一种学说或思想,而是成为普通民众保家卫国行动的思想武器。延安时期这种宣传灌输的话语方式,不仅负载了民族主义的内容使其走向社会和民间,而且也成就了中国共产党的新闻事业,成为新中国新闻事业的源头。新中国成立以后直至改革开放,民族主义在爱国主义的驱使下,操作宣传灌输的方向盘,高速行驶过。不过,到了近期,社会价值的多元化和传播手段的多样化,宣传灌输遭人讥讽,才变为双向传播、互动交流。但是,无可辩驳的事实证明,一种主义、一种思想要深入人心,宣传灌输是行之有效的手段。

即使在当下,宣传灌输仍然是国家意识形态借用大众传媒进行思想劝服和舆论控制的常用工具。古今中外,概莫能外。拉斯维尔说"所有的政府都在一定程度上从事宣传活动,并把这作为它们和平时期政府职能的一部

① 陶绪.论中国近代的民族宣传和教育[J].湘潭师范学院学报,1995(5).

② 谢泳.西南联大与中国现代知识分子[M].福州:福建教育出版社,2009:156.

分。”[①]英美国家议会改组、总统竞选靠宣传灌输，我国实行新的政策、新战略，也需要向民众宣传灌输。这是一个国家、政党通过大众媒体掌控意识形态必用的工具和手段。

2. 在国家稳定、民族兴盛时期民族主义国家传播呈现出娱乐消遣化

在民族主义研究中，余建华将“社会实践和群众运动”融入到民族主义的概念中。这样，就使民族主义与大众媒体发生必然的联系。当前，民族主义在中国的表现，“与 19、20 世纪的民族主义狂飙突进的运动不同，如今的民族主义诉求越来越受到大众传媒的影响，并往往由大众传媒加以定位”，[②]甚至由大众传媒来设置民族主义的发展议程。这从目前有关我国涉藏、涉疆问题便可见端倪，尤其是南海问题，国际民族主义时刻兴风作浪，从而引起我国民族主义特别是网络民族主义的广泛关注与热议。从而使爱国主义的情绪和民族主义意识成为媒体报道的重要议题。而大众传媒尤其是电视对严肃的公共话题具有娱乐的功能，正如波斯特曼所说，“电视淡化并且有效地破坏了作为政治教育和公共领域一切活动之基础的公共交流”。“在电视上亮相的一切都具有娱乐性”，[③]“电视把世界变成‘除了娱乐业没有其他行业’（There is No Business But show Business）。”[④]民族主义作为一种学理、学说，在社会精英传播具有严肃性自不待言。但是，作为“社会实践和群众运动”被大众传播主宰则成为不争的事实。

从当前社会实践看，民族主义渗透在社会政治、经济、文化、宗教等领域，尤以国际传播为重，而电视对其传播娱乐甚至“愚”乐的成分是不言而喻的。以较为严肃的专题片为例，《大国崛起》《望长城》《话说长江》《历史告诉未来》等，尽管题材宏大，主题严肃，在风光迤逦、美景如画中，也都弘扬了中华民族的民族主义式的豪盛，但也消解了民族记忆和文化根基某些固有的元素，因为娱乐消遣成为受众吸纳信息的主色调。对于美国等西方国家媒体对我国涉藏、涉疆、涉台问题的“妖魔化”报道，在娱乐消遣中，不仅消解

---

① 拉斯维尔. 世界大战中的宣传技巧[M]. 北京：中国人民大学出版社，2003：25－26.

② 余建华. 民族主义：历史遗产与时代风云的交汇[M]. 北京：学林出版社，1999：13.

③ 尼古拉斯・阿伯克龙比. 电视与社会[M]. 南京：南京大学出版社，2007：4.

④ 尼尔・波兹曼. 娱乐至死[M]. 桂林：广西师范大学出版社，2009：85.

了其自身社会价值观，而且也对被报道国民族造成伤害。美国、英国媒体对我国“3·14”事件的不实报道，不仅引起了中华民族的义愤，也为本国有良知的民众所不齿。另外，大众媒介的“脱敏作用”使人民群众对严肃话题不再向往和神圣之。这种“脱敏作用”最终使人们对现实世界更加冷漠。[①] 如媒体对日本大地震、利比亚战乱凄惨血腥连篇累牍的报道可能使受众失去耐心和同情心。

而在电视剧传播中，民族主义娱乐消遣的成分尤为强烈，20 世纪 90 年代中期以来，中国大陆兴起一股汹涌的民族主义思潮，影视剧编创人员在这一“盛世妄想”的支配下，将中国民族主义演绎的活灵活现。其影视剧制作，可分为两种类型。一是涉及外族的电视剧，一是本民族的电视剧。前者具有高收视率的《亮剑》《闯关东》《大染坊》《血色湘西》《雪豹》等对日本侵略我国的行径都做了中华民族情绪大反感的艺术创造，迎合了我国观众的欣赏心理，但也不同程度地流露出非理性、狭隘的民族主义情怀。而在本民族电视剧中，如帝王系列《康熙王朝》《雍正王朝》与《大明宫词》《大秦帝国》等，其基调把握准确，以民族团结、民族融合和维护国家统一、领土完整为要义，虽然渲染、戏说成分很重，甚或也有妖魔化的成分，但是，艺术情趣是符合主流价值观的。这种将民族主义抽象的理念、学说、思想以影视剧的艺术形式通过电视播放出来，使其具有民间性和普世性，在一定程度上也娱乐了民族主义原有的内涵和理论，使民族主义的传播手段和传播目的难以区分。而过度娱乐，不仅使民族主义的普泛性和世俗性丧失生活基础，而且也会伤其民族自尊，与民族主义理性精神背道而驰。2011 年 8 月，报刊电视连篇累牍地报道黑龙江方正县为招商引资为日本开拓团亡者建碑事件，无独有偶，安徽黄山游客扮演日军“抢花姑娘”事件。报刊电视淡化了民族主义内瓤，将娱乐当成内容，前期明显是放纵、容忍、观赏，后期才质疑、纠偏、批判。这种舆论导向，不仅削弱了民族主义的严肃性，而且也使民族主义干预社会运动发生变异，成为民族揭疮的媒介记忆。

---

① 罗杰·迪金森 拉马斯瓦米·哈利德拉纳斯，奥尔加·林耐. 受众研究读本[M]. 北京：华夏出版社，2006：120.

3. 社会转型期民族主义国家传播呈现出碎片话语

百余年来，民族主义无论是新民主主义革命时期，还是社会主义革命时期，无论在“盛世”还是在“危世”中，一旦与大众传媒发生必然联系，这种宣传灌输和娱乐消遣的话语方式又以碎片化的思维表现出来。尤其在社会转型期，民族主义媒体叙事话语呈现出碎片性往往表现的是民族主义在新技术环境下的一鳞半爪或冰山一角。这种碎片话语具有这样的特点：媒体报道的顺势性、随意性、浅表性和非完整性，关键在于被言事对象和传播主体的自发性、自主性和群集性所主宰。媒体报道民族主义往往随着受众兴趣的迁移和信息环境的变化而另有心仪，表现出兴趣不专、一知半解和急于评说的复杂心态。媒体难以像往常那样设置常规、长期的议程去关注民族主义对中国社会的影响和发展。因为媒体在监测整个社会中，民族主义表达只是媒体关注的某一瞬间，其表达话语自然是不系统、不全面的碎语。这从梁启超的民族主义，到孙中山的民族主义，再到毛泽东的民族主义思想表达，大众媒介只反映出其某一方面或冰山一角。即使社会主义时期媒体对民族主义表达也如是。从抗美援朝、中苏论战、西藏和平解放、“文化大革命”四清运动、反资产阶级自由化直到世纪之交国际上民族主义对中国网络民族主义的影响，媒体表达了各个时期民族主义不同内容、不同方面，确实无完整性、系统性可言。世纪之交是中国网络民族主义发展的强盛时期，从南斯拉夫大使馆被炸、中美撞机事件、家乐福事件、“3·14”事件“7·5”事件到近期发生的“7·18”事件，网络论坛的主体再也不是像传统媒体由社会精英知识分子所主导，而是由当代大学生为主导。中国网络民族主义是存在于网络这种新兴媒体条件并通过网络反映出来的对网络世界和现实世界具有重大影响力的民族主义情绪和思潮。网络的虚拟性、互动性、时空压缩性特点与民族主义传统媒体表达的自主性、自为性和群集性相结合产生出新的特点，即评说国事的自是性、热议性、尖锐性、群应性。网络上最有影响的声音一般不是最理性、最客观的声音，往往是那些言辞最激烈最极端的声音。这些使得网络民族主义具有激进和情绪化的倾向。网民通过网络论坛BBS、博客、网络投票、网络签名、QQ、MSN、邮件、手机短信等网络人际传播工具自由发言，自设议题，可以响应，可以反驳，可以批判。无固定主题，无固定观点，一人发起，众人响应，发表的几乎是碎片化思维对某一问题的情绪化看法。但是情绪也是一种观点，碎片也是一种认识。这突出表现在美国CNN电台对我国“3·14”事件和奥运会火炬事件的歪曲报道，招致300万网民自发组织起来抗议，唱“做人不要太CNN”。中外网民群集声讨CNN和卡佛茨反映出社会转型期网络民族主义爱国情绪和是非公明的言论表达是自发自为的，其话语方式是网民自设议程的群集性响应的碎片话语，并非是中国意识形态宣传和强迫推动，这就有力地证明了西方一些国家对中国民族主义发展的污蔑，也说明了民族主义媒体叙事呈现出的碎片话语是一种民间表达，民族主义所蕴含的爱国主义是一个民族固有遗传基因，无需国家宣传机器提倡而自行成为一种影响社会意识形态的理论学说或社会思潮。

民族主义自介入中国以来，就被政党国家利用和掌控在意识形态周围，它以爱国主义为基础，以民族利益为目的，以民族情绪为导向，曾经是、将来也是对外斗争的思想武器和对内宣传的理论思潮和社会实践运动。因此，其理所当然地与媒体传播构成互为依赖、交互影响的天然关系。以往的研究多从政治学、民族学、社会学等领域对其内容博大精深、内涵丰富复杂、形式多样变化的理论进行不同领域、不同学理等方面的研究，而对它的传播特征与媒体叙事的话语特征涉及较少。本文认为，民族主义传播特征与媒体叙事的话语特征无可辩驳的事实印证这样的规律：民族主义和媒体传播呈现出互为依赖、相生相伴的表达与生存的关系，使民族主义无论是作为一种社会理论学说，还是意识形态的社会运动，与国家媒体尤其是传统的主流媒体发生的互动关系在初期形成主动设置议程的特点，成为政党报刊宣传的重要内容和舆论言涉的对象，也是国家宣传机器所主导主流价值观和改造社会的主要力量。媒体表达尽管客观、公正、全面、及时地反映出它对社会发展瞬间流动变化的面貌，但是始终是一种宣传灌输话语。而且媒体表达这种话语只是民族主义不同时期、不同内容之浅表，其暗流涌动的则是民族主义影响社会发展被意识形态和社会精英所控制的更深刻复杂的政治走向之本质。民族主义媒体表达犹如社会潮流的浮杆，其潜流则是巨大的意识形态所主宰的社会舆论和民众对国事的情感因素，这种浮杆的起伏变化是随社会潮流的变化而发展。民族主义发展到社会稳定时期则表现为主流媒体宣传灌输话语向娱乐消遣和民族自省的转换与共时空存在,其中社会精英和知识分子主导了民族主义和媒介传播的关系,一般民众作为社会运动一份子参与其中并未显示出其改变社会结构的力量。社会转型期舆论表达的多元化、多渠道化使传统媒体难以形成民族主义议程设置的舆论导向,意识形态宣传有所松动,反而是网络媒体交互性、自主性、虚拟性、群应性使意识形态对民族主义的宣传淹没在众声喧哗的鼎沸之中,网络的集事、就事议论褫夺了传统媒体对民族主义议程设置的优先权和主导权,网民的自觉行为无需意识形态宣传就成为民族主义所崇尚的爱国主义,积淀为延续香火的基因。因此,外国媒体所宣扬的中国政府利用民族主义扬大国崛起之威、抵制国外思想和物品是不符合社会转型期中国民族主义与媒体表达的话语规律的。

第四章

西北地区少数民族新闻传播与国家认同的路径选择

在全球化发展中，由于我国社会的转型以及媒介新技术的发展与普及应用的原因，西北地区少数民族新闻传播与国家认同呈现较为复杂的现状，针对这些现状与原因，其解决路径也是多途径的。因此，这就要求应坚持以下原则。

第一，坚持社会主义制度和科学发展观。针对西北地区少数民族新闻传播与国家认同的复杂现状，在国家建设和发展的基础上，应坚持社会主义制度和科学发展观的原则，坚持汉族离不开少数民族，少数民族离不开汉族，少数民族离不开少数民族和谐发展、共同进步的原则，注重少数民族区域社会和主体民族社会公平发展、整体提高，注重少数民族区域社会的城市差别、贫富差别，坚持国家利益至上、民族团结至上，以国家认同为少数民族多元一体化发展的最高认同，并以此为导向统摄于新闻传播活动中。

第二，坚持国际视野、善于吸纳世界上多民族国家处理民族问题的先进经验。世界上多民族国家在处理民族问题上积累了很多经验和教训，如东欧剧变、苏联解体、中东民族伊斯兰世界纠纷，美国、加拿大、澳大利亚等国家的成功经验和失败教训等。尤其是新加坡国家的经验更值得学习和借鉴，新加坡在《共同价值观白皮书》提出五个各种民族和各种宗教都能接受的价值观“国家至上，社会为先；家庭为根，社会为本；关怀扶持，同舟共济（后修改为‘社会关怀，尊重个人’）；求同存异，协商共识；（后修改为‘协商共识，避免冲突’）；种族和谐，宗教宽容。”①新加坡强调国家至上、各民族和

① 王永炳.公民与道德教育——世纪之交的伦理话题[M].新加坡:SNP综合出版私人有限公司,2000:162－163.

谐发展对我国来说很有借鉴意义。

第三，坚持用人文社科先进理论滋养、引导新闻传播和意识形态领域，以公民身份认同负载国家认同。人文科学与社会科学一样，都是人类认识世界、改造世界的武器。当前，新闻传播学科应以马克思主义和人文社科理论为指导，借用人文社科研究的先进研究成果，加强对意识形态的滋养和舆论引导。如20世纪70年代兴起的国家认同理论对统领民族认同、文化认同、宗教认同等具有一定的凝聚力和号召力，民族政策中加强公民身份认同，淡化民族身份认同对于新闻传播在报道民族事务中善于制造“他者”、引起民族特殊心理具有平衡作用。

只有基于以上的原则，才能在探讨少数民族新闻传播在国家认同的路径选择中有明晰的思路。

第一节　构建、完善“一体两翼”的传播体制是增强国家认同的物质基础

建国至改革开放以前，西北地区少数民族新闻传播借助国家强大的舆论机器，国家认同、民族认同等交织在一起并未显示出哪种认同的重要性。新时期以来，由于社会转型和全球化的新媒体技术的加速发展，加之国外敌对势力的干扰和破坏，“三股势力”挑战国家安全和民族团结，从而使国家认同成为跨界民族诸多认同最重要的问题。尤其是我国自实行社会主义市场经济以来，东部地区传媒业和西部地区传媒业呈现出并非失衡但是差距越拉越大的态势。加之，西部地区多为少数民族地区，少数民族地区自身历史局限性和民族媒介生态的脆弱性，特别是以“3・14”“7・5”等事件的多次撞击，无形中对国家认同造成了减弱和损害，而西部地区民族维稳和社会安定就成为各级政府发展的头等大事。然而在现实生活中，人们往往注意有形的社会稳定和生产、生活秩序的正常进行，而忽视在意识形态方面少数民族对国家认同投入的长期性、艰巨性和收效的潜在性、滞后性。这就使学校教育、公民教育和大众传播成为承载国家认同的物质基础。本文仅就构建、完善大众传播“一体两翼”传播机制对国家认同的作用进行论述。

在媒介与市场相互作用的背景下，我认为西北地区少数民族新闻传播

市场化与国家认同的关系是“一体两翼”的关系。所谓“一体”，是指媒介生存发展于社会主义市场体系中，所谓“两翼”指传媒业作为国家喉舌机关与舆论工具的“一翼”和文化产业市场化经营的“一翼”相互形成的有机体，即传媒的公共利益和传媒的市场利益要和谐发展。西北地区少数民族新闻传播如果“一体两翼”发展和谐，社会发展才能和谐进步；如果失衡则会出现传媒业的公共利益受损和社会主义新闻传播事业受损，势必给社会造成危害。

自改革开放以来，我国媒体经由“纯粹的党和政府和舆论机构和喉舌工具”到“事业单位，企业管理”再到信息产业的媒介性质和功能的演变和转化，始终在市场利益和公共利益之间对决博弈。加之长期以来，我国传媒业意识形态宣传过于浓厚，市民社会所需要的公共领域绝少或难以产生，使人们对国家认同较为淡漠，近期由于商业利益和消费文化的侵蚀，公共领域所需要的公民对国家认同也难以形成社会舆论，仅仅限于知识界的讨论和研究，这就需要借助大众传媒进行强力宣传。而西北地区少数民族新闻传播较之东部地区肩负的任务极其巨大，但市场化程度和国家投入仍显不足。因此，市场利益和公共利益博弈并形成和谐发展就成为问题的关键。那么，西北地区少数民族新闻传播在“一体两翼”发展中呈现出何种面貌？我认为基本呈现出强市场过程、弱国家掌控的态势，这就制约了少数民族对国家认同的认识和践行。

一、西北地区少数民族新闻传播强市场过程弱国家调控的表现

从宏观角度看，西北地区少数民族新闻传播市场化程度较东部地区乃至全国传媒市场都处于弱势地位。但是，仅就其西北区域环境和媒介生态而言，经过三十多年的改革和发展，媒介市场化运作成就还是有目共睹的。从传媒市场化环境来看，仅就传媒规模和形态而言，西北地区的五省（区）都相继成立了传媒集团，各种媒介形态一应俱全，且与东部相比还多了少数民族民文传媒形态。表面上看，新疆、宁夏等区还与东部省市的传媒集团建立了合作关系，传媒的市场化运作程度还相当高。然而，其强市场化过程尤其是市场效应弱主要表现在国家市场调控不力即投入与产出不均衡却制约其向高水平发展。

市场经济作为人类目前自由竞争最公平的经济形式，其中市场调节在

生产资料配置、资料占有、劳动人源支出与分配、劳动成果的分配等方面发挥重要作用。就西北区域媒体而言，经过30年的市场化的发展，已经建立了常态的传媒市场运作体系，表现在：第一，各种传媒已经按市场生产要素搭建新闻生产与运作体制的骨架，摒弃了以往的计划经济时期的生产资料供给制，一些城市的强势传媒逐渐产生自我造血功能开始赢利步入良性发展轨道。第二，媒介所需的生产资料配置都要高于、大于全国市场，比如新闻采访成本、交通成本以及生产新闻所需要的各种成本费用都要高于内地。加之人居分散，距离遥远，采访受众所需的时间成本、采访的资源成本自然就高于内地。第三，媒介赖以生存的广告资源由无到有、由少到多，广告资源由单一性向多元化发展，由编辑、记者拉广告向有稳定的广告资源渠道发展。但是，由于西北地区城市化、工业化程度整体不高。加之本地区人口数量较少，乡镇企业较之东部欠发达，媒介赖以生存的社会环境未能向东部那样呈现媒介与社会良性发展中广告追逐企业效应—企业效应追逐名牌效应—品牌效应追逐广告效应—广告效应追逐媒介良性运作的生态链。西北社会媒介广告发展仅仅局限在西北一些大城市，县市级传媒很少有广告，地县级传媒甚或没有广告，一些地县级传媒不但没有广告资源，甚至还需国家财政支持才能赖以生存。第四，传媒业的受众资源不断扩大，表现出较稳定的受众群，一些品牌栏目和较具有影响力的报刊的发行量、收视率稳定上升。特别是像《新疆经济报》、新疆广播电视台的有关栏目、节目在青年受众心目中扎下了根，成为与受众互动的信息交流平台。但是，除陕西省、新疆维吾尔自治区个别省会城市形成品牌栏目外，其他城市传媒至今未有让人记起的著名栏目。第五，媒介的经营与管理成为媒介良性运作的关键，以往的媒介由于承担过多的宣传任务，信息传播功能弱化，媒介的生产充其量只能说是管理，根本谈不上媒介在赢利的基础能够经营。因此，信息生产中的策划与创意，媒介运作中创新与出奇都成为媒介成败之关键。

然而，由于西北地区少数民族媒介地处我国欠发达地区，城市化、工业化水平不高，媒介看似市场化运作过程诸多因素俱全，但是媒介的经济效益并不见好。据2010年中国广告年鉴披露，西部新疆、青海、宁夏、甘肃四省（区）和东部广告传媒广告收入差距甚大，以新疆、青海为例，2009年新疆媒介广告收入为10122,9万元,青海为25168万元,而上海2009年为31812,216万元,上海是新疆的3倍,是青海的126倍。若用媒介拉动信息产业、文化产业就更落后于东部发达地区。究其原因,固然有城市化过程中广告资源和受众资源等媒介发展的硬环境的因素。但是,西北地区传媒人员思想观念保守、创新意识不强也是重要的原因,主管部门对待传媒业不求有功、就怕出错的管理方式和思维定势也不容忽视。更重要的是就媒介市场化运作规律而言,西北地区媒介在新闻生产与消费上都迥异于东部发达地区媒介。这其中固然有媒介所需的生产资料成本高于大于全国媒介市场,媒介资本占有、积淀不充分,媒介融资难等因素。但人们往往也忽略另一重要因素就是少数民族传媒的宣传功能和文化传播的功能,认为媒介市场化,全国好像是一盘棋,实际上媒介市场化的过程全国确实如此。但是,忽视了少数民族传媒尤其是西北地区少数民族传媒在宣传社会主义意识形态和主流价值观上的独特作用和传播民族文化的丰富性。而国家按常规投入显然不能满足西北地区少数民族传媒业的正常发展。在现阶段,应在加大国家财政拨款的基础上,还应采取市场手段留住、吸引媒介高端、精英人才,尤其是既懂汉语又懂民语的专门人才加盟少数民族地区的媒介,确保这些高端、精英人才开辟名牌栏目、生产高质量的新闻,扩大提升媒介的公信力,从而确保社会主义的意识形态和主流价值观能春风化雨似地沁润西北地区少数民族的受众,以抗拒、反击"三股势力"对我国的侵袭。根据笔者2011年的调查,在被访的60名新闻工作者中,报社和电台电视台的新闻工作者希望国家拨款和市场化生存的愿望如下:

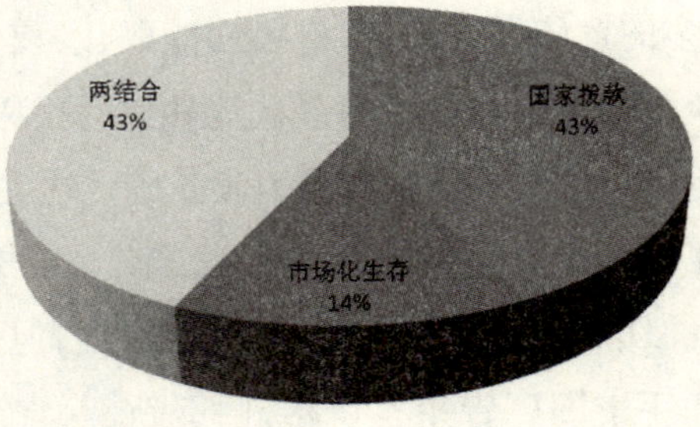

报社工作者认为媒体应国家拨款还是市场化生存期望度

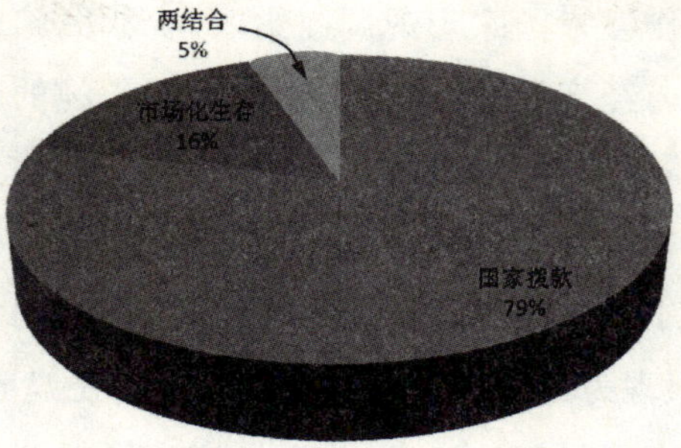

广电台工作者认为应是国家拨款还是市场化生存的期望度

从调查中可以看出，由于西北地区少数民族新闻传媒的地域性和特殊性，报社工作者认为国家拨款占43%，市场化生存占14%，两结合占43%；而广播电台电视台占认为管家拨款占79%，市场化生存占16%，两结合占5%。由于电台电视台投资成本大，固然要求成本比报社要高。由于笔者仅对一线的新闻工作者采取生存方式的调查，不具备严格意义上的田野调查性质，但是，从中可以看出，新闻工作者对媒介生存的愿望，希望国家投入在西北媒体生存起着关键作用，即在市场化运作中，国家加大西北地区少数民族媒体财政拨款仍然是媒体工作者的迫切愿望。根据笔者调查分析，这些在一线工作的新闻工作者，认为西部媒介虽经过国家长期投入，但媒介成本大，媒介资源耗损大，应建立国家长期、固定媒介资源配置，最好是国家单独配置各种资源，形成与东部不同的媒介资源配置之路。另外，改变认为西部是区域媒介传统的认识，将区域媒介上升为国家媒介主管的意识形态的舆论工具，加强对西北人民群众公民教育和国家安全与建设教育，同时区分宣传与信息宏观统摄，强化受众的信息传播应是媒介提高区域生产力、参与社会维稳的有力武器。

二、西北地区少数民族新闻传播弱国家调控的原因与强国家认同策略

不可否认，市场经济迄今是人类社会生产资料配置最公平的经济形式，也应承认，国家调控是当今世界社会生产资料配置最合理的有效手段。长期以来，我国在国民经济发展中总有利用少数民族地区的物质资源用于国家建设但国家支持少数民族区域社会发展实际效果不佳的弊端，导致民族

地区实行市场化运作以来国家宏观调控柔弱,少数民族地区社会经济发展相对缓慢。正如著名经济学家魏杰指出的那样“单纯的市场调节只能解决市场微观平衡的问题而不能解决宏观平衡的问题,由社会总供求引起的经济衰退和通货膨胀单纯靠市场机制也难以很好地解决,必须通过宏观调节加以解决。”①何况,民族地区市场经济宏观调控远远比内地复杂得多。当前,民族地区主要表现为国家市场调节差。由于地处偏远,历史形成的自给自足的农耕经济受市场经济的冲击,难以形成市场经济自由竞争的规模效应。这样经济基础决定上层建筑的意识形态,自然就形成意识形态的复杂性;另外,由于意识形态社会控制力差,人们思想价值观念多元化,发展中缺乏主流价值的引导,导致价值认同混乱甚至缺乏国家所需要的价值规范。自从 1997 年西部大开发以来,中央几次高层民族工作会议都将西部社会发展提到现代化国家发展战略安全的角度加以认识和实施,已经使多年弊端大为改观。

但是,一个不容忽视的现象就是国家市场调控不力和意识形态社会控制不力给西北地区少数民族社会、经济、文化、生活带来影响。2011 年 8 月份,笔者在伊犁等地区进行教育部人文社会科学规划课题调研,当时正值 10 月份要召开亚洲博览会,街上武装巡逻的警察和市民组成的纠察队,不时地在大街小巷走动巡逻,让人顿有安全之虞。党政机关和大众传媒都把安全当成头等大事。笔者进入新疆人民广播电台和新疆日报社,也感到舆论阵地之神圣和重要。返回后总在思考这样的问题,国家在市场经济过程中让少数民族得到哪些实惠?国家在物质利益和精神利益上是否最大限度地满足了少数民族的利益需求?为何“三股势力”利用国外反华势力伺机向我国频频发难?为何少数民族国家认同成为人文社会科学研究和政治生活中关注的焦点?以一言以蔽之,恐怕还是我国在经济现代化建设中国家利益和少数民族利益不和谐进而引起个别少数民族不满给“三股势力”留下口实所致。众所周知,国家在改革开放以前,出于战略布局之考虑,一些国防企业、重型工业大都根据国家建设之宏观需要,布局建设于西北地区,使西北地区

① 魏杰,张宁.对市场经济与计划经济的再认识[J].中国社会科学,1993(2):44.

人民受益匪浅,使城市化进程提升较快。实现市场经济以来,国家为了重点发展东南沿海,从西部调集了大量的物质、矿藏和人力资源,尤其是孔雀东南飞使西北地区社会发展受到一定的影响。虽然西部大开发将国家发展战略又重新投入西部,但是多年的影响是一时难以消除的。正如陈卫星教授所指出的:“作为社会控制的表现形式,人们需要政策、策略实现结果的反馈来修改政策和策略。任何社会机构中的管理程序,都应该包含这种方法,形成有利于矛盾转化的双向反馈通道。经济系统社会功能属性在于效率,社会系统功能属性在于秩序,信息的自由流动与有序管理是秩序产生的前提。”①从信息传播的角度看,国家利益与社会某一组织集团利益发生冲突是信息沟通不畅所致,究其原因有以下两个方面。

一是过度相信市场配置作用而忽视国家宏观调节作用,造成民族地区造血功能缺失。市场经济初期,全民经商,全民下海,全国呈现出万类霜天竞自由,下海经商显神通的局面。但是,由于少数民族地域、环境、民族性格以及历史的原因,开始就与汉族形成差距,而国家在初始市场自由竞争中忽视了国家宏观调控。在以后的市场发展中,放纵市场就等于“市场失灵”。正如经济学家约瑟夫·正·斯蒂格莱茨所言,“市场失误,可以通过政府介入,可能提高资源配置的效率,这点经济理论是认同的,现在各发达国家中都或多或少地采用以纠正‘市场失误’为依据的市场政策”。② 也就是说国家宏观调控也是经济惯用的做法。经济发展中似乎重视国有大中型企业在西北地区的发展,而对中小企业、民营企业政策投入不够,造成民族地区城镇发展缓慢,城市化程度不高。现在,国家注意到输血功能的弊端,如各部委、各省市自治区条块化、碎片化输血,并不能促进城市化快速发展,形成国家前期“输血”而不能自我“造血”的被动局面。如今,这一状况正在发生逆转,本文意在说明,强调少数民族国家认同的重要性,要有一定的物质基础,无意于给少数民族在国家城镇化建设中提供出路。

二是忽视了少数民族物质要求和精神需求与生活幸福指数不完全对等

① 陈卫星.传播的观念[M].北京:人民出版社,2004:30.

② 齐良书.发展经济学[M].北京:中国发展出版社,2002:264.

或成比例的社会心理,对于少数民族往往以汉族心理揣度,造成其精神生活单调,国家认同意识淡漠。众所周知,物质富裕并不能代表精神生活丰富,更不能说明生活指数幸福。因为"幸福是一个纯粹主观的概念,是一种由期望、感知、社会对比、适应心理综合而成的感觉。""对个人而言,幸福指数和物质生活条件毫无关系。"[①]这在少数民族区域社会表现尤为突出,对西北地区的维吾尔族、藏族、萨哈克族、柯尔克孜族、回族族、锡伯族等少数民族来说,物质生活简单、淳朴,精神生活照样丰富多彩,出则骑马喝酒,回则能歌善舞。正如约翰·多丽丝·奈斯比特所说的对于藏族而言,"他们更关注的是精神生活"[②]。然而,我国在制定区域社会发展纲要时往往注意政策的普适性,而忽略民族地区的特殊性,许多政策的出台都是以汉族心理揣度少数民族心理,忽视了少数民族丰富复杂的精神世界,对其宗教信仰、文化生活等关注不够。以传媒政策为例,"新中国成立至今,各级政府事实上一直没有在中国欠发达地区实施过严格的区域报业政策"。[③] 其他意识形态的管理政策就可想而知了。

基于以上认识,西北地区少数民族新闻传播国家调控较弱,不仅表现在市场经济中国家宏观调控不力,而且也表现在意识形态领域国家宣传机器舆论引导和媒介政策管理存在的问题。对此,应从国家安全和民族团结的战略原则出发,采取一系列措施和途径来强化国家认同。

第一,加强意识形态阵地建设,用先进思想和科学发展观武装各族群众。社会主义意识形态最根本的利益就是国家安全,将国家认同确定为各族人民的最高认同,以核心价值观强化国民教育,建设意识形态领域里的反分裂、反恐怖、反极端势力的国家安全是我们长期的战略任务,新闻传媒对此有着义不容辞的责任。少数民族新闻传播与汉族新闻传播不同之处在于国际社会关注度高,稍有不慎容易引起国际社会的猜忌和质疑。因此,如何

---

① 齐良书.发展经济学[M].北京:中国发展出版社,2002:292.

② [中]赵启正,[美]约翰·奈斯比特,[奥]多丽丝·奈斯比特.对话中国模式[M].北京:新世界出版社,2010:62.

③ 赵星耀.政府扶持是中国欠发达地区报业市场化发展必需的助推力[J].国际新闻界,2007(11):60.

科学地、艺术地将爱国主义作为公民最根本的责任和义务以及作为公民的核心价值观进行令人信服的宣传教育就成为少数民族新闻传播的常规任务和常新课题。使西北地区少数民族和汉族从小就有国家意识,让国家强盛、人民幸福成为融化、积淀在民族记忆里最为宝贵的血液永远流淌。

第二,创新媒介管理规制,将西部地区媒介管理纳入生产力评价范畴,成为考量当地政府行政管理水平的重要标准。既然承认发展传播学所称的"新闻就是力量,或者更明确一点,为了取得权力、维护权力,就必须控制新闻传播工具",①是发展中国家普遍遵循的准则,那么新闻媒介参与社会意识形态并成为改变世界的力量就天经地义。具体说来,边境或跨界民族的社会经济问题,不纯粹是经济建设或经济指标的问题,而且是国家安全和意识形态维稳的问题。任何边境的政治信息波动或军事信息变化都会牵扯国际社会动向。因此,媒介信息变化是考验当地政府官员政治敏感度的重要标尺,也是检验当地生产力发展的重要标尺。这就需要创新边境地区媒介管理新规制,将媒介管理纳入生产力评价范畴,而不是仅仅作为意识形态的软指标评价信息波动对边境社会经济安全的影响。另外,针对西部地区少数民族新闻传播而言,新闻传播不仅是少数民族生存的基本权利,而且也是检视社会经济发展和社会文明的参照系。因此,根据西部地区社会动态发展,拟定政府官员意识形态维稳评价体系,敦促官员将不确定因素如何创造性消灭在平常中而不应上报给上级如何解决,这样可能改变当地的社会发展。也许会有人对此有微议,认为小题大做,但是,对于像我国发展中国家而言,"尽管国际新闻界从他者立场理解我国媒介的宣传功能,并指出宣传概念的负面影响。但是,这种传播模式的成功实践证明,在经济文化落后的国家和地区,在社会经济发展的初级阶段,利用强大的国家机器所具有的组织功能,借鉴组织传播与制度传播的力量,来宣传并推行各种国家发展方案,可以收到事半功倍的效果。"②这说明对于边境媒介管理采取异于内地的政策会使边境拥有更多物质基础促使媒介加强意识形态的宣传建设。

---

① [美]J.赫百特.阿特休尔.权力的媒介[M].北京:华夏出版社,1989:6.
② 孙聚成.信息力——新闻传播与国家发展[M].北京:人民出版社,2006:22.

第三,赋予少数民族新闻报道优先报道权。率先报道国际重大事件和重大事务,提升少数民族新闻报道话语权。新中国成立以来,西部地区成为国民经济社会建设的重镇。新时期以来,西部地区国民经济和人民群众的生活水平稳步提高。西部大开发以来,西部地区地理环境和人文生态得到极大的改善,尤其是文化领域的基础设施得到普遍性的提高。在物质文化建设中,以国家广电网村村通、农家书屋建设为契机,借助国家文化产业大发展之东风,新闻传播的物质基础设施大有改善,国家给西部培养的人才大有提高,加之,西部物质资源丰富、矿产储备丰富,是国民经济和国际社会最为关注焦点。因此,新闻报道理应成为报道国际社会重大事件和重大事务的优先权。在国际传播领域,只有获得优先权,才能获得话语权,这已是国际传播的通则。当然,国家在城镇化、信息化建设中,给农村投入甚广,尤其是西部农村地区,基本上实现了广播、电视、网络村村通工程,农村信息化建设和农民媒介素养教育大为提高。近期国家新闻出版总署实施的“农家书屋”建设,不仅给农村人提供了读好书、好读书的场所,而且还成为公民讨论公共事务、谈论国家大事的场所。这些都成为优先报道社会主义新农村、新气象、新风貌的现实基础并为优先报道权提供机遇。如今,农村已经显露出公民利用农家书屋等场所议论国家大事、商讨村民事务及纠纷的场所,农村似乎也慢慢借助农家书屋成为公共领域的集散地。因此,广播电视和农家书屋要充分发挥媒介协调社会和传播文化之长,将国家认同利用各种故事、图片展、影像等通俗易懂的方式传播给受众,尤其是西北地区地处偏远、交通不便的受众,让其知晓民族是国家之根,国家是民族之本。只要国家富强,民族才能不受欺凌,只有国家富强,人民才能安居乐业。这些都与媒介承载公民教育有机联系在一起,舆论引导起着关键作用。

第四,检视、反思新闻传播的舆论引导方向的经验与教训,始终将中华民族的多元一体化发展作为国家舆论引导指向国家认同的最终目标。检视、反思当前和长期以来不符合国际新闻传播习惯的成规做法,如我们长期奉行的报喜不报忧、成就报道感恩意识这样的思维定势。越宣传国际上就越不相信,国家形象就越受损。如何让跳出新闻传播这一道窠臼,回归新闻报道事实与意见两分离的新闻专业主义轨道就成为检视少数民族新闻传播适应国际惯例的标尺。同时,让少数民族人民群众都知晓,国家认同是衡量一个国家公民身份归属的重要尺度,新闻传播在公民教育中扮演主要角色,媒介发达,则公民教育发达。这是发达、发展中国家公民教育与社会良性发展的一条规律。

第五,实行双语教育,从小培养公民语言是一个民族的记忆和文化的表征。阿特休尔说"人们通过与他人相互交往而取得感受经验,这种交往的首要手段就是语言。那些掌握了语言的人也就控制了社会,他们也就能够将人类或者使其成为奴隶,或者让其获得自由。言语制造者是国家,是学校,是教堂,而它的传播者是新闻工作者。因此,谁控制了新闻媒介,谁就控制了意识形态,进而就控制了社会"。[①] 少数民族的语言文字是中华民族文化宝贵的精神财富,少数民族媒介直接起着传承记忆、文化创新的作用。即使现在少数民族的语言文字媒介传播有困难,也应将少数民族的语言文字提高到非物质文化遗产保护的高度来认识。新中国成立以来,我国在少数民族地区推广汉语教学取得了显著的成就,如今,少数民族大学生汉语水平和汉族大学生相差无几甚至处于同一水平,但是,少数民族的母语却略有倒退。笔者在伊犁、昭苏实地调查观察到,一些少数民族学生在家庭说母语多,在学校大多说汉语,这样长期下去会使母语遗失,因此,国家有必要从非物质文化遗产保护角度强化少数民族语言文字传播,国家在一定的场合鼓励提倡少数民族用母语传播自己的独特的文化,让少数民族和汉族都认识到,少数民族语言文字同样是国家最宝贵的文化遗产并使其永久传承下去。

三、构建、完善"一体两翼"的传播机制何以能成为国家认同之基础

认同究其本质而言是主体与客体相适应并趋向与客体同时得到主体认可、赞同的过程。西北地区少数民族新闻媒介作为国家宣传机构市场化运作和国家财政支持两翼共同发展的传媒事业应在"一体两翼"中和谐发展,在国家认同中有其难以替代的作用,即传媒运用宣传机器经常化的传播国家利益高于一切,会使公民形成对祖国的亲近感和忠诚感。而公民对国家

① [美]J.赫百特.阿特休尔.权力的媒介[M].北京:华夏出版社,1989:174.

的亲近感和忠诚作为意识形态所倡导的最高精神境界，自然需要以传媒宣传作为物质基础。但是，长期以来，这一基础并不牢固。其原因是我国少数民族新闻传播是紧跟临时的宣传任务，媒体一味地报道地方维稳，尤其是民族地区的社会稳定压倒一切，而未注意意识形态领域为何维稳？维稳目的何在？通过什么来维稳？因而新闻传播所起到的作用只能是治标不治本。究其实质，无论是汉族地区的社会稳定还是少数民族地区的社会稳定，都涉及国家安全问题。这样，对西北地区人民群众而言，国家安全和国家认同才是解决社会稳定的根本出路。这就要求媒体要站在更高、更长远的角度来思考舆论引导的方向，从方法、策略上注意与国家意识形态保持一致，真正做到帮忙而不添乱。因此，当前新闻传播舆论引导对少数民族地区报道是一种着眼于当下忙于“堵”的保守性思维，而不是一种着眼于“疏”的建设性、创造性的思维。尤其是一些地方政府认为，社会运行中出现的问题，不是先检视、反思政府的作为，反而认为是新闻报道惹的祸。这种思想恐怕在许多官员尤其是基层官员都有存在过。对此，有学者呼吁政府改变维稳思维，建议“维稳先维权，维权即维稳”。[①] 正是基于这一原因，对新闻媒体的综合功能认识不足，导致国家投入和财政支持不够。一些地方政府尤其是一些老、少、边、穷地区的地、县级媒体，美其名曰让媒体走市场，实则放任其流，这样媒体难以承担应有的教化功能和文化积存的功能，形成广告养媒体（一些媒体无广告），媒体跟市场，市场不管导向，导向忽略国家利益恶性循环的怪圈。

对于西北少数民族新闻传播来说，既要注意当前的舆论导向，又要注意长远的舆论导向。这就要求：

第一，国家认同应是新闻报道的常设话题。诚然，新闻报道常与发生变化的人和事打交道，似乎很难涉及国家认同。但是，新闻毕竟是政治的容器，反映着党和国家的意识形态和相关利益。新闻报道应维护国家领土完整，主权尊严，人民安居乐业，国家法律已经成为国家机器神圣不可侵犯等等。新闻从业者应时刻牢记，在市场效益与经济效益冲突之机应以国家利

① 清华大学课题组.以利益表达实现长治久安[M].领导者，2010(33).

益为重。有国家才有媒体的自身利益。在当前少数民族新闻传播中,媒体从业者往往从媒体已有的角度出发,注重市场化运作中的广告经营,为了谋利不惜刊登低俗甚至假新闻。忽视、忘却新闻媒体在国家认同中的作用,甚至认为国家认同大而无边,无从着手,这样的认识就很难走基层、深入下去发现身边那些在为国家建设而奋斗的新人、新事、新气象、新动向。久而久之,新闻工作者自己不仅丧失了新闻人的职业敏感和职业操守,而且也难以发现那些真正为国家建设、民族团结作出贡献的英雄人物。否则,诸如像克里木、邓前堆、姜万富等平凡的英雄和扎根西藏34年为藏族群众医病的高级干部西藏军区副司令员李素芝就难以发现,他们身上承载优秀品质是国人高度认同的。

第二,新闻传播形塑国家形象是现代国家的通用做法。国家认同是"维系一个国家存在和发展的重要纽带,是现代国家的合法性的基础。"①在全球化背景下,"从表面上看,国家概念在削减,但实际上发生变化的却是国家权力的重新界定以及权力模式和全力实施方式的变化。"②在当前的国际格局中,"国家控制正从单一的内向形式向外向的地区性的多边途径转变,从法律和法规方式向谈判和协议方式转变。一个国家通过媒体将触角伸向另一个国家的情况,并不是新兴事物,而围绕思想流动、信息流动和纯数据流动的协商活动也在日益加强。"③由此可见,在国家交往中,对话与协商已成为叩开国与国之间大门的钥匙,而信息的自由流动也成为全球化的显著特征。其中媒体代言国家政府利益毋庸讳言,关键是媒体作为一种"软实力",不但形塑着国家对内传播的形象,而且在国家传播中,被他国认同也具有特别重要的意义。在当今世界,新闻媒介形塑国家形象并达成更大范围内的国际认同,就成了现代国家的通用之法。

第三,新闻传媒是促使民族认同走向国家认同的有效途径。当今世界,在多民族国家中,处理民族认同和国家认同双向互动关系是衡量一个国家

① 张军.全球化视野下的国家认同及其建构[J].青海社会科学,2012(2):1.
② 张军.全球化视野下的国家认同及其建构[J].青海社会科学,2012(2):1.
③ [美]门罗·E·普莱斯.媒介与主权——全球信息革命及其对国家权力的挑战[M].麻争旗,译.北京:中国传媒大学出版社,2008:11.

安全稳定的重要尺度。众所周知,民族认同与国家认同既有统一性又相互区别。“民族认同主要体现为一个民族对其自然及文化倾向的认可与共识,主要依赖体貌特征、共同记忆、血缘关系和历史文化传统等。国家认同主要体现为个体或群体在心理上认为自己归属于某一国家,国家的合法政治共同体,意识到自己具有该国成员的身份资格。”①新闻传播在舆论引导上承担将国民对各自民族的忠诚转变为对国家的忠诚,这是多民族国家解决民族问题的核心任务。新闻传播要促进社会进步和民族团结,关键在于促使其从民族认同向国家认同的转化上。这就需要新闻从业者要具备高超的舆论引导艺术,如何将民族情感转化为对国家的情感?如何把对民族的忠诚转化为对国家的忠诚?尤其是少数民族新闻报道中有关当地资源开发利用和建设成就的报道,一定要把握到合理的程度,既要显得不是主体民族利用少数民族资源,又要显示出国家建设对少数民族利益的关怀。正如威尔·金里卡所说,“少数民族爱找国家的事,在每一个爱找事的少数民族群体背后,都更可能有一个在向少数群体施压的国家。”②新闻传媒不应只是暴露问题和矛盾,而是要帮助政府解决问题和矛盾。在这一点上,我们要充分借鉴美国、加拿大、新加坡、澳大利亚等国的有关民族政策和媒介政策,以文化多元、国家一元为认同的最高准则,向国民宣传灌输国家认同的重要性。彭伟步在研究新马泰少数民族群传媒权益的基础上提出,“应尊重少数民族群传媒的文化传承,为少数民族群提供一个意见表达的空间和渠道,国家根据少数民族族群传媒的新闻报道及时调整政策,将有助于缓和族群矛盾,维护社会稳定和国家统一。”③

总之,国家认同与新闻传媒构成一对反映与被反映、手段与目的的关系。其中国家认同作为公民对现代国家的最高认同已属于意识形态范畴。因此,需要通过公民教育、大众传媒等来承载并予以培养,尤其是大众传播在家庭教育、学校教育、社会教育中扮演着重要角色。正如阿特休尔所说,

---

① 龙小农.从形象到认同:社会传播与国家认同构建[M].北京:中国传媒大学出版社,2012:88.

② [加]威尔·金里卡.少数的权力:民族主义、多元文化主义和公民[M].邓红风,译.上海:上海译文出版社,2005:2.

③ 彭伟步.全球化对少数民族族群传媒权益维护与族群认同的影响[J].世界民族,2008(5):26.

“谁控制了新闻媒介谁就控制了意识形态，进而也就控制了社会。”[1]而新闻媒介则与社会生活各个领域无不联系，其中对其影响最大的莫过于商业利益和政党利益。这两种利益历来形成了两翼博弈呈现出既有冲突、矛盾又有一致和谐的关系特征，国家认同要获取更大的利益，最好的办法就是在两翼对决中获得力的平衡，使媒体既可以获得广告滋润得以生存，又可以使社会公共利益畅所无阻。这就是构建、完善、健全一体两翼的传播机制成为承载国家认同之必需的原因。

第二节　用公民身份认同承载国家认同是强化新闻传播舆论引导的必要途径

长期以来，我国的新闻传播在舆论引导上存在三大弊病，从而影响了我国对外传播及国家声誉。一是典型报道有意拔高人物形象形成媒介将人“异化”为“他者”的现象。典型人物报道在初始还符合新闻报道规律，一旦大面积宣传就背离了新闻事实。往往是为了宣传有意寻找典型人物的优点而不是事实成为人物身上的亮点，陷入了记者找劳模而不是找事实，记者写“劳模”而不是写新闻的怪圈，这样就出现了“求知求富求信息，防火防盗防记者”的社会嘲弄。劳模也颇有微词，惧怕记者，说让媒体报道一次，自己在群众心中的地位就要下降一次。劳模认为这种新闻报道越报越倒的现象，已成为人们把劳模当成怪物的惯性。二是新闻报道不顾具体时机场合，文本大量的充斥感恩、赐恩意识，尤其是年终访贫问苦和有关少数民族成就报道，没有将事实和言论分开，直接灌输宣传意图，国内受众不爱看，这种违反新闻专业主义报道，更不符合国际受众阅读习惯。三是少数民族新闻传播以汉族心理猜度少数民族心理，用汉族思维习惯代替少数民族思维习惯，新闻文本缺少少数民族特点。加之由于新闻理念和媒介从业者个人素质和专业技能所限，大量文本是从汉文翻译成民语的，这样就更难体现少数民族文化特点和精神诉求。针对上述种种弊病，我认为应以科学发展观为指导，利用人文社会科学先进的理论，吸收人类共同的思想文化成果，以公民身份负

① [美]赫百特·阿特休尔.权力的媒介[M].北京:华夏出版社,1989:116.

载国家认同，淡化族群身份，把国家认同作为政治认同的最高原则，并将其放在社会主义市场经济的公民社会中去加强新闻传播舆论引导的针对性和目的性。这就要求对公民身份认同进行认真分析研究，从而确定承载国家认同的途径。

一、公民认同内涵特征及其释义的重要性

何谓公民认同？美国学者史克拉说，“再也没有哪一个词汇比‘公民身份’这个概念在政治上更为核心，在历史上更加多变，在理论上更具争议了。”① 根据国外研究者恩勒·E伊辛和布雷恩·S特纳提供的资料，加拿大最大的罗巴茨图书馆2001年的一项研究显示，提到公民身份的书籍、手稿和报告超过2600部。在1970年以来的英文论文中，有超过1000篇的博士论文与公民身份研究有关。如今公民身份成为政治学、国际关系学研究的重要领域。“公民”这一概念，源于拉丁语的“civis”或civitas演变成为“citizen”。“citizen”意指古代城邦，特别是罗马共和国的一个成员，“civitas”是希腊语“polites”的拉丁语翻译，意指希腊城邦的一个成员。后经亚里士多德、西塞罗、马基雅维利、卢梭等人的发展，于20世纪初期，开始在中国出现和传播，特别是在1990年代以后出现了研究高峰，成为我国政治理论及社会理论研究的基础领域。

与此相关的是到底何谓“公民身份”？其内涵特征是什么？从政治学、法学、社会学、国际关系学等发展呈现何种的态势？德怀尔认为，“公民身份是一个受到广泛讨论且争议性很强的概念，亦即任何对它定义的尝试，都可能受到挑战。”因而是一个“竞争性的概念。”②亚里士多德在《政治学》认为，公民是“自由和平等的公民在一个合法界定的法律体系之下结成的伦理——政治共同体”。③显然，亚里士多德是基于城邦国家来谈公民身份的，也就是说公民身份和国家身份是复合的。这种公民身份参与公共生活和国家事务合二为一的情况“竟使得大多数希腊思想家不知区分国家和社会，亦不

① Judith · Shklar. American citizenship, Cambridge, Mass[M]. Harvard University Press, 1991, p1.

② [英]彼得·德怀尔．理解社会公民身份：政策与实践的主题和视角[M]．蒋晓阳，译．北京大学出版社，2001：3.

③ 顾成敏．西方公民社会概念的历史演变[J]．开封大学学报，2011(3)：36.

能想象不同于城邦生活的其他生活样式”。[①]“正是在这个意义上,我们完全可以说在黑格尔之前,并不存在现代意义上的公民社会的概念”。[②] 也就是说在亚里士多德和黑格尔之间,众多人对公民身份的都予以界定,诸如西塞罗、布莱克、洛克、卢梭、马歇尔等都对公民身份有所论述,丰富了公民社会的理论。从现代意义来看,“公民身份指个人同国家之间的关系,这种关系是个人应对国家保持忠诚,并因而享有受国家保护的权利。公民身份意味着伴随有责任的自由身份。一国公民具有某些权利、义务和责任是不赋予或只部分赋予在居住的外国人和其他非公民的。一般来说,完全的政治权利,包括选举权和担任公职权,是根据公民身份获得的。公民身份通常应负的责任有忠诚、纳税和服兵役”。[③] 当今,公民身份在全球化的冲击下,有向世界公民身份、多元公民身份发展的趋势。总结公民身份在过去2000多年的发展状况,正如郭忠华总结的那样“期间一共发生过两次大的转型,表现为三种概念形态:一是17~18世纪从共和主义公民身份向自由主义公民身份的转型;二是20世纪中后期以自由主义为主导,多元公民身份并存的格局”。[④] 我认为,公民身份是一个历时、共时空的情境性的概念,各时代不同情境中先哲的解释都丰富了公民身份认同理论。关键是能否从各自表征的实质、特征中抽绎出共性特征。因此,界定这一概念应具有普适性和应用性,即公民身份是人类立足于城邦社会初始而寻找摆脱野蛮或自然状态自觉归属于以民族国家为政治组织(单位)而享受自由、平等的个人与国家共生、互惠、多元的认同关系。公民身份的实质正如马歇尔所说享有“公民权利、国家权利和社会权利”,[⑤]其特征就是公民要认同国家作为合法政府,而国家作为政府要保护公民的正当权益,并使公民获得一种文明、幸福的自豪感。对于好公民,英国、美国、澳大利亚、法国、德国等都对好公民开具一些

---

① 于海.西方社会思想史[M].上海:复旦大学出版社,1997.

② 邓正来.市民社会与国家——学理上的分野与两种构架[J].中国社会科学学刊(香港),1993(5).

③ 不列颠百科全书第4卷[M].北京:中国大百科全书出版社,1999:236.

④ 郭忠华.变动社会中的公民身份——概念、内涵及变迁机制的解析[J].武汉大学学报,2012(1):63.

⑤ [英]布莱恩·特纳.公民身份与社会理论[M].长春:吉林出版集团有限责任公司,2007:8.

条件。随着历史的进步和民主政治的发展，好公民的理想发生变化。但是，好公民的理想目标指向是大体一致的，即智慧、自由、服从、重德和求善。[①]这无疑是说，好公民与国家有互动互惠的关系，公民教育是依靠国家赐惠于公民并通过公民家庭、学校教育和大众传媒进行国家认同的重要途径。

二、公民身份认同与国家认同之关系

新闻传播和公民与国家认同之间有着怎样的逻辑关联和内在要求？乍看起来，似乎难以找到相似之处。但是，从发展传播学的角度看，大众传媒如何为国家和社会服务，新闻传媒在社会发展和国家进步中到底担当何角色和起何作用？从其外在表象来看，新闻传播与公民身份都具有追求自由、平等、公平、正义的共同目标与方向，从而表现出一种外显的关系，从公民身份与国家认同的角度来认识，两者曾出现公共领域的过渡地带和业已生成地带，因而又表现出一种共生、互惠、多元的内隐关系。这就自然将新闻传播和公民社会与国家认同串联在一起。这其中如何认识公民身份与国家发展？如果抽取各个时期历时性的仁智互见的论说，从共时性的理论来看，2000 多年来的公民身份理论呈现出初始状态的同步共生、发展状态的同构互惠、现阶段的多元发展的特点。

1. 公民—国家在初始状态是同步共生的

公民身份这一概念起源于何时？本文无力去予以考证，也不是本文着力之处。但是，从现有文献来看，公民(citizen)概念出现于古希腊城邦国家。在其后的发展中，虽经过了从古典时代一直到 17 世纪共和主义向 18、19 世纪自由主义的两次转型，以及 20 世纪全球化从单一身份向多元身份的发展。但从原始的意义看，公民与城邦国是同步发生的，即公民身份作为国家合法性的给定物，是以公民认可国家并主动承担责任和义务为前提的。亚里士多德认为，“公民一般的意义原来是指一切参加城邦政治生活轮番为统治和被统治的人”。[②] 西塞罗认为，“公民是担任国家职务并在政府中扮演一个积

---

① 秦树理，陈思坤，王晶. 西方公民学说史[M]. 北京：人民出版社，2012：14.

② 亚里士多德. 政治学[M]. 北京：商务印书馆，1997：154.

极角色”的人。[1] 洛克认为公民是放弃自然法则的执行权利而把其让渡给国家以获得“安全”和“保障”的个体。[2] 从这些论述来看，从逻辑上无疑可以抽绎出共性的东西，即公民和国家是连体共生、相互依赖、同时出现、共同发展的。以现代的观点来看，国家是公民的庇护神，国家是公民的捍卫者，两者是鱼水之关系。从价值关系看，无公民自觉承担责任和义务，则国家无从诞生；无国家之庇护，则公民难以生存于社会。故此，希特将公民和国家的关系说得十分明白晓畅，“公民身份的目的在于以一种共生的关系将个体与国家联系在一起，以创立和维护一个公正而稳定的共和国政体，使个体能够享受到真正的自由。”[3]由此可知，剥去纷繁和复杂的外表，从公民身份与国家生成的实质来看，两者是同步共生的。

2. 公民—国家在发展状态是同构互惠的

公民—国家之关系在其后的发展中，尤其是在民族主义和印刷术产生之后，特别是大众报刊的诞生所承载的天赋人权和自由、平等、博爱之精神，又使公民、国家同乘一辆快车向全世界传播。这无形中，公民与民族合而为一构成了民族国家发展同一体并共有同一发展方向。因此，公民身份的本质与公民权利、政治权利和社会权利以及民族发展争自由、求独立就有着天然的联系，加上大众报刊自由、平等、博爱思想的宣传，表现在政治领域就形成了公民—国家互惠发展的关系。正如安东尼·D·史密斯指出“‘民族的国家’的理论一般认为有一种公民民族主义形式。人民主权的观念一直假定对构成民族、国家、公民的那些‘民族’（people）的实质及其边界有一个清晰的认识，通过成为‘民族’中的成员，个人才被赋予了公民的权利和义务。”[4]史密斯强调，民族是以公民个体承担权利和义务才能获得国家的支持与庇护。因此，从政治学角度看，公民身份以民族国家的架构为政治前提，才能获得民族国家成员的资格。也就是说国家应保护、保证公民获得其权利和义务的资格，公民才能忠诚、效力于国家。这两者互惠的等式同样作用

---

① 西塞罗. 国家篇、法律篇[M]. 北京：商务印书馆，2002：39.

② 洛克. 政府论[M]. 北京：商务印书馆，1996：54 – 58.

③ Derek Heather . what is citizenship[M]. conelon：polity press，1999，p53.

④ 安东尼·D·史密斯. 全球化时代的民族与民族主义[M]. 北京：中央编译出版社，2002：115.

于民族—国家，形成一种两条线发展同构互惠的关系。即在外敌入侵时国家可以保护公民的生命、财产安全，对内可以防震救灾，为公民创造福祉；而公民则要对国家拥有高度的认同和爱国主义精神。这种关系可以说贯穿于古希腊城邦和现代国家理念之始终并成为一种普世的价值观。

3. 公民—国家在现阶段是多元发展的

应该承认，公民—国家发展到现阶段主要以挑战福利国家和公民身份多元化为主要特点。20 世纪中叶以来，全球化发展产生了两大趋势：一是以经济全球化为主旋律，夹杂着政治、文化等复合变量的全球一体化趋势；二是地方自治、地方独立为主旋律的地方化趋势。①他们都对公民—国家构成威胁。正如莫里斯·罗奇所说，20 世纪 80 年代以来，“在西欧、欧洲共同体经济、司法和政治的日渐一体化而始挑战国家主权和公民身份。”②如今，公民身份由共和主义和自由主义两种类型向多元的超国家级公民身份（世界公民身份、地区公民身份）、亚国家层级的公民身份（联邦单位公民身份、城市公民身份）以及女性公民身份、环保公民身份发展。这就需要面对全球化意识形态的挑战进行重新思考：强调国家社会义务与公民身份责任与义务的关系；公民身份与民族主义的关系；国家之构成与原初之意义；等等。但是在目前以国家为合法性存在和以国家为世界交往的基本单位的情况下，“既然民族国家没有消失，公民身份很大程度上仍将以民族国家作为首选对象”，③那么，断言民族国家的时代已经结束就为时过早。因此，捍卫民族国家的合法性就成为多民族国家公民义不容辞的责任和义务。

---

① 郭忠华. 动态匹配·多元认同·双向建构——再论公民身份与国家认同的关系[J]. 中山大学学报，2011(2)：116.

② [英]莫里斯·罗. 重新思考公民身份——现代社会中的福利、意识形态和变迁[M]. 长春：吉林出版集团有限责任公司，2010：1.

③ 郭忠华. 动态匹配·多元认同·双向建构——再论公民身份与国家认同的关系[J]. 中山大学学报，2011：163.

三、西北地区少数民族新闻传播为何要以公民身份承载国家认同

西北地区少数民族新闻传播与国家认同较之汉民族和其他少数民族的新闻传播在国家认同上有着特殊的意义。在汉民族或其他民族对国家认同获得较普泛认同的前提下,新闻传播作为公民教育最有力的方式,如果有少数民族挑战国家认同,将会给其他民族带来负面影响。新闻报道会使其他民族产生联想和疑问,在国家国力越加强盛之际,怎么还有人不认同国家?这样的报道愈多,若不注意方式、方法和舆论引导,久而久之会在其他民族中形成一种对国家认同的减损效应。因此,在涉及国家安全和民族团结时,淡化民族身份,强化公民身份并通过公民身份承载国家认同就成为西北地区少数民族新闻传播舆论引导十分重要的方法和途径。

1. 发达国家新闻传播涉及少数民族事务和问题的报道对我国的借鉴意义

世界上许多发达国家诸如美国、加拿大、澳大利亚、新加坡等都是多民族国家,新闻传播在涉及民族事务和问题时,以承认该国主流价值观或国家认同为前提,允许其承认各自的民族认同、文化认同、宗教认同等,并允许和支持少数民族创办其母语媒体。少数民族和主体民族在国家发展中能和谐相处,共同报效国家。这些经验值得我国少数民族新闻传播去借鉴和思考。其中较成功的就是美国和新加坡以及东南亚一些国家。美国研究少数族群报刊的学者有布罗(Judith R · Blau)、托马斯(Mim Thomas)、纽豪斯(Beverly Newhouse)、卡威(Andrew Kewee)以及罗伯特 · E 帕克(Robert E · Park)等人。前者合著有《移民报刊:族群缓冲机构》,通过对非裔和亚裔报刊的研究,为美国社会融化移民开处方,认为没有证据显示,少数族群媒体阻碍国家认同,反而推动他们融入当地主流社会。后者帕克也是站在帮助美国通过移民报刊同化于美国文化的基础上立论的。他认为,少数族群媒体存在多重认同的现象,少数族群既认同母语的族群和文化,也认同移民国家。帕克建议主流社会应该以宽容的态度对待少数族群双重认同的现象。因为"在美国,移民希望保持其祖国的传统,而且越久越好。与此同时,他又想参

与美国的公共生活，并在美国社会找到自己的位置。”[①] 我们应借鉴帕克的研究，建议国家大力支持少数民族地区的新闻传播事业，因为少数民族新闻传播事业本身就是我国社会主义新闻传播事业之不可或缺的有机构成，另一方面它在国家认同和主流价值观传播方面都有其他媒体难以代替的作用。

有关东南亚华文报刊的研究，也可以为我国少数民族新闻传播提供资鉴。彭伟步在《新马华文报文化、族群和国家认同研究》调查对新马华人族群认同与国家认同进行研究，“从世界发展的角度说，族群认同确实有可能阻碍各族群间的交流与合作，甚至会产生误解和敌意，也会在某种程度上妨碍各族群间的文化交流”，[②]他研究强调，面对全球化传播，移民传媒如何以文化为纽带，越超种族主义，强化移民国的国家认同，这就为我国少数民族新闻传播宣传主流价值观提供了新的视角。

2. 人文社会科学先进理论对新闻传播以公民身份承载国家认同的指导意义

人文社会科学先进理论是人类改造世界的工具，也是推动社会文明的思想武器。将人文社会科学先进理论转化成现实生产力，历来是党和政府极为重视且视为与科学技术同等重要的治国策略。20 世纪 90 年代以来，我国对公民身份理论日益关注并形成热点。公民身份有关民族成分的研究对我国的民族政策有一定的借鉴意义，尤其是对当前少数民族新闻传播当下有指导意义。

由于社会发展越来越快，学科部类不断增加，因之，学科壁垒和学科隔膜也不断发展，隔行如隔山真的成为人文社会科学研究的一大障碍。对此，新闻传播尤其是传播学者应主动消除学科隔阂，寻找解决现实问题的互用、实用之策。近几年来，针对我国民族问题的现状，一些资深的社会科学家就向国家献计纳言，如北京大学社会学教授马戎就建议“把新中国成立以来在族群问题上的‘政治化’趋势改为‘文化化’的新方向，把少数族群问题逐步

---

① Robert E · Park. The Immigreat press and Los Control[M]. New York : Harpor and Brothers publishers, 1982, p449, p467 - 468.

② 彭伟步. 新马华文报文化、族群和国家认同研究[M]. 广州：暨南大学出版社，2009:167.

‘去政治化’，应强化民族(国民)意识”。① 马戎的观点虽遭人商榷与质疑，但在报道少数民族犯罪问题时而凸现公民身份、淡化民族成分却是符合国际报道惯例的。北京师范大学副校长、哲学教授韩震认为，我们的族群区分政策不能以牺牲国家认同为代价，最好是以增加国家认同的强度为标准。例如，表格中是否应反复填写民族身份？我们是否应该过分强调区分不同的民族？过去的区别对待就是强化差异，差异就是区别，区别多了就容易制造“他者”，从而把人们人为地分离开来。②韩震在这里指出，区别就是差异，容易制造“他者”，这很符合新闻传播以个体或特殊事物报道共性或普遍性事物的特点，但是，过多地报道少数民族的落后之处，就会使公民身份的鸿沟越来越大。另外，中央民族大学的贺金瑞教授和北京大学的燕继荣博士也认为，针对我国民族认同和国家认同，借鉴美国“多元文化主义”原则和熔炉文化政策，顶住民族团体压力，不对民族身份做出特殊照顾。美国人的身份证明中没有民族成分的内容，人口普查的相关项目中由被调查人自行申报填写。③ 如果用到新闻传播上就很能消弭民族之间的纠纷，因为关注公民中的弱势群体历来是新闻报道的常设话题，因为是新闻有代表自由、民主、公平、正义之缘故。这也是符合国际上现代化经验的一条历史规律。“市场经济—公民社会—民主政治乃近代现代文明不可移易的自然进程”。④可喜的是我国有关少数民族新闻传播在吸纳人文社会科学和国际上新闻报道惯例的基础上，正在进行积极地调整和改进，比如，不再迎和外国传媒进行议程设置的跟进和律动，报道少数民族新闻注意及时性和真实性，不再着意强调少数民族身份。如 2012 年 6 月 29 日报道新疆和田机场发生歹徒劫机事件就没有强调民族身份。笔者在新浪网上搜索同题集中的四条新闻，除了后续报道查清六名劫机歹徒名单以外，报道没有附加在该新闻让人猜想、联想的其他少数民族的信息，但确实满足了读者欲知的心理，他们是以

---

① 马戎.理解民族关系的新思路——少数族群问题的“去政治化”[J].北京大学学报,2004:132.

② 韩震.论国家认同、民族认同及文化认同——一种基于历时哲学的分析与思考[J].北京师范大学学报,2010(1):111.

③ 贺金瑞,燕继荣.论从民族认同到国家认同[J].中央民族大学学报,2008(3):9.

④ 刘阿荣.多元文化与公民社会[M].台湾:扬智文化事业股份有限公司,2009:262.

公民身份进行犯罪的。2011 年 9 月 25 日新华网报道《维吾尔族烤羊肉串男子资助上百名贫困学生》，新闻凸显的是阿里木的身份，他八年来在毕节市以烤羊肉串为生，积攒 10 万元资助上百名贫困生，他的故事被无数网民誉为"烤羊肉串的慈善家"，整篇报道以平凡的公民身份突显不平凡，从而显示出新闻报道再也不是以制造"他物"寻找差异来彰显人物的不同。

3. 新闻传播以公民身份承载国家认同是公民教育的重要途径

国家认同是世界各国政府追求合法统治的最高追求。公民对国家的认同不仅表现在对国家要承担责任和义务，而且要对自己的身份产生归属感和自豪感，进而产生出一种爱国热情。新闻传播在这方面有着得天独厚、不可替代的作用。正如普莱斯所说"一个国家的可持续性最终依靠国民理性的经济决策，或是武力的使用，抑或是文化纽带和历史忠诚的凝聚。而媒体对组成这种合理性、权力的有效性和文化纽带的各种因素产生影响。""一个国家更希望垄断能够塑造形象的媒体，而不希望如此重复的工具落入他人之手。"①也就是说，媒介作为一种软实力，不仅对国家形象塑造起着加固、夯实的作用，而且媒介作为一种宣传机器时刻都在制造国家强盛并要屹立于世界的形象。这是新闻媒介作为上层建筑之部分管理意识形态的实质。

一是新闻传播促进公民对国家认同的归属感，这是培育与建构公民国家认同的前提和基础。诚如上述，公民认同是建立在公民承认国家的合法地位并确定自己有归属感的心理认知，它包含了对国家的同一、承认、认可并付诸行动的一系列过程。既来自于公民身份民族血缘关系的继承，又必须依靠国家对公民的国家认同培育和建构。因此，学校、家庭和大众传媒的教育就起着重要的作用。一个人绝大部分信息获知是靠媒体提供的。这样看来，公民的媒介素养教育在公民教育中就尤为重要。英国、美国、新加坡等发达国家都十分重视公民的国家认同教育，他们通用的做法是依靠媒体，不分种族、语言、宗教信仰等异同，强化国民的对国家的归属感、忠诚感，并将其物化成一种对国旗、国歌、国徽等一系列符号的认同。有了如此之可

---

① [美]门罗·E·普莱斯.媒介与主权:全球信息革命及其对国家主权的挑战[M].北京:中国传媒大学出版社,2008:27－28.

感、可知的具体认同,加之精神领域的向往和归属,自然就奠定了对国家认同的前提和基础。而这一功劳是与大众传媒分不开的。

二是新闻传播促进公民对国家制度的认同,这是培育和提升公民对国家认同的关键。国家认同其实质是一种政治认同,而对国家制度的认同是衡量国家认同的标志,社会核心价值观的认同是检验是否承认国家意识形态的重要尺度。长期以来,我国实行的人民民主专政和社会主义制度已获得全国各族人民的广泛认可。社会主义核心价值观标举的坚持马克思主义指导思想、坚持中国特色的社会主义共同理想、坚持以爱国主义为核心的民族精神、坚持以改革创新为核心的时代精神和社会主义“八荣八耻”的荣辱观也广泛普及和深入人心。国家所倡导的国家服务于人民、一切为了人民、人民的利益高于一切已成为主流媒体的主旋律。但是,也应该注意到,中央媒体和地方媒体,主体民族媒体和少数民族媒体在国家制度认同和社会主义核心价值观宣传方面形成了倚重倚轻的现象,国家认同有所弱化。在当前少数民族新闻传播多为国际关注的情况下,充分发挥少数民族新闻传播国家宣传机器功能,大力宣传国家认同是各民族的任务。这是因为地方媒体和少数民族媒体,与当地受众更近,运用落实国家大政方针更能取得好的传播效果。如果少数民族地区的人民群众能自觉认同国家制度和核心价值观,国家安全和边防建设就更加巩固。所以,加大少数民族新闻媒体的国家投入会对国家认同起到基础性的作用。

三是新闻传播培养公民的主人翁精神和对国家的责任感,这是培育和提升公民国家认同的根本。应该说,培养公民的国家认同不是目的,培养公民的主人翁精神和对国家的责任感才是一个国家一个政党所最需要国家建设的根本动力。一般说来,公民对国家认同只是一个心理认同过程,若能将其转化为一种自觉的主人翁精神,就会变成一种爱国行动,甚至会献身国家。新中国成立以来,我国的新闻媒体无论是在计划经济和市场经济时期都塑造各个时期不同类型的英雄人物。尤其是在当下,当国民的道德不断遭人拷问之际,新闻媒体不断的报道了各条战线“草根式”的平凡而伟大的公民形象,被世人奉为楷模的雷锋自不待言,各行业所涌现的“最美丽女教师”张丽莉,舍己为人的军人楷模沈星以及资助贫困生的克里木和跨索医生邓前堆等，这些人物以自己的实际行动证明，为国家服务，为人民服务是一个公民最值得赞誉的美德。新闻媒体对其讴歌和赞颂也证明，公民以国家建设为己任才能构筑公民与国家认同良性互动的社会基础。

第三节　西北地区少数民族新闻传播要坚守新闻价值规律

西北地区少数民族新闻传播事业无论在新闻传播运作体制还是在传播观念以及对国家认同上都迥异于汉族的新闻传播事业。在具体的新闻业务如新闻叙事、文本构建上也多有不同。因此，强化信息传播意识，淡化宣传意识，尤其是淡化新闻报道中的感恩意识、赐恩意识，坚持新闻专业主义原则，遵循新闻价值规律，用新闻价值而不是用宣传标准衡量新闻，尤其是关涉少数民族种族、宗教、人权等问题，一定要符合国际新闻传播的惯例，适合国际受众信息传播心理。另外，对涉及少数民族个人隐私和民族婚姻习俗的报道，不能以猎奇寻乐的态度曝光于媒体，同时要注意少数民族跨文化传播的障碍和传播禁忌。在信息传播公开为正常、不公开为例外的原则下，坚持并承认，少数民族新闻传播存在这样的事实和现象，关涉少数民族宗教信仰、婚姻习俗、社会风情的报道要注意不传播即为社会控制的特殊性，树立一种从宣传学的角度衡量传播效果的辩证认识。

一、坚持新闻专业主义原则，用新闻价值规律衡量新闻传播效应

新闻专业主义这一概念最早出自何人？目前尚不清楚。据吴飞研究，1926年，密苏里大学新闻学院首任院长威廉斯着手制定“新闻工作者信条”（The Journalist's Greed），明确提出“我深信新闻业是一种专业”。也就是说在20世纪20年代，新闻的真实性才意味着专业性的中立和客观，新闻工作者才意识到新闻不能歪曲事实，不能带有个人偏见，才能保证新闻的公正性。①此后，新闻专业主义虽多有争议，作为一种职业理念却越来越得到业界

① 吴飞.新闻专业主义研究[M].北京：中国人民大学出版社，2009：27.

的认可。陆晔、潘忠党认为，新闻专业主义是一套论述新闻实践和新闻体制的话语，强调的是新闻从业者与新闻工作者的普适性特征；它又是一种意识形态，是与市场导向的媒体和作为宣传工具的媒体相区别的，以公众服务和公众利益为基石的意识形态；它还是一种社会控制模式，是与市场控制与政治控制相抗衡的，以专业知识为基础的专业社会控制模式。① 陆、潘这里强调，新闻专业主义作为新闻实践和新闻体制的话语方式，有其独特的内容职业要求和普适性应用价值，新闻生产的内容和媒介宣传的内容是有区别的，宣传内容不适合新闻媒体，或者说将新闻媒体等同于宣传工具并不能起到社会控制的作用。这并不是说新闻可以脱离意识形态的控制，而是说新闻专业主义反映意识形态有其独特的话语方式。新闻专业主义要素包括以下内容：传媒是社会的公器，新闻工作者必须服务于公众利益，而不是服务于任何政治或经济利益集团；新闻从业者是社会的观察者，事实的报道者，而不是某一集团的宣传员；他们是信息流通的“把关人”，采纳的基准是以中产阶级为主体的主流社会价值观念而不是政治、经济利益冲突的参与者与鼓动者；他们以实证科学的理念标准评判事实的真伪，服从于事实这一最高权威，而不是臣服于任何政治权力或经济势力；他们受制于建立在上述原则之上的专业规范，接受专业社区的自律，而不接受除此之外的任何权力或权威的控制。② 上述这五种要素是陆、潘对传媒功能、新闻生产方式、新闻职业伦理等方面进行的理论概括。其实，在新闻实践中，理论总结和现实操作有一定的差距。比如说，新闻专业主义不接受任何政治权力或权威的控制，显然做不到。因为阿特休尔就说“无论过去还是现在，新闻媒介都没有展现出独立行动的图景，而是为那些所有者和经营者的利益服务。”③媒介为不同的意识形态服务，本身就是其应有的功能属性，但是，不是任何意识形态所要求的宣传都适合媒介传播，宣传应该讲求策略，新闻应该讲求方法，是当前少

---

① 陆晔，潘忠党．成名的想象：中国转型过程中新闻从业者的专业主义话语建构[J]．新闻学研究（台北），2002.

② 陆晔，潘忠党．成名的想象：中国转型过程中新闻从业者的专业主义话语建构[J]．新闻学研究（台北），2002.

③ [美]赫百特·阿特休尔．权力的媒介[M]．北京：华夏出版社，1989：39.

数民族新闻传播尤其是对外传播的重要任务和新闻从业者的必修课程。

诚如上述，新闻的内容和宣传的内容受意识形态控制并共用媒介传播的渠道，这是不争的事实。但是，新闻的内容和宣传的内容却有不同的受众，这也是不争的事实却常常被忽略。当前，在少数民族新闻传播尤其是涉及宗教、种族、人权备受国际关注的情况下，分清新闻传播与政治宣传很有必要。一般说来，新闻价值是衡量新闻传播和政治宣传的重要尺度，也是新闻生产的主要标准。新闻传播重信息变动，且以受众的需求为目的；宣传传播重观点说服，且以宣传者的利益为目的，不像新闻要针对具体的目标受众。那么，何谓新闻价值？应该说新闻价值是中外新闻学研究的重要范畴，也是衡量新闻能否刊播的价值判断。它出现在19世纪20年代的美国，传入我国以后还形成新闻价值的"客观说""主观说""效果说""综合说"[①]以及"功能说""标准说""素质说"[②]等。理论上虽未达成共识，在新闻实践中还是有其行业标准。姚福申认为，新闻价值是新闻事实对社会人群产生影响的各种素质的总和，新闻价值是有客观性的，社会因素影响新闻价值的实现。[③]

我认为，新闻价值是新闻生产前的一种行业评判准则和新闻生产后社会评判的共有准则，具有一定的客观尺度。它是新闻记者编辑（主体）依据新闻事实能核爆发大小对某一事件（客体）进行价值开发的逻辑起点，也是新闻产出后受众对其效果评价的价值归宿，其中新闻客体中蕴含的足以构成新闻事实变动诸种要素之和成为新闻主体认知新闻价值的客观标准。新闻主体（生产者）→←新闻客体（事实存在者）→←受众主体（评价者）双向认知是新闻价值链中最为重要的核心元素，新闻记者编辑受自身知识结构和社会意识形态的影响与受众受自身知识结构和社会意识形态的影响对新闻刊出前后的不同评价缘于人们各自对信息的认知规律，这一认知规律就是新闻价值规律。简言之，信息认知因人而异，新闻价值有大有小，价值规

---

① 王益民.系统理论新闻学[M].武汉：华中理工大学出版社，1990：105.

② 姚福申.新时期新闻传播评述[M].上海：复旦大学出版社，2002：131.

③ 姚福申.新时期新闻传播评述[M].上海：复旦大学出版社，2002：135－136.

律衡量有高有低。基于这样的认识,一般认为,一是新闻价值构成要素包括重要性、及时性、新鲜性、接近性、显著性等国内外业界认可的说法并未过时;二是区分新闻价值以及新闻评价引发的社会效果、宣传效果就很有必要。如果宣传的内容借用新闻传播的载体(讯道)起不到应有的作用,甚或出现副作用,则是意识形态操控者高度警觉和力求戒免的。李良荣认为,“把新闻价值和新闻的价值混为一谈,表面上看,这些人在大谈新闻价值,很重视新闻价值,但实际上,他们以宣传价值取代了新闻价值应有的地位,无形中排斥了新闻价值选择新闻只看宣传价值而忽视了新闻价值,最终新闻还是很少有人看。”[①]由此看来,新闻价值决定新闻的价值,新闻的价值属于的社会评价。宣传效果是新闻的价值传播后社会评价的主要的表现,要达到良好的宣传效果就力戒强行灌输和劝服,利用信息变动宣传观点转化为一种事实变动的陈述,以增强对受众的针对性和有效性。

新媒体技术环境下,由于传受合一,产生的传受互动性和虚拟性,使新闻价值主体—客体—主体传统的信息认知模式受到冲击甚至遭到颠覆,传受直接进行信息沟通是传统的把关人的角色和作用难以起到过滤的作用。因此,网络传播信息过滤就成为当今世界各国面临的难题,一些人职业伦理和媒介伦理意识淡薄者或别有用心者利用互联网传播不良信息甚至造谣生事给社会造成的危害已成为社会治理的难题。“3·14”“7·5”事件中一些国外反华势力勾结民族败类要分裂祖国、搞恐怖活动大多是利用互联网进行信息传播的。

二、淡化常规报道尤其是成就报道中感恩赐恩意识,回归新闻真实性

新中国成立以来,新闻宣传占据我国意识形态的主导地位,宣传部门主管新闻媒体也是天经地义的。新闻宣传为巩固社会主义意识形态以及主流价值观和社会和谐、稳定、发展所做出的贡献是有目共睹的。但是,自传播学译介中国以来,新闻与宣传不分、混杂的做法越来越遭人诟病。对此,武

① 李良荣.新闻学导论[M].北京:高等教育出版社,1999:177.

汉大学曾在1987年举办过“新闻、宣传、舆论研讨会三者之间的关系——武汉大学新闻理论讨论会综述”，对新闻与宣传的关系进行专门讨论并引发许多学者各抒己见。李良荣认为，新闻与宣传最根本的区别在于新闻传播的是信息，宣传传播的是观念。两者在出发点、归宿点、传播方式、传播要求上都有区别。①陈力丹认为，新闻≠宣传。其差别主要表现在：第一，新闻重信息，宣传重形式；第二，新闻重新异，宣传重重复；第三，新闻重事实，宣传重观点；第四，新闻重时效，宣传重时机；第五，新闻重沟通，宣传重操纵；第六，新闻重平衡，宣传重倾斜。② 上述两位学者对新闻与宣传区别的论述有利于辨认新闻报道与政策宣传，也有利于剥离纯粹的宣传内容脱离新闻媒体寻求其劝服效果的最大化。但是，我以为，还应从学科背景、学科属性上加以区分。自从传播学译介中国以后，它提升、改造了新闻学的品相或品质，一改过去“新闻无学”遭人诟病之嫌。传播学是20世纪40、50年代兴起于美国的新兴学科，无论从拉斯韦尔、霍夫兰、拉扎斯菲尔德、卢因，还是传播学集大成者施拉姆，都背靠二战前后的宣传实践而起家的，以讲求传播效果闻名于世。心中有受众是传播学区别于宣传学的根本。另外，从学科属性看，传播学自诞生以来就具有应用学科的性质，而宣传学始终操控在政客手中，英语世界并不看好propaganda，甚至多少有点贬义。尽管宣传可以成为一种职业，但是，由于涉猎庞杂，难以形成学科的专业性，如宣传有文艺宣传、军事宣传、商业宣传等，可谓铺天盖地、全面开花，难有学科特定的范畴和对象。基于学科发展的认识，新闻、宣传两者不分会造成如下危害：一是会降低新闻传播学科的专业品相和属性，不利于新闻传播学科理论指导新闻媒体的运作和发展；二是萎缩、淡化了新闻传播的多功能属性，毕竟传播的功能还有监测环境、协调社会、文化积存、提供娱乐等，一味地强调宣传功能最多只能算作其中的一项功能而忽视了其他功能；三是新闻与宣传混用会使受众无法适从，进而浪费传播资源使宣传主体难以获得理想效果。在市场

---

① 李良荣.新闻学导论[M].北京：高等教育出版社，1999：34-35.

② 陈力丹.论新闻与宣传[J].新闻传播，2011(4)：7.

经济中，尤其是激烈的媒体竞争中，媒体操控者不注重传播对象、不注重受众心理，只顾自己的观点强行灌输和劝服，最终会使媒介难以生存，丧失期媒介的公信力。正是基于这样的认识，我们才要在新闻传播中淡化宣传意识，强调按新闻传播规律办事，将宣传变为受众所需要的信息来传播党和政府的声音。长期以来，这种变宣传为信息传播并不尽如人意。在常规新闻报道中，我国大小媒体都存在宣传味浓烈的现象，尤其是少数民族成就报道中感恩、赐恩意识充斥我国媒体的版面、频道、网络中。笔者曾对人民日报近期有关少数民族新闻报道做过抽样统计，从比较的角度看，人民日报对少数民族新闻报道总体上说，无论是数量还是质量都赶不上解放初期，这从顾媛婷的硕士论文专门研究人民日报关于少数民族新闻报道就可以看出来。

计划经济时期《人民日报》关于少数民族报道平均每月篇幅统计

年份	1949	1950	1951	1952	1953	1954	1955	1956
少数民族新闻报道	214	310	390	328	338	458	331	414
报道数量	19023	20251	14500	13397	12820	14035	15659	23982

（资料来源:《人民日报》电子版）

当下的报道，大量的是支援老少边穷地区区域经济发展和建设成就的报道。笔者抽取2005年至2011年每年7月份的人民日报和1983年至2003年每隔5年7月份的人民日报数据进行分析，除了2009年“7,5”事件新闻报道在炎症阶段报道相对集中外，人民日报大量的篇幅都放在东、中部经济建设和其他领域。

改革开放时期《人民日报》1983年7月每间隔5年对少数民族新闻的报道篇幅统计

时间	篇数(篇)
1983年7月	2
1988年7月	3
1993年7月	5

续表

时间	篇数(篇)
1998 年 7 月	2
2003 年 7 月	2
2007 年 7 月	9
2008 年 7 月	1
2009 年 7 月	25
2010 年 7 月	11
2011 年 7 月	15

而对这些少数民族新闻报道的视角主要还是建设成就和民族团结的报道,凡涉及成就报道,大量地存在感恩意识和赐恩意识。

笔者选取《人民日报》2010 年 7 月报道少数民族新闻报道的文章,择其要者列述如下:

2010 年 7 月 5 日《万事民为先——新疆改善民生纪实》中维吾尔族老人阿不来提·肉孜说:"党啊,你是温暖的春风,帮我们驱散了沉沉的乌云,融化了满树的冰霜;党啊,你是金色的阳光,催开园中的百花,照亮了我们前进的道路……"

2007 年 7 月 5 日《青藏铁路通车一周年回眸:造福西藏人民的世纪工程》,记者写道:"处处都能感受到百万农牧民对党中央关怀和全国人民支持的无限感激,感受到青藏铁路通车运营给西藏发展带来的变化,给西藏各族人民送来的福音。"

1998 年 7 月 25 日《新疆宁夏穆斯林欢度古尔邦节》,74 岁的牧民海依沙说古尔邦节期间他不仅要招待从偏远牧场安全归来的客人,还要款待帮助牧民渡过难关的干部们,没有救灾干部的帮助,自己的孩子可能还在饥寒交迫的回返牧道上。

……

类似于这样的报道还很多:

2011 年 11 月 24 日《健康报》报道,“索道医生”邓钱堆的心愿实现了,“应该感谢党和政府对边疆少数民族地区的关怀。”邓前堆说。

中广网察布查尔县 10 月 26 日消息(记者孙涛 察布查尔台记者程建江)《记者走基层:察布查尔县昔日土坯屋今朝小洋房》,维吾尔族大叔努尔太今年也盖起了 120 平米的新房,他说是党的惠民政策让他们一家人过上了安心舒适的好日子。

新闻报道中存在的上述问题,已成为一种程式化的叙事浸淫在各种报道中,尤其是少数民族有关成就报道中的感恩、赐恩意识,长此以往既不能起到宣传作用,还会伤害少数民族的自尊心,甚至会影响民族团结。关键问题是新闻报道中这个观点与事实不分,缺乏叙事技巧的做法会使人感到虚假、不真实,久而久之,会失去受众的注意力。对此,我认为:

第一,应从新闻观念和意识形态的角度进行修正和改革,一定要从新闻事业党性原则和新闻从业者职业素养的角度认识到,新闻报道中要依托事实,善发议论,不能一味歌地唱赞歌。赞歌唱的越响,人民群众越不爱听。最近,中央政治局委员、广东省委书记汪洋说“人民群众是创造历史的主体,也是建设和享有幸福广东的主体。追求幸福,是人民的权利;造福人民,是党和政府的责任。我们必须破除人民幸福是党和政府恩赐的错误认识,切实维护并发挥好人民群众建设幸福广东的主动性和创造性,尊重人民首创,让人民群众大胆探索自己的幸福道路,使每个人在努力创造个人幸福生活的同时,也为增进全社会的幸福奉献心力,实现全省人民共建共享幸福广东。”①

消除这种硬加在新闻报道中的空泛议论和抒情,回归新闻真实性,自然就增加新闻媒体的公信力。

第二,新闻报道要学会讲故事、善讲故事、讲好故事。比如,新闻报道对少数民族“慈善英雄”克里木、跨索医生邓钱堆、献身西藏人民医疗事业将军

---

① 中国共产党新闻网[EB/OL].[2012-05-09].http://www.sina.com.cn.

李素芝、维吾尔“大医生”姜万富等的报道,都是以讲故事的形式写出了感人肺腑、情真意挚、平凡而伟大的事迹。尤其是《维吾尔族老乡的“大医生”——全国优秀乡村医生姜万富》,用平凡、常见的视角报道扎根边疆43年服务于维吾尔族老乡的事迹,新闻报道讲平凡人的平凡故事,文中没有一句感谢党和政府的话,却把维吾尔族老乡对姜万富的依依难舍之情跃然纸上,显得文起波澜、荡气回肠,充分显现了记者高超的新闻故事演绎艺术。

第三,将走转改当成一项长期的任务和记者成才的必由之路,才能淡化、脱离那种肤浅的程式化叙事,写出令人难忘、无愧于时代的精品。基层出新闻,基层出精品。记者只有深入基层转变作风,改变文风,才能捕捉到新气象、新风貌、新特点,才能探求事实真相,剖析社会现象,抓住事件本质。进而改变以往陈陈相因的程式化模式,跳出过去的定势思维窠臼,将党和政府所需要的宣传内容变成老百姓所需要的信息内容并成为推动社会和谐发展、创造物质和精神财富的动力。

三、注重少数民族新闻传播跨文化的不同心理和不传播即为社会控制的特殊性

淡化宣传意识,还信息于民,这是现代传播讲究受众意识和传播效果的真谛。对于少数民族受众来说,淡化感恩、赐恩意识,回归新闻传播多功能属性,这是少数民族新闻传播真正做到监测社会与社会和谐发展的关键。这也是最希冀的媒介与社会良性运作的机制。如果新闻传播遇到障碍将会如何呢?那么传播效果就会变得很“无奈”,正像彼得斯所说“speaking into air”,[①]传播效果随风而去,自然就失去信息改造世界的力量,意识形态所需的社会控制就软弱无力了。从笔者主持的教育部课题调查情况来看,西北地区少数民族受众抱怨实用信息少、致富难,媒介民语(母语)与他们的需求有距离,甚至一些受众认为过去的民语(母语)比现在的好。

① [美]彼得斯. 交流的无奈——传播思想史[M]. 北京:华夏出版社,2003:2.

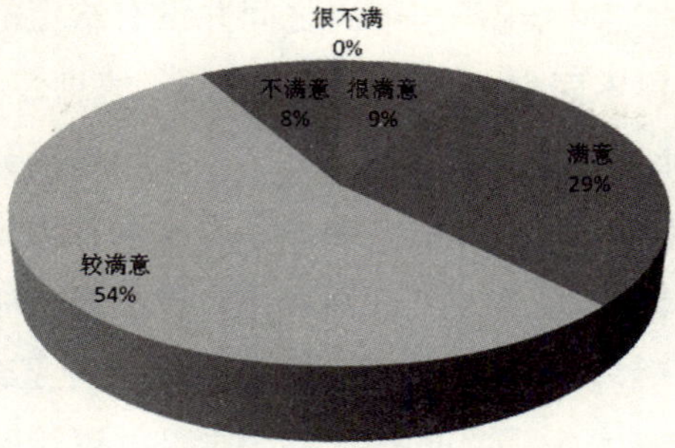

维吾尔族对媒体提供生产、生活实用信息满意程度

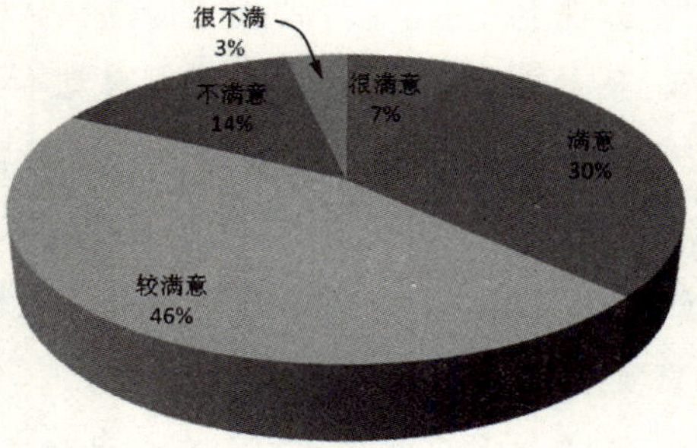

伊斯兰教信仰者对媒体提供生产、生活实用信息满意程度

在现实社会中，少数民族新闻传播与汉族相比，同处于一种社会制度和意识形态，因此，似乎不应存在思想观念和意识形态偏见等问题。其传播障碍主要是跨文化传播的问题。从跨文化传播角度看，传而不通主要是语言、非语言、宗教信仰、社会习俗以及社会偏见所致。应该指出的是，少数民族与汉族共享同一国度，这里的跨文化传播不是跨国民族的文化传播，仅仅是同一国家多元一体的民族跨文化传播。这是我们认识西北地区少数民族跨文化传播的前提与基础。

那么，从跨文化传播障碍生成的角度看，影响少数民族传播因素有哪些？华人学者陈国明在《跨文化交际学》指出，传送者、译码、讯息、通道、接受者、解码、回馈环境以及噪音①等是其主要因素。一般说来，传播障碍主要是因为解码误读产生的歧义所致。这就要求编码要具有符号意义的确定性

① 陈国明.跨文化交际学[M].上海：华东师范大学出版社，2009：1.

和明晰性。在现实生活中,编码与解码之间并没有给定的一致性,某一信息可以由不同的读者以不同方式解码。霍尔指出,信息传播中存在三种不同的解码方式,第一种是主导—霸权符码方式及编码、解码使用的符码是一致的;第二种是协调符码方式,它融合、吸纳和对抗两种因素,一方面承认主导—霸权符码的合理性,另一方面又试图保持自己的某些特殊规则,使各种主导的规定与自身的"局部条件"和团体相协调;第三种是对抗解码,即以一种完全相反的方式解码信息.[①]这就产生了"误读","误读"本是文学接受的概念,它又分为正误和反误,正误是指"读者的理解虽有与作者的创作本义有抵牾,但作品本身却在客观上显示了读者理解的内涵,从而使得这种误解看上去又切合作品实际,令人信服。"[②]反误是指读者自觉不自觉地对文本进行穿凿附会的解读,以致出现某种程度的曲解或令人啼笑皆非完全相反的结果。请看下面独龙江人对一则新闻报道的解码。这是郭建斌在《独乡电视:现代传媒与少数民族乡村日常生活》书中讲述的有关电视新闻传播效果发生"置换式解读"的真实故事:

> 晚饭前电来了,吃饭时电视打开了,放着中央电视台的"新闻联播"。其中一条新闻是:中国国家主席结束对河内的访问回到北京。电视画面呈现的国家主席的夫人引起所有在场的大人的兴趣,大家都争着看电视画面中反复出现的几个国家主席夫人形象的镜头,表现出非常好奇的样子…… 第二天中午,前一天看电视的人大多都在金文家的火塘边喝茶,我先问大伙是否记得新闻中国家主席从什么地方访问回来。金文说记不得了,只注意到了国家主席的"濮玛"(妻子)。他说以前从未看到过,昨晚是第一次看到。接着金文问道"国家主席的'濮玛'的年纪是不是比国家主席大,还未等有人回答,金文接着说"在电视里看要大一些"。[③]

显然,金文对"濮玛"(妻子)的理解暗含了独龙江人和摩梭人以母系为

---

① 罗钢,刘象愚.文化研究读本[M].北京:中国社会科学出版社,2000:356-368.

② 童庆炳.文学理论教程[M].北京:高等教育出版社,1989:300.

③ 郭建斌.独乡电视:现代传媒与少数民族乡村日常生活[M].济南:山东人民出版社,2005:154.

尊的氏族社会的特点和婚姻风俗习惯。郭建斌在这里主要想问金文，新闻报道要以时间发生最新为要。而金文却解读出另外的意思。不难看出，语言差异和固有的社会认知习惯对跨文化传播的影响。

少数民族的语言，是我国民族文化有机构成且是不可或缺的一部分。我国在少数民族地区开展双语（汉语、民语）教学，是少数民族语言传承发扬的必要手段和有效措施，为弘扬祖国语言丰富多样性起着“载体”作用。正如单波指出“对于少数族群的语言、地区性语言和方言来说，从文化差异权、文化生态的多样性等角度加以保护是必要的。但必须找到延伸转移的途径，使之成为可交流的语言，否则，一个语言文化群体就会丧失自由交流的基础，文化身份的意义也会流失殆尽。从这个意义上讲，保护一种语言，并不是发掘其丰富的奇特的文化信息供人观赏，而是使之向世界说话，使之与各种语言代码互动。”①

对少数民族新闻媒体来说，怎样才能弘扬少数民族的语言文化？这不仅事关其在市场经济中如何生存发展，而且也关乎中华民族文化传播的多样性和丰富性。我国少数民族新闻传媒经过多年的曲折发展，目前已找到一条依托市场、国家补贴的路子，各地少数民族新闻传播利用民语建立了报刊出版、广播电视、网络传播等不同形态的媒体市场化生存与国家财政支持的运作体系。但是，目前这种运作体系还较为脆弱，关键是缺乏少数民族节目供给机制和人才创新机制的保障。根据笔者调查，在发放的 213 份问卷中，维吾尔族和信仰伊斯兰教的受众对民族传播提供的信息还不甚满意，认为针对性不强，信息有效性差，缺乏民族特点等。

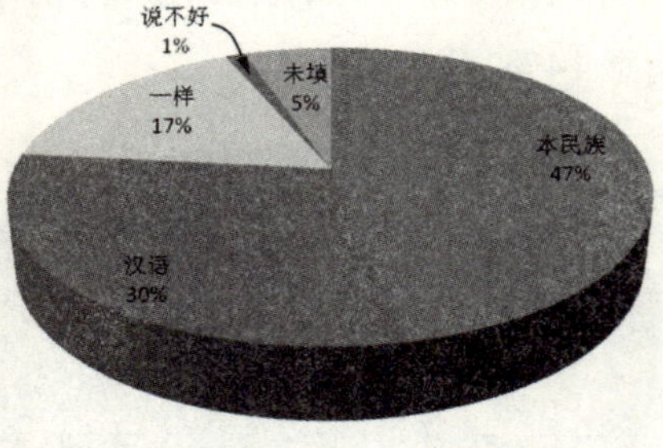

维吾尔族认为本民族报刊与汉语报刊哪个好看

---

① 单波. 跨文化传播的问题与可能性[M]. 武汉：武汉大学出版社，2010：156.

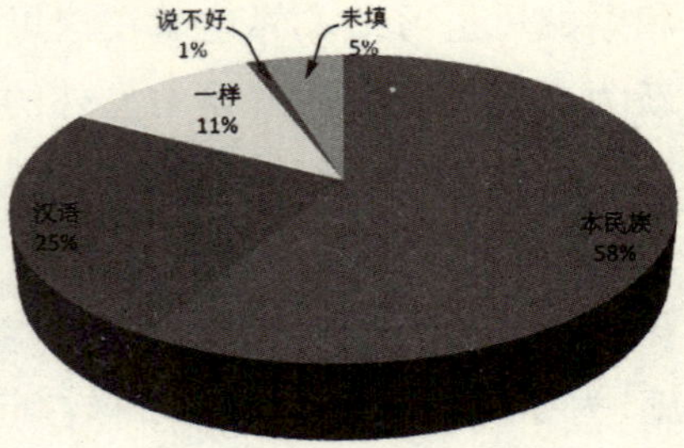

伊斯兰教信仰者认为本民族报刊与汉语报刊哪个好看

另外，通过60名对媒体专业工作者的调查，认为少数民族对民族信息供给满意度不是很高，电视工作者认为少数民族母语媒体与汉语媒体在生存中是否存在汉语媒体优先发展问题较突出，其中民文媒体能否常态化传播成为市场化生存的重要问题，民文传播常设栏目与受众的互动需求成为传播效果最大化的核心问题。

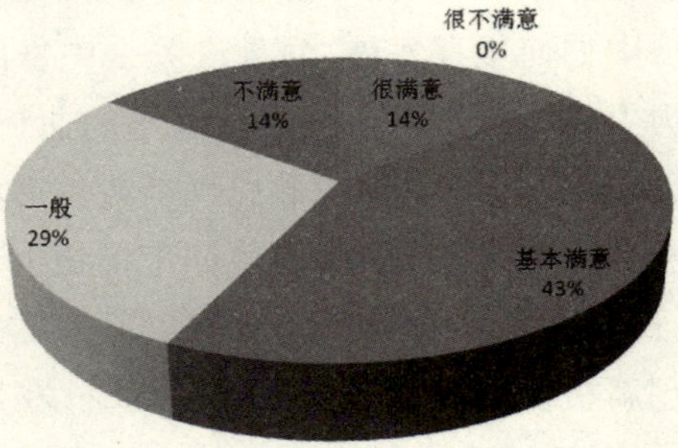

报社工作人员对媒体管理体制关于少数民族信息供给满意度调查

图中显示，报社工作者认为对媒体管理体制基本满意43%，不满意14%，一般29%，很满意14%，很不满意0%。

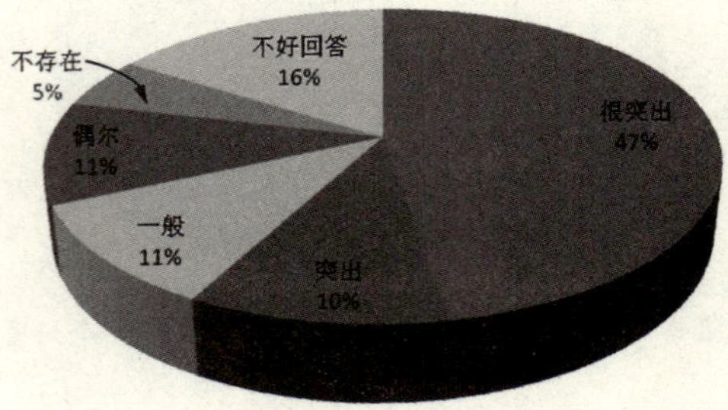

广电台工作者对少数民族母语媒体与汉语媒体在生存状况调查

图中显示,广电工作者认为对汉语媒体生存发展很突出 47%,突出 10%,一般 11%,偶尔 11%,不存在 5%,不好回答 16%。

而民文新闻传播专业人才能否深入民族心理,传播少数民族喜闻乐见的内容就成为宣传主流价值观、引导公民国家认同的关键。由于受市场化冲击和人才流动的影响,过去计划经济中培养的民文专业人才已退出新闻传媒界,尽管现在民族院校招收各少数民族新闻传播的专业人才,还是出现民文专业人才暂时短缺,不能满足传媒业的正常需求,遑论少数民族新闻传播专业人才参与社会竞争。对此,民文媒体即使发行量、收视率受到市场冲击再大,也要坚持用民文传播。这是因为,一是坚持祖国语言文字传播多样性和丰富性是国家文化发展之必须。二是民文是传播党和国家方针政策最有效的途径。三是从非物质文化遗产保护的角度看,民文传播是我国传统文化的宝贵遗产。遗弃或丢失有辱祖先。四是从传播的角度看,正如彼得斯所言,"'交流'(communication) 是典型的 20 世纪观念之一。在对我们反思民主、博爱和变迁的时代,至关重要。"①他对交流发出了振聋发聩异于常态的反问。认为交流是无奈的,最好的交流是"我们能够相互爱护,能够公正而宽厚地彼此相待吗?"②彼得斯可以说是传播史上的怪人,然而他在指出传播的无奈之后,道出传播的真谛就是关爱:"真正的交流需要心心相印,需要分享内心的经验"。③从彼得斯所讲的传播学另一层意思来看,我们对少数民族传媒和专业人才的关爱、支持也许是其负载意识形态所需要的国家认同之有效途径。

与汉族新闻传播不同的是少数民族新闻传播还有许多传播禁忌,如果掌握不好新闻舆论引导,不但会影响民族团结和社会和谐,而且也会影响国家认同。

第一,西北少数民族新闻传播在政治禁忌上一定要保持高度的政治敏感,牢牢把握"三股势力"事件性质和新闻报道的度,防止此类事件报道对公民的国家认同产生负面影响。首先,新闻报道反映的事件应与全国人民

---

① [美]彼得斯.交流的无奈—传播思想史[J].北京:华夏出版社,2003:1.

② [美]彼得斯.交流的无奈—传播思想史[J].北京:华夏出版社,2003:259.

③ [美]彼得斯.交流的无奈—传播思想史[J].北京:华夏出版社,2003:264.

一样,并不希望再次发生“三股势力”。其次,涉及“三股势力”的新闻一定要把握事件的性质,分清“三股势力”和少数民族社会治安、民事纠纷的敌我性质。根据宣传口径进行适时报道,充分考虑事件报道后对社会的影响,防止连续报道致其他民族对国家认同产生减损效应,毕竟这是中华民族公共记忆的伤疤,媒体不应时时触痛,干扰全国人民以经济建设为中心科学发展、和谐发展的大局,必要时可以对新闻的社会评价进行衡量,未必都要遇事必报,将其影响降至最低甚至为零。第三,我国媒体应主动设置议程,从正面引导公民认同国家,避免与外国媒体议程跟进形成议程设置互动。对此,我国媒体凡涉及“三股势力”报道一定要保持高度的政治敏感,掌握舆论引导的主动权,使国家认同成为新闻传播舆论引导的主旋律。

第二,西北地区少数民族新闻传播在宗教禁忌和社会习俗禁忌上要防止新闻报道对少数民族造成心理伤害。西北少数民族大多信仰伊斯兰教和藏传佛教,在宗教信仰方面有大大小小成文不成文的禁忌,加之社会习俗、婚姻习俗、家庭习俗等方面都有许多看不见的条条框框成为一种约束。因此,知晓、熟悉、尊重少数民族宗教信仰和社会习俗就成为新闻工作者报道新闻最基本的要求。藏传佛教中佛事禁忌和民俗禁忌等方面有许多知识,西藏自治区政府明令禁止参观和拍摄天葬活动,禁止猎杀和伤害鹰鹫,忌讳在采访或与天葬师交谈时,有不符葬礼仪轨和不尊重其人格的各种言论。[①] 也就是说新闻报道根本就不能涉及此项活动,否则,就违法、违规、违禁。对于伊斯兰教法明文规定的直接禁忌如吃猪肉、赌博、饮酒和间接禁忌的不成文的规定都要严格遵守,社会生活、婚姻生活、家庭生活习俗方面的禁忌也不能违犯。

第三,西北地区少数民族新闻传播要把握现代文明与民族禁忌的界限,防止媒体以娱乐心理展示、曝光宗教崇拜、婚姻习俗等方面的禁忌给其造成伤害。少数民族有许多民族图腾和崇拜,一些人崇拜山水、一些人崇拜树木、一些人崇拜牲灵,等等。如伊斯兰的斋戒,信徒日出日落间不饮食一月,曰斋戒月。从科学的角度看,斋戒月期间白天不饮食有利于清除肠内垃圾,

---

① 国家民委政策法规司编.少数民族宗教信仰与禁忌[M].北京:民族出版社,2007:16.

从精神上可向真主祷告，不能因其白天不饮食就说不人道、不文明，这样会伤害伊斯兰教徒的感情。中央电视台曾报道摩梭族走婚，在摩梭族崇尚母系氏族的原始社会习俗中，男方入赘女方繁衍子嗣，不能用现代的观念看待之。摩梭文化的核心价值不在走婚而是家庭和谐，这究竟是文明先进还是原始落后呢？南方周末写文章质疑之。若用现代法律的角度看，媒体曝光青年男女的隐私和肖像权，属于违法行为。

第四，西北地区少数民族新闻传播应把握不传播即为社会控制的特殊性原则，媒体过度报道少数民族贫困和落后也会伤害其感情。2008 年中华人民共和国政府信息公开条例公布之后，信息公开为正常，不公开为例外，这是我国信息制度走向文明社会越来越进步的表现。但是，涉及老、少、边、穷地区的少数民族尤其是妇女儿童的报道，一定要注意不传播即为社会控制的特殊性。所谓不传播即为社会控制，是指凡涉及少数民族宗教信仰、社会习俗、婚姻家庭以及极度贫困的人和事，除了有正当目的诸如慈善、扶贫等目的外，新闻媒体不能以商业和娱乐的目的和心理进行传播，否则，会对引起社会负面影响，也会给当事人造成危害，起码侵犯了人的隐私权和名誉权。从社会学角度看“社会控制是指社会组织体系运用社会规范以及与之相应的手段和方式，对社会成员（包括社会个体、社会群体及社会组织）的社会行为价值观念进行指导和约束，对各类社会关系进行调节和制约的过程。”①按照麦奎尔的说法，媒介的社会控制有以下几种类型：出于政治原因对内容的控制；出于文化或道德原因对内容的控制；出于技术原因对于基础设施的控制；出于经济原因对基础设施的控制。② 我这里强调的社会控制主要是出于意识形态所需要的国家认同和现代文明相统一的认识，即不能将社会转型期原始、贫困、落后等局部不文明现象予以放大成为社会前进的阻力，媒介报道少数民族地区的新闻一定要注意特殊性，以国家认同和国家安全为民族新闻报道的最高利益。

---

① 詹庆生.欲望与禁忌——电影娱乐的社会控制[M].北京:清华大学出版社,2011:12.

② 詹庆生.欲望与禁忌——电影娱乐的社会控制[M].北京:清华大学出版社,2011:14.

结语：国家认同是西北地区少数民族新闻传播的最高目标和理想境界

近年来，随着中国经济的腾飞和国力强盛，被国际社会认为中国遭遇"光荣独立"已远远超过美国、印度、日本在崛起之虞。这虽有过虞之嫌，但也反映出我国确实已成为国际社会关注的焦点。尤其是"3・14""7・5"事件以来外国反华势力和"三股势力"借"人权""种族""宗教"等名义，大肆向我国贩卖"人权高于主权"以及传播西方意识形态优越论和文化霸权主义，已经引起我国政府和人文社会科学工作者的高度关注，2011 年就有两项有关国家形象传播的新闻传播学的国家社科基金立项，而研究国家形象传播的著作、论文就更多。本文以西北地区少数民族新闻传播和国家认同为研究对象，从对内传播的角度探求少数民族新闻传播与国家认同的关系，应该说有其特殊的理论意义和现实意义。

应该承认，西北少数民族自秦汉以降，都与我国封建社会中央王朝存在一种或臣属或平属的关系，这种关系既是我国多民族国家一体化多元发展的历史基因，也是现代国家理念中多民族凝聚成一个国家的认同基因。承认这一点是本文立论的逻辑基础。所不同的是，与主体民族（汉族）相比，中华民族历来对国家和政府的认识，是以天下表现为国家的存续，以文化表现为政府的存续。少数民族即使入主中原也正像费孝通先生认为的那样即被汉民族同化成为某一王朝而存续发展，最终又回到王朝亡而文化亡、天下兴而国家兴的历史辙印中。基于这样的认识，西北地区少数民族新闻传播与国家认同构成了反映与被反映、手段与目的的关系。本文运用认同理论综合阐释西北少数民族新闻传播与国家认同的社会变迁和媒介变迁、计划经济时期和市场经济时期西北地区少数民族媒介的生存现状以及意识形态领域国家认同偏失的原因与创新路径。

本文在全球化、社会转型和新媒体技术发展的三维背景上探讨西北地区少数民族对现代化的向往以及民族主义所表现出的积极作用和消极作用。认为社会转型中城镇化、工业化、现代化的推进和提高所产生的区域经济发展不平衡、民族发展不平衡、贫富发展不平衡等因素是影响西北地区少数民族新闻传播与国家认同偏失的原因。认为当前西北地区少数民族新闻传播与国家认同存在着媒介运作机制与国家认同偏失以及舆论引导应在国际视野和国内视野同时提高等问题。认为西北地区少数民族新闻传播呈现出二元竞争格局、非均衡发展的态势：一是以党报、党台为主的主流媒体(汉文媒体)和以党报、党台为主的主流媒体(民文媒体)形成二元竞争格局；二是以党报党台为主的机关报、广播电视台等主流媒体与专业报、对象报、广播电视台等非主流媒体形成二元竞争格局。这种竞争格局，看似党报党台在起舆论导向作用，然而残酷的市场竞争使人们很容易忽略国家认同的最高追求，使娱乐消费成为生活的主流，而使国家认同偏失甚或流于形式，形成国家所需的意识形态一手弱、市场经济放任自流的娱乐消费一手强的非均衡发展态势。这种市场经济中社会生活趋于娱乐消费和国家认同趋于柔弱的矛盾形成，制约了西北地区少数民族新闻传播和国家认同的健康发展。消弭、克服并使其朝向有利于社会和谐、进步发展就成为我国新闻传播舆论引导的关键。

对此，本文认为西北地区少数民族新闻传播应建构、完善"一体两翼"的传播机制，利用媒介作为党和政府舆论工具和喉舌机关的"一翼"和信息产业市场化生存的"一翼"并统摄于社会主义市场经济"一体化"运作的体系和机制，并以此作为物质基础来负载国家认同，同时以公民教育通过大众传播加以导向和强化，使民族认同、文化认同、宗教认同等相关认同向以国家认同为主导的方向转化和转型。本文既是认识西北地区少数民族新闻传播与国家认同的理论，又是认识西北少数民族新闻传播与国家认同的方法。同时，本文立据少数民族新闻传播的特殊领域，根据发展传播学原理，在国家传播体系中应建立民族新闻学学科体系、学科渊源、学科特点、学科规律等。

本文用认同理论阐释了新闻传播与国家认同的关系。在吸纳先贤卓言慧识的基础上首先对"认同"概念进行恰当定位，一改过去人们对认同的认识只是一种心理过程的说法，强调认同具有实践行为的特点。"认同"是"主体”以“他物”作为参照，从情感上对“所是”之物趋于向往顺从；从价值判断上对“所是”之物趋于承认归属；从所达目的上对“所是”之物趋于同类涵化进而达到“所是”的心理认知和行为实施的过程。这里的“所是”，一言概之，即寻找事物的同一性并得到心理认可最终成为行为的践行者。一般认为，西北少数民族新闻传播与国家认同及其相关民族认同、宗教认同、文化认同等构成较为复杂的指涉关系。

国家作为现代国家理念的重要概念以及国家认同作为理论研究的上位概念，国家认同是现行国家之必须，从全球化发展来看国家认同也是国际交往的重要理念，从发展传播学来看国家认同是国家发展的最高追求，发展传播学与国家认同有着内在的关联，主要研究大众传媒如何为国家发展服务，大众传媒在社会发展与国家进步中的作用以及地位、功能等问题。目前，我国的大众传播为国家认同提供了国家认同的巨大空间和可能性，表现在我国行之有效的民族政策和区域社会协调发展为国家认同奠定了社会基础；“多元一体化”发展格局为国家认同奠定了心理基础；从民族国家发展演变规律来看，公民获得国家庇护的安全性越大，公民对国家认同度越大。不可否认，外国媒体设置议程引起我国媒介律动产生的连续反应对国民认同的影响越来越大，而国外利用新媒体技术传播其意识形态和文化霸权主义思想使我国意识形态面临的风险越来越大。对此，应加强意识形态阵地建设，用先进思想和科学发展观武装各族群众。检视、反思新闻传播的舆论引导方向的经验与教训，始终将中华民族的多元一体化发展作为舆论引导的最终目标。实行双语教育，从小培养公民语言，形成一个民族的记忆和文化的表征。少数民族的语言文字是中华民族文化宝贵的精神财富，少数民族媒介直接起着传承记忆、文化创新的作用。应以国家广电网村村通、农家书屋建设为契机，借助国家文化产业大发展之东风，承载公民的国家认同教育。基于这样的认识，我得出初步的结论：西北地区少数民族新闻传播与国家认同的关系是以国家认同统摄于其他相关的民族认同、宗教认同、文化认同并以国家认同为主导形成公民的国家利益高于一切的认识；西北少数民族新闻传播应构建、完善运行体制“一体两翼”的传播体制是增强国家认同的物质基础；大众传媒所倡导的公民身份认同是负载国家认同的重要途径；新闻传播要厘清思想观念的宣传效能和信息传播的效能，在注重保障国家意识形态和主流价值观畅行天下的有效性的前提下，应淡化宣传意识，尤其是淡化新闻报道中的感恩意识、赐恩意识，强化信息传播意识，遵循新闻价值规律，将信息富民、信息现代化作为谋求和谐社会、幸福生活的最高目标。

中外参考文献

一、中文著作

[1]马克思恩格斯选集第2卷[M]. 北京:人民出版社,1975.

[2]马克思恩格斯全集第37卷[M]. 北京:人民出版社,1975.

[3]马克思恩格斯全集第7卷[M]. 北京:人民出版社,1975.

[4]马克思恩格斯选集第3卷[M]. 北京:人民出版社,1975.

[5]列宁选集第4卷[M]. 北京:人民出版社,1975.

[6]孙中山全集第8卷[M]. 北京:中华书局,2001.

[7]旧唐书·回纥传[M]. 北京:中华书局,1997.

[8]后汉书·西羌传[M]. 长沙:岳麓书社,2004.

[9]司马迁. 史记[M]. 长沙:岳麓书社,1988.

[10]班固. 汉书[M]. 长沙:岳麓书社,1988.

[11]顾炎武. 正始[M]//日知录卷十三. 长沙:岳麓书社,1994.

[12]新疆维吾尔自治区教育厅编. 新疆地方史[M]. 乌鲁木齐:新疆大学出版社,1991.

[13]中国社会年鉴2009[M]. 北京:中国社会科学出版社,2010.

[14]中国统计年鉴2009[M]. 北京:中国统计出版社,2009.

[15]中国新闻年鉴2007[M]. 北京:中国新闻年鉴社,2007.

[16]中国新闻年鉴2008[M]. 北京:中国新闻年鉴社,2008.

[17]简明大不列颠百科全书第9册,[M]. 北京:中国大百科全书出版社,1986.

[18]不列颠百科全书第4卷,[M]. 北京:中国大百科全书出版社,1999.

[19][澳]罗·霍尔顿. 全球化与民族国家[M]. 倪峰,译. 北京:世界知识出版社,2006.

[20]徐晓萍,金鑫. 中国民族问题报告[M]. 北京:中国社会科学出版社,2008.

[21]安东尼·史密斯. 全球化时代的民族与民族主义[M]. 龚维斌,良警宇,译. 北京:中央编译出版社,2001.

[22]埃里克·霍布斯鲍姆. 民族与民族主义[M]. 李金梅,译. 上海:上海世纪出版集团,2006.

[23]安东尼·斯密斯. 民族主义——理论、意识形态、历史[M]. 上海:上海新世纪出

版社,2006.
[24]海斯.现代民主主义演进史[M].上海:华东师范大学出版社,2005.
[25]安德鲁·海伍德.政治学[M].张立鹏,译.北京:中国人民大学出版社,2006.
[26]徐迅.民族主义[M].北京:中国社会科学出版社,2005.
[27]黄岩.国家认同——民族发展政治的目标建构[M].北京:民族出版社,2011.
[28]益西拉姆.中国西北地区少数民族大众传播与民族文化[M].兰州:兰州大学出版社,2002.
[29]祁进玉.群体身份与多元认同——基于三个土族社区的人类对比研究[M].北京:社会科学文献出版社,2008.
[30]王正伟.回族民俗学——宗教信仰与禁忌习俗[M].银川:宁夏人民出版社,2009.
[31]羽田亨.西域文明概论[M].北京:中华书局,2005.
[32]雷蒙德·威廉斯.文化与社会[M].北京:北京大学出版社,1991.
[33][美]赫伯特·阿特休尔.力的媒介[M].北京:华夏出版社,1989.
[34]刘祖云.发展社会学[M].北京:高等教育出版社,2006.
[35][美]史蒂文·瓦戈.社会变迁[M].王晓黎,等译.北京:北京大学出版社,2007.
[36]希伦·A·洛厄里,梅尔文·L·德德弗勒.大众传播效果研究的里程碑[M].刘海龙,译.北京:中国人民大学出版社,2009.
[37]白润生.中国少数民族新闻传播史[M].北京:民族出版社,2008.
[38]郭庆光.传播学教程[M].北京:中国人民大学出版社,1999.
[39]邵培仁.媒介生态学——媒介作为绿色生态的研究[M].北京:中国传媒大学出版社,2008.
[40]周德仓.中国藏文报刊发展史[M].北京:中国社会科学出版社,2010.
[41]哈罗德·伊尼斯.帝国与传播[M].何道宽,译.北京:中国人民大学出版社,2003.
[42]肖小穗.传媒批评——揭开公正中立的面纱[M].哈尔滨:黑龙江人民出版社,2002.
[43]邵培仁.传播学[M].北京:高等教育出版社,2000.
[44]张之华.中国新闻事业文选[M].北京:中国人民大学出版社,1999.
[45]白润生.族报刊研究文案[M].北京:中国物价出版社,1996.
[46]于文书.宣传美学[M].北京:人民出版社,1999.

[47]程世寿,刘洁.新闻传播学[M].武汉:华中理工大学出版社,2000.
[48]南长森.新闻思维与主体运筹[M].北京:中国社会科学出版社,2002.
[49]吴忠民,刘祖云.发展社会学[M].北京:高等教育出版社,2002.
[50]保罗.莱文森.数字麦克卢汉——信息化新纪元指南[M].何道宽,译.北京:社会科学文献出版社,2001.
[51]刘宏.中国传媒市场对策[M].北京:京广播学院出版社,2001.
[52]赵星耀.西北欠发达地区报业市场化发展研究[M].武汉:华中科技大学出版社,2009.
[53]埃弗雷特·M·罗杰斯.创新的扩散[M].北京:中央编译出版社,2002.
[54]冯建伟.信息新论[M].北京:新华出版社,2001.
[55]孙聚成.信息力—新闻传播与国家发展[M].北京:人民出版社,2006.
[56]简宁斯·布莱恩特,道尔夫·兹尔曼.媒介效果理论与研究前沿(第二版)[M].石义彬,彭彪,译.北京:华夏出版社,2009.
[57]方晓红.农村传播学研究方法初探[M].北京:人民出版社,2008.
[58]丹尼斯.麦奎尔,斯文.温德尔.大众传播模式论[M].祝建华,武伟,译.上海:上海译文出版社,1997.
[59]丁柏铨.新闻理论探索[M].北京:新华出版社,1999.
[60]牛丽红.新闻报道中西北民族问题研究[M].北京:民族出版社,2007.
[61]陈力丹.舆论导向研究[M].北京:中国广播电视出版社,1999.
[62]王雄.新闻舆论研究[M].北京:新华出版社,2002.
[63]薛晓源,周战超.全球化与风险社会[M].北京:社会科学文献出版社,2005.
[64][英]戴维·赫尔德,安东尼·麦克格鲁.全球化理论研究路径与理论论争[M].北京:社会科学文献出版社,2009.
[65]戴维·赫尔德,安东尼·麦克格鲁.全球化与反全球化[M].北京:社会科学出版社,2004.
[66][英]罗伯森.全球化:社会理论和全球文化[M].上海:上海人民出版社,2000.
[67]李惠斌.全球化与公民社会[M].桂林:广西师范大学出版社,2003.
[68]安东尼·吉登斯.现代性的后果[M].田禾,译.上海:译林出版社,2000.
[69]马尔库塞.单向度的人—发达工业社会意识形态研究[M].上海:上海世纪出版集团,2008.
[70]陈德成.全球化与现代阿拉伯民族主义[M].北京:中国社会科学出版社,2009.

[71][美]斯塔夫里阿诺斯.全球通史—1500年以后的世界[M].吴象婴,梁赤民,译.上海:上海社会科学出版社,1999.
[72]罗荣渠.现代化新论——世界与中国的现代化进程[M].北京:商务印书馆,2009.
[73]王希恩.全球化中的民族过程[M].北京:社会科学文献出版社,2009.
[74]李彬.全球新闻传播史(公元1500—2000年)[M].北京:清华大学出版社,2009.
[75][英]约翰·B·汤普森.意识形态与现代文化[M].南京:凤凰出版传媒集团,2002.
[76][英]科林·斯巴克斯.全球化、社会发展与大众媒体[M].北京:社会科学出版社,2009.
[77][美]乔纳森·弗里德曼.文化认同与全球性过程[M].北京:商务印书馆,2003.
[78]罗兰·罗伯森.全球化:社会理论和全球文化[M].上海:上海人民出版社,2000.
[79][加]文森特·莫斯可.数字化崇拜:迷思、权利与赛博空间[M].黄典林,译.北京:北京大学出版社,2010.
[80]保罗·莱文森.数字麦克卢汉[M].北京:社会科学文献出版社,2001.
[81][英]科林·斯巴克斯.全球化、社会发展与大众媒体[M].北京:社会科学出版社,2009.
[82][美]丹尼·罗德里克.全球化的悖论[M].廖丽华,译.北京:中国人民大学出版社,2011.
[83]艾丰.新闻写作方法论[M].北京:人民日报出版社,1993.
[84]郑晓云.文化认同论[M].北京:中国社会科学出版社,1992.
[85]贾英健.全球化背景下的民族国家研究[M].北京:中国社会科学出版社,2005.
[86]罗以澄.新闻传媒发展与构建和谐社会关系研究[M].北京:经济科学出版社,2011.
[87][日]水越伸.数字媒介社会[M].冉华,于小川,译.武汉:武汉大学出版社,2009.
[88][美]刘易斯·芒福德.技术与文明[M].北京:中国建筑工业出版社,2009.
[89][英]安德鲁·查德威克.互联网政治学:国家、公民与新传播技术[M].任孟

山,译. 北京:华夏出版社,2010.
[90]许纪霖. 公共空间中的知识分子[M]. 南京:凤凰出版传媒集团,2007.
[91]戴维·莫利、凯文·罗宾斯. 认同的空间:全球媒介、电子世界景观和文化世界[M]. 司艳,译. 南京:南京大学出版社,2001.
[92]李育红. 西北少数民族地区社会结构转型研究[M]. 北京:民族出版社,2008.
[93]贺善侃. 当代中国转型期社会形态研究[M]. 上海:学林出版社,2003.
[94]周述实. 重建西北经济的支撑点[M]. 兰州:兰州大学出版社,2001.
[95]邹东涛. 中国西部大开发全书第 2 卷[M]. 北京:人民出版社,2000.
[96]马克斯·韦伯. 新教伦理与资本主义精神[M]. 成都:四川人民出版社,1986.
[97]刘中民. 民族与宗教的互动——阿拉伯民族主义与伊斯兰教关系研究[M]. 北京:时事出版社,2010.
[98]孙立平. 失衡:断裂社会的运作逻辑[M]. 北京:社会科学文献出版社,2004.
[99]阿列克斯·英克尔斯,戴维. H. 史密斯. 传统人到现代人——六个发展中国家的个人变化[M]. 北京:中国人民大学出版社,1992.
[100]熊坤新. 宗教理论与宗教政策[M]. 北京:中央民族大学出版社,2008.
[101] [中]赵启正,[美]约翰·奈斯比特,[奥]多丽丝·奈斯比特. 对话中国模式[M]. 北京:新世界出版社,2012.
[102]梁丽萍. 中国人的宗教心理[M]. 北京:科学文献出版社,2004.
[103]曼纽尔·卡斯特. 认同的力量[M]. 北京:社会科学文献出版社,2006.
[104][澳]马克·吉布森. 文化与权力:文化研究史[M]. 王加为,译. 北京:北京大学出版社,2012.
[105]罗钢, 刘象愚. 文化研究读本[M]. 北京:中国社会科学出版社,2000.
[106][加]D. 保罗·谢弗. 文化引导未来[M]. 北京:社会科学文献出版社,2008.
[107]约翰·斯道雷. 文化理论大众文化导论[M]. 常江,译. 北京:北京大学出版社,2010.
[108][美]约翰·R . 霍尔,玛丽·乔·尼兹. 文化:社会学的视野[M]. 周晓红,徐彬,译. 北京:商务印书馆, 2002.
[109] [美]斯图亚特·艾伦. 新闻文化[M]. 北京:北京大学出版社,2008.
[110]汪民安. 文化研究关键词[M]. 南京:江苏人民出版社,2007.
[111]刘安海,孙文宪. 文学理论[M]. 上海:华东师范大学出版社,1998.
[112]道格拉斯·凯尔纳. 媒体文化. [M]. 北京:商务印书馆,2004.

[113]亚里士多德.诗学[M].罗念生,译.北京:人民文学出版社,1962.
[114]俞吾金.意识形态论[M].上海:上海人民出版社,1993.
[115]欧潮泉.基础民族学——理论、人种、文化[M].北京:民族出版社,2007.
[116]林志钧.饮冰室合集第5册[M].北京:中华书局,1936.
[117][英]埃里克·霍布斯鲍姆.民族与民族主义.[M].李金梅,译.上海:上海世纪出版集团,2006.
[118][美]本尼迪克特·安德森.想象的共同体:民族主义的起源与散布[M].吴叡人,译.上海:上海世纪出版集团,2005.
[119][美]迈尔威利·斯徒沃德.当代西方宗教哲学[M].周伟驰,等译.北京:北京大学出版社,2001.
[120]李晓霞.新疆民族混合家庭研究[M].北京:社会科学文献出版社,2011.
[121]时光、王岚.宗教学引论[M].北京:中央民族大学出版社, 2003.
[122]孙聚成.信息力——新闻传播与国家发展[M].北京:人民出版社,2006.
[123][美]J.赫百特.阿特休尔.权力的媒介[M].北京:华夏出版社,1989.
[124]徐大同.西方政治思想史[M].天津:天津教育出版社,2002.
[125][德]威廉·洪堡.论国家的作用[M].北京:中国社会科学出版社,1989.
[126][美]门罗·E·普莱斯诺.媒介与主权:全球信息革命及其对国家权力的挑战[M]麻争旗,等译.北京:中国传媒大学出版社,2008.
[127]王永炳.公民与道德教育——世纪之交的伦理话题[M].新加坡:SNP综合出版私人有限公司,2000.
[128]陈卫星.传播的观念[M].北京:人民出版社,2004.
[129]齐良书.发展经济学[M].u北京:中国发展出版社,2002.
[130]龙小农.从形象到认同:社会传播与国家认同构建[M].北京:中国传媒大学出版社,2012.
[131][加]威尔·金里卡.少数的权力:民族主义、多元文化主义和公民[M].邓红风,译.上海:上海译文出版社,2005.
[132][英]彼得·德怀尔.理解社会公民身份:政策与实践的主题和视角[M].蒋晓阳,译.北京:北京大学出版社,2001.
[133]于海.西方社会思想史[M].上海:复旦大学出版社,1997.
[134][英]布莱恩·特纳.公民身份与社会理论[M].长春:吉林出版集团有限责任公司,2007.

[135]亚里士多德.政治学[M].北京:商务印书馆,1997.
[136]西塞罗.国家篇、法律篇[M].北京:商务印书馆,2002.
[137]洛克.政府论[M].北京:商务印书馆,1996.
[138]刘阿荣.多元文化与公民社会[M].台湾:扬智文化事业股份有限公司,2009.
[139]吴飞.新闻专业主义研究[M].北京:中国人民大学出版社,2009.
[140]王益民.系统理论新闻学[M].武汉:华中理工大学出版社,1990.
[141]姚福申.新时期新闻传播评述[M].上海:复旦大学出版社,2002.
[142]李良荣.新闻学导论[M].北京:高等教育出版社,1999.
[143]陈国明.跨文化交际学[M].上海:华东师范大学出版社,2009.
[144]罗钢,刘象愚.文化研究读本[M].北京:中国社会科学出版社,2000.
[145]童庆炳.文学理论教程[M].北京:高等教育出版社,1989.
[146]郭建斌.独乡电视:现代传媒与少数民族乡村日常生活[M].济南:山东人民出版社,2005.
[147][美]彼得斯.交流的无奈—传播思想史[M].北京:华夏出版社,2003.
[148]国家民委政策法规司编.少数民族宗教信仰与禁忌[M].北京:民族出版社,2007.
[149]詹庆生.欲望与禁忌——电影娱乐的社会控制[M].北京:清华大学出版社,2011.
[150]林子力.社会主义经济论(三)——论中国经济改革[M].北京:经济科学出版社,1994.
[151]田秋生.市场化生存的党报新闻生产——广州日报个案研究[M].北京:中国广播电视出版社,2010.
[152]希伦·洛厄里·梅尔文·L·得佛勒.大众传播效果研究的里程碑[M].北京:中国人民大学出版社,2009.
[153]郭庆光.传播学教程[M].北京:中国人民大学出版社,2003.
[154][英]莫里斯·罗.重新思考公民身份——现代社会中的福利、意识形态和变迁[M].长春:吉林出版集团有限责任公司,2010.
[155]彭伟步.新马华文报文化、族群和国家认同研究[M].广州:暨南大学出版社,2009.

二、中文论文

[1]徐桂权.新闻:从意识形态宣传到公共知识——知识社会学视野下的媒介研究及

其理论意义[J]. 国际新闻界,2008(2).

[2]顾成敏. 西方公民社会概念的历史演变[J]. 开封大学学报,2011(3).

[3]黄升民."媒介产业化"十年考[J]. 现代传播,2007(1).

[4]邵志择. Public:Interest:公共利益或公众兴趣——市场化媒体的两难选择[J]. 新闻大学,2012(1).

[5]朱清河. 论传媒公共领域及其实现途径[J]. 现代传播,2008(4).

[6]刘卫东. 新闻媒介市场化及对策[J]. 新闻知识,1993(11).

[7]刘洁、金秋. 论我国报业市场化进程中政府行为的双重属性[J]. 新闻与传播研究,2001(2).

[8]周德仓. 提升少数民族新闻传播研究的现实话语权[J]. 新闻论坛,2013(1).

[9]陈卫星. 关于发展传播理论的范式转换[J]. 南京社会科学,2011(1).

[10]邓正来. 市民社会与国家——学理上的分野与两种构架[J]. 中国社会科学学刊(香港),1993(5).

[11]陆晔、潘忠党. 成名的想象:中国转型过程中新闻从业者的专业主义话语建构[J]. 新闻学研究(台北),2002.

[12]郑红娥,宋冉冉. 风险社会的研究述评[J]. 社会主义研究,2009(6).

[13]薛晓源,刘国良. 全球风险世界:现在与未来——德国著名社会学家、风险理论创始人乌尔里希·贝克教授访谈录[J]. 马克思主义与现实,2005(1).

[14]韩震. 全球化时代的公民教育与国家认同及文化认同[J]. 思想战线,2010(5).

[15]纪莉. 论麦克卢汉传播观念的技术乌托邦主义—理解麦克卢汉的新视角[J]. 新闻与传播研究,2003(1).

[16]彭伟步. 全球化对少数民族族群传媒权益维护与族群认同的影响[J]. 世界民族,2008(5).

[17]黄晓钟. 中国"外宣"呼唤开放非官方传播资源[J]. 西南民族大学学报,2006(8).

[18]彭伟步. 美国少数民族族群传媒关于族群和国家认同的研究[J]. 太平洋学报,2009(10).

[19]傅宁. 中国少数民族新闻学研究的集大成之作——评白润生教授<中国少数民族新闻传播通史>[J]. 国际新闻界,2009(5).

[20]李秀云. 少数民族新闻传播事业的全景记录——读<中国少数民族新闻传播通史>(上下册)[J]. 国际新闻界,2009(5).

[21]段京肃. 探索构筑"天路"历程的默默耕耘——读周德仓教授<西藏新闻传播

史 >[J]. 西藏民族学院学报,2007(2).
[22]花永兰. 国外学者关于当代民族主义研究综述[J]. 国际数据信息,2004(4).
[23]崔明德,曹鲁超. 近十年来中国民族主义研究述评[J]. 烟台大学学报,2006(1).
[24]费孝通. 关于我国民族的识别问题[J]. 中国社会科学,1980(1).
[25]纪小春. 青海新闻发展史研究的源流及特征[J]. 青海师范大学学报,2006(1).
[26]邵培仁. 论中国媒介的地理集群与能量积聚[J]. 新闻大学,2006(3).
[27]赵五星. 民族新闻网站的现状及发展[J]. 国际新闻界,2003(1).
[28]姜帆."风险社会"视角读中国传媒社会功能的扩展[J]. 武汉交通职业学院学报,2009(1).
[29]韩强. 民族特征与新闻选择偏好—乌鲁木齐地区第二次民族受众调查(下)[J]. 当代传播,2000(1).
[30]张允. 新疆蒙古族受众调查分析[J]. 当代传播, 2005(3).
[31]李克. 西北少数民族地区受众广播电视媒介接触行为调查分析报告[J]. 中国广播电视学刊,2009(8).
[32]对外传播中心舆情室. 近年国际涉藏舆论特点与走向[J]. 对外传播,2009(3).
[33]林凌."7.5"暴力事件的网络舆论传播特点及引导策略[J]. 当代传播,2009(5).
[34]陈力丹. 论新闻与宣传[J]. 新闻传播,2011(4).
[35]费孝通. 经济全球化和中国"三级两跳"中的文化思考[J]. 光明日报,2000.
[36]吴素梅. 十年来国内全球化研究综述[J]. 东方论坛,2001(1).
[37]王逢振. 全球化、市民社会、民族主义[J]. 哲学研究,1999(1).
[38]李三虎. 技术决定还是社会决定:冲突和一致——走向一种马克思主义的技术社会理论[J]. 探索. 2003(1).
[39]张大伟. 数字出版即全媒体出版论[J]. 新闻大学,2010(1).
[40]南长森,朱尉. 跨媒体传播与国民阅读方式变革对文化消费的启示[J]. 出版科学,2011(6).
[41]栾轶玫. 异化理论与媒介批判[J]. 国际新闻界,2003(5).
[42]郑恩,徐莎莎,龚瑶. 新媒体技术的异化与深层生态学治理:基于"GIFT"社会的个案研究[J]. 国际新闻界,2011(12).
[43]吴祖云. 社会转型:一种特定的社会发展过程[J]. 华中师范大学学报,1997(6).
[44]李培林. 另一只看不见的手:社会结构转型[J]. 中国社会科学,1992(5).
[45]吴忠民. 20 世纪中国社会转型的基本世纪分析[J]. 学海,2003(3).

[46]李仲先.少数民族近现代化社会转型研究——以四川省攀枝花市少数民族社会转型为例[J].成都理工大学学报,2009(3).

[47]李素华.对认同概念的理论述说[J].兰州学刊,2005(4).

[48]南长森.阅读识别身份:数字时代阅读方式变革与文化身份认同研究[J].新闻与传播研究,2010(2).

[49]董军."国家形象建构与跨文化传播战略研究"开题会综述[J].现代传播,2012(1).

[50]时汉生,伍期胜.我国社会主义宗教理论研究综述[J].社会主义研究,1991(2).

[51]马戎.理解民族关系的新思路—少数族群问题"去政治化"[J].北京大学学报,2000.

[52]朱伦.西方的"族体"概念系统—从"族群"概念在中国的应用错位说起[J].中国社会科学,2005(4).

[53]李智环.民族认同与国家认同研究述论[J].西南科技大学学报,2012(2).

[54]李元书.国家的特征、本质、定义[J].理论探讨,1990(2).

[55]姜鹏.民族主义与民族、民族国家——对欧洲现代民族主义的考察[J].欧洲,2000(3).

[56]陈壁生.民族主义与民族国家建构[J].社会科学论坛,2006(9).

[57]黄兴涛.现代"中华民族"观念形成的历史考察——兼论辛亥革命与中华民族认同之关系[J].浙江社会科学,2002(1).

[58]张建军.民族国家研究综述[J].中南民族大学学报,2005(2).

[59]陈茂荣.论"民族认同"与"国家认同"[J].学术界,2011(4).

[60]李素华.对认同概念的理解述评[J].兰州学刊,2005(4).

[61]李云龙.21世纪民族国家的命运[J].东南亚研究,2001(6).

[62]瞿炼.民族国家的历史命运——西方世界的困惑[J].欧洲,1989(1).

[63]魏杰,张宁.对市场经济与计划经济的再认识[J].中国社会科学,1993(2).

[64]清华大学课题组.以利益表达实现长治久安[J].领导者,2010(33).

[65]张军.全球化视野下的国家认同及其建构[J].青海社会科学,2012(2).

[66]郭忠华.变动社会中的公民身份——概念、内涵及变迁机制的解析[J].武汉大学学报,2012(1).

[67]郭忠华.动态匹配·多元认同·双向建构——再论公民身份与国家认同的关系[J].中山大学学报,2011(2).

[68]马戎.理解民族关系的新思路——少数族群问题的"去政治化"[J].北京大学

学报,2004(6).
[69]韩震.论国家认同、民族认同及文化认同——一种基于历时哲学的分析与思考[J].北京师范大学学报,2010(1)
[70]贺金瑞,燕继荣.论从民族认同到国家认同[J].中央民族大学学报,2008(3).

三、英文文献

[1]Wang Gungwu. Joing the Modern World:Inside and Outside China[M]. London and Singapore:Singapore Uervsitsity Prsss world Seintific,2000.
[2]Daniel Lener. Toward a Communication Theory of Modernization:A Set of Considerations,The press and Effect of Mass Communication[M]. Wilhur Schramn and Donald F. Robert University of Illinois Prsss1977.
[3]Tom W. Smith and Seokho Kim. National Pride in Comarative:1995/96and2003/04[M]. Interational joural of public opinon Research.
[4]Robert E · Park. The Immigreat press and Los Control[M]. New York : Harpor and Brothers publishers,1982.
[5]Derek Heather . what is citizenship[M]. conelon : polity press,1999.
[6]Judith · Shklar. American citizenship, Cambridge, Mass[M]. Harvard University Press,1991.
[7]Simon Cottle. Etheic Minorities and the Media :Changing Cultural Boundaries[M]. Open University Press,2000.
[8]Louise A . Cainkar. Homeland Insecuity:The Arab American and Muslin Ameican Experience after9/11[M]. Russel Sage Foundation Poblication Janusry.
[9]James Harrison. Modern Chinese Nationliism[M]. New york:Research Institue on Modern Asia,1969.
[10]Carla J · Reginald J. Recial identity ,African self – consciousness,and career decision making in African American college women[M]. Journal of Milticultural Counseling and Development ,1998.
[11]J · persons. Max weber "The ethnic group"[M]. Theory of society.
[12] Edward T . hall. The science language [M]. New York: Anchor press/Doubleday, 1973.
[13]A · kroeber and C · kluckhohn. culture: A Critical Review of Concepts and Defini-

tions[M]. New York: Vintage Books,1963.

[14]David L · Sills. International Encyclopedia of the social sciences[M]. Crowell collier and Macmillan. INC.

[15]Peter Straffon. Nicky Hages "A student's Dictionary of psychology[M]. Edward Arnold,1988.

[16]Anthony Giddths. The consequence of Modernity[M]. Cambridge:Polity Press,1990.

[17]Geremie R. Barme. to Screw Foreigners is Patriotic:China's Avant – Garde Nationdists [M]. N. Y. :M. E. sharpe.

[18] Edward Friedman. National identity and Democratic prospects in socialist China [M]. N. Y. :M. E. sharpe.

[19]kamal karpat. political and social thought in the contemporary middle east[M]. new york:frederick A . praeger,1968.

[20]Encyclopedia Brvtannica[M]. Chicago:Encyclopedia Brvtannica Inc. ,1983.

[21]McQuail Denis. Mass Communication An Introduction[M]. London:Sage Poblication,1983.

四、研究生论文

[1]张学标.全球化时代维吾尔民族的文化冲突与文化传播[D].武汉大学博士论文,2010年.

[2]顾媛婷.《人民日报》少数民族新闻报道研究[D].中央民族大学硕士论文,2009年.

附　录

1. 本文利用作者主持2010年教育部人文社会科学一般项目《西北少数民族新闻传播信息供给与舆论导向研究》之机，在2011年暑期对新疆乌鲁木齐市、伊犁自治州、宁夏同心县、西藏民族学院、甘肃甘南自治州等共发放调查问卷1500份，收回1223份，有效1118份，有效率74,53%。数据统计阶段主要使用excel统计工具。主要统计步骤为：根据调查问卷设计情况建数据库；录入调查问卷原始数据；使用相关函数检查数据可靠性；围绕问题制作统计图。调查的相关情况，本次调查问卷共分为四种类型：a. 西北少数民族信息需求与受众(民众)心理现状调查问卷(维吾尔语版)；b. 西北少数民族传媒业信息供给与传媒运作机制调查问卷；c. 西北少数民族新闻传播与社会舆情监测调查问卷；d. 不同民族对"3·14"事件"7·5"事件"7·18"事件认知与评价受众心理调查问卷。数据录入方面，以调查对象基本资料和相关问题为主设置变量，以求对调查问卷的使用更加充分。数据库的建立以上述四种类型为依据，独立录入；在数据筛选、检验时使用countif函数和嵌套函数进行；在制作统计图的过程中，首先选择所要分析的数据区域，再用图标制作功能完成制作。

2. 本文在1223份有效问卷中，第一种类型有213份；第二类型有60份；第三类型有446份；第四类型有511份。应有一定的效度与信度，但仍有缺陷。

3. 在所有四种问卷中，都涉猎"国家政府""宗教信仰""民族认文化""其他"等选项。

2010年教育部人文社科项目(批准号10YJA860018)
“西北少数民族信息需求与传媒信息供给及舆论引导研究”
调查问卷

各位朋友:你们好!

我们是陕西师范大学新闻与传播学院的教授,为了解西北少数民族新闻传播有关情况,在我校维吾尔族研究生阿伊拜克·苏丽燕帮助下进行“西北少数民族信息需求与传媒信息供给及舆论引导研究”调查。这是由南长森教授主持的国家教育部人文社科项目的科研活动,不涉及科研以外的问题,请不要有任何顾虑。我们将根据国家《统计法》和职业道德要求,严格保密。

陕西师范大学教育部人文社科项目调查组

西北少数民族信息需求与受众接触媒体行为现状调查问卷(1)

在下列题干下自己判断如实填写,知道的打钩,不知道的均填0

1. 您的性别:男( ),女( )。
2. 职业:农民( ),工人( ),商人( ),学生( ),专业技术人员( ),服务人员( ),公务员( ),军人( ),社区退休人员( ),其他( )。
3. 您的年龄:18岁以下( ),19-30岁( ),31-40岁( ),41-50岁( ),51-60岁( ),61-70岁( ),71-80岁( ),80岁以上( )。
4. 您的文化程度是:不识字( ),小学未毕业( ),小学( ),初中未毕业( ),初中( ),高中未毕业( ),高中( ),大专( ),本科( ),硕士以上( )。
5. 您的民族身份是:维吾尔族( ),藏族( ),蒙古族( ),哈萨克族( ),土族( ),回族( ),柯尔克孜族( ),塔吉克族( ),锡伯族( ),乌孜别克族( ),裕固族( ),塔塔尔族( ),俄罗斯族( ),达斡尔族( ),汉族( ),东乡族( )撒拉族( ),保安族( ),其他民族( )。
6. 您会哪几种语言?本民族语言( ),汉语( ),英语( ),俄语( ),其他( )。

7. 您的宗教信仰是:伊斯兰教( ),喇嘛教( ),东正教( ),其他教( ),无宗教( )。
8. 您在从事生活(工农业生产)实用信息需求时是从下列哪种渠道获得的:
亲朋( ),村镇社区干部( ),文件( ),报纸( ),广播( ),电视( ),杂志( ),书籍( ),网络( ),博客( )。
9. 您是否在报刊、广播、电视上做过广告
有( ),没有( ),想过,怕花钱( ),想过但不知怎么联系( ),不想( )。
10. 您认为媒体人员专业素质如何?
很高( ),高( ),较高( ),一般( ),低( ),较低( ),很低( )
11. 您喜欢看哪些媒体?
中央电视台1套( ),中央7套农业"金土地""乡土"( ),本省(区)电视台( ),市电视台( ),卫星频道( ),地区电视台( )当地报纸( )互联网( ),中央党报( )。
12. 您家年订阅书报刊费大约在:
50元( ),50~100元( ),150~200元,200~300元,300元以上( ),不定( )。
13. 您每天平均看报大约在:
10分钟( ),20分钟( ),30分钟( ),1小时( ),不看( ),从未看过( )。
14. 您每天听广播、看电视大约在:
20分钟( ),30分钟,1小时( ),2小时( ),3小时( ),4小时以上( ),不看电视( ),从未看过( )。
15. 您是否会上网聊天? 是( ),否( ),期盼( ),不会( )。
16. 您家有重要事情或不公平事情首先想到的是:
亲朋( ),村干部( ),司法员( ),新闻媒体( ),族长或有威望者( )。
17. 您认为本民族报刊与汉语报刊哪个好看?
本民族( ),汉族( ),本民族好于汉族报刊( ),汉族好于本民族报刊( ),两个一样好( ),两个一样不好( ),说不好( )。
18. 您认为计划经济时期母语报刊办得好还是市场经济办得好?
计划经济( ),市场经济( ),两个一样( ),说不好( )。
19. 您认为公民在政治生活中哪个最重要(排第一位)?

宗教信仰( ),国家政府( ),民族文化( )党派组织( ),其他( )。

20. 您认为能阅读本民族报刊的人比过去多还是比过去少了?
多( ),少( ),一样( )。

21. 您认为大众媒体对民族政策报道是现在好还是过去好?
现在( ),过去( ),一样( )。

22. 您认为报刊电视提供实用信息多还是娱乐消遣信息多?
实用( ),娱乐( ),一样( )。

23. 您认为办好少数民族媒体是国家贴钱好还是市场挣钱好?
国家贴钱( ),市场挣钱( )。

24. 媒体对西部开发报道是:
很多( ),较多( ),多( ),少( ),较少( ),很少( )。

25. 您认为报刊、广播、电视在发挥以下作用方面如何?(请逐一回答)

	很满意	满意	较满意	不满意	很不满
发布党和国家的政策、法规、法令和方针					
国家反恐安全					
卫生食品安全					
区域社会稳定					
看病、就医、上学难					
农民创收难					
物价上涨					
宣传农村致富政策					
提供生产、种植、农产品销售信息					
农村伦理道德、邻里关系					
宗教信仰、社会习俗					
满足农村精神文化需求与娱乐消遣					
提供服务、引导消费					
农村民主生活与反对腐败					

多谢您的支持!

2011 年 8 月 8 日

2010年教育部人文社科项目(批准号10YJA860018)
“西北少数民族信息需求与传媒信息供给及舆论引导研究”
调查问卷

同志:您好!

我们是陕西师范大学新闻与传播学院的教授和研究生,为了解西北少数民族新闻传播有关情况,在我校维吾尔研究生苏丽燕·阿依拜克的带领下进行“西北少数民族信息需求与传媒信息供给及舆论引导研究”调查。这是由南长森教授主持的国家教育部人文社科项目的科研活动,不涉及科研以外的问题,请不要有顾虑。我们将根据国家《统计法》和职业道德要求,严格保密。

陕西师范大学教育部人文社科项目调查组

西北少数民族传媒业信息供给与传媒运作机制调查问卷(2)

在下列题干下自己判断如实填写,知道的打钩,不知道的均填0

1. 您的性别:男( ) 女( ),您的单位是社( ),台( ),其他( )。
2. 您的职业:记者( ),编辑( ),管理干部( ),社长总编( ),其他( )。
3. 您的年龄19~30岁( ),31~40岁( ),41~50岁( ),51~60岁( ),61~70岁。
4. 您的文化程度是:高中( ),大专( ),本科( ),硕士( )博士( )。
5. 您的民族身份是:维吾尔族( ),藏族( ),蒙古族( ),哈萨克族( ),回族( ),柯尔克孜族( ),塔吉克族( ),锡伯族( ),乌孜别克族( ),塔塔尔族( ),俄罗斯族( ),达斡尔族( ),汉族( ),其他民族( )。
6. 您会哪几种语言民族语言:

   汉语( ),英语( ),俄语( ),其他( )。
7. 您的宗教信仰是:

   伊斯兰教( ),喇嘛教( ),东正教( ),其他教( ),无宗教( )。
8. 您对目前媒体现行管理体制对少数民族信息供给是否满意?

   很满意( ),基本满意( ),一般( ),不满意( ),很不满意( )

9. 贵单位媒体是国家拨款还是市场化生存？国家拨款( )，市场化生存( )，两结合( )。

10. 您认为少数民族母语媒体生存应是国家拨款还是市场化生存？
国拨( )，市场化( )，理由是________________________________。

11. 贵社(台)常设栏目对农实用信息传播的版面(节目)大约占整个信息比例是( )%，栏目有________、________、________、________、________。

12. 贵社(台)常设栏目对市民精神信息传播的版面(节目)大约占整个信息比例是( )% ，栏目有________、________、________、________。

13. 新闻传播中对少数民族舆论引导您认为哪个应列第一位？
民族认同( )，国家认同( )，宗教认同( )，政治认同( )，公民认同( )，价值认同( )，其他( )。

14. 您认为对少数民族大众传播现行的媒体结构(报刊、广电)是否合理？
很合理( )，合理( )，基本合理( )，一般( )，不合理( )，很不合理( )。

15. 少数民族母语媒体传播与广告经营市场化是否形成矛盾？
很矛盾( )，一般矛盾( )，矛盾( )，不矛盾( )，能协调( )。

16. 少数民族母语报刊发行量达到多少不赔钱？( )

17. 少数民族母语媒体与汉语媒体在市场化生存中是否存在汉语媒体优先发展？
很突出( )，突出( )，一般( )，偶尔( )，不存在( )，不好回答( )。

18. 您认为少数民族母语媒体与汉语媒体是否形成良性运作机制？
已经形成( )，一般( )，基本形成( )，否( )，不好回答( )。

19. 贵社(台)对少数民族新闻传播舆论引导是否经常进行议程设置？
经常是( )，一般( )，偶尔( )，否( )，不好回答( )。

20. 新闻维稳应体现在事实性信息报道还是意见性信息评论上？
事实报道( )，意见评论( )，两者结合( )。

21. 少数民族新闻传播是否形成城乡信息剪刀差(即城市信息多,农村信息少)?

很严重( ),一般 ( ),基本是( ),偶尔( ),否( ),不好回答( )。

22. 全球化时代少数民族任何突发事件都牵扯到“全球思维,地方行动”,媒体领导、同仁是否对突发事件报道很警觉?

很警觉( ),一般( ),基本是( ),偶尔( ),否( ),不好回答( )。

23. 贵社(台)是否重视新闻传播效果的收集与评价?

很重视( ),一般( ),基本是( ),偶尔( ),否( ),不好回答( )。

24. 少数民族母语传播是否在贵社(台)形成栏目保障机制?

是( ),一般( ),基本是( ),偶尔( ),否( ),不好回答( )。

25. 您认为少数民族母语传播较过去是加强了还是削弱了?

加强( ),削弱( ),一样( ),不好说( )。

多谢您的支持!

2011年8月8日

2010年教育部人文社科项目(批准号10YJA860018)
“西北少数民族信息需求与传媒信息供给及舆论引导研究”
调查问卷

各位朋友:你们好!

我们是陕西师范大学新闻与传播学院的教授和研究生,为了解西北少数民族新闻传播有关情况,在我校维吾尔族研究生苏丽燕·阿依拜克的带领下进行“西北少数民族信息需求与传媒信息供给及舆论引导研究”调查。这是由南长森教授主持的国家教育部人文社科项目的科研活动,不涉及科研以外的问题,请不要有任何顾虑。我们将根据国家《统计法》和职业道德要求,严格保密。

陕西师范大学教育部人文社科项目调查组

西北少数民族新闻传播与社会舆情监测调查问卷(3)

在下列题干下自己判断如实填写,知道的打钩,不知道的均填0

1. 您的性别:男( ),女( )。
2. 您的职业:农民( ),工人( ),商人( ),学生( ),专业技术人员( ),服务人员( ),公务员( ),军人( ),社区退休人员( ),其他( )。
3. 您的年龄:18岁以下( ),19~30岁( ),31~40岁( ),41~50岁( ),51~60岁( ),61~70岁( ),71~80岁( ),80岁以上。
4. 您的文化程度是:不识字( ),小学未毕业( ),小学( ),初中未毕业( ),初中( ),高中未毕业( ),高中( ),大专( ),本科( ),硕士( ),博士( )。
5. 您的民族身份是:维吾尔族( ),藏族( ),蒙古族( ),哈萨克族( ),裕固族( ),回族( ),柯尔克孜族( ),塔吉克族( ),锡伯族( ),乌孜别克族( ),土族( ),保安族( ),塔塔尔族( ),俄罗斯族( ),达斡尔族( ),汉族( ),其他民族( )。
6. 您会哪几种语言?本民族语言( ),汉语( ),英语( ),俄语( ),其他( )。
7. 您的宗教信仰是:伊斯兰教( ),喇嘛教( ),东正教( ),其他教( ),无宗教( )。

8. 您在从事生活实用信息需求时是从下列哪种渠道获得的?

亲朋( ),村镇社区干部( ),文件( ),报纸( ),广播( ),电视( ),杂志( ),书籍( ),网络( ),博客( )。

9. 您是否在报刊、广播、电视上做过广告?

有( ),没有( ),想过,怕花钱( ),想过但不知怎么联系( ),不想( )。

10. 您在遇到困难时求助过哪家媒体?

报纸( ),广播( ),电视( ),杂志( ),网络( ),博客( ),无( )。

11. 您喜欢看哪些媒体?

中央电视台1套( ),中央其他台( ),新疆电视台( ),乌鲁木齐电视台( ),卫星频道( ),地区电视台( )当地报纸( )互联网( ),中央党报( )。

12. 您家年订阅书报刊费大约在:

50元( ),50~100元( ),150~200元,200~300元,300元以上( ),不定( )。

13. 您每天平均看报大约在:

10分钟( ),20分钟( ),30分钟( ),1小时( ),不看( ),从未看过( )。

14. 您每天听广播、看电视大约在:

20分钟( ),30分钟,1小时( ),2小时( ),3小时( ),4小时以上( ),不看电视( ),从未看过( )。

15. 新闻舆论监督中"不怕上告,就怕上报"是否反映出某些人对媒体的畏惧心理?

很大( ),较大( ),一般( ),有一点( ),没有( )。

16. 新闻报道重大突发事件对社会具有正面作用还是负面作用?

正面作用( ),负面作用( ),两者都有( ),正面大于负面( ),负面大于正面( )。

17. 您认为本民族报刊与汉语报刊哪个好看? 本民族( ),汉语( ),一样( )。

18. 您认为计划经济时期母语报刊办得好还是市场经济时期母语报刊办得好?

以前( ),现在( )。

19. 您认为公民在政治生活中哪个最重要(排第一位)?

宗教信仰( ),国家政府( ),民族文化( )党派组织( ),其他( )。

20. 您认为能阅读本民族报刊的人比过去多还是比过去少了?

多( ),少( )。

21. 您认为大众媒体对民族政策报道是现在好还是过去好?

现在( ),过去( ),一样( )。

22. 您认为电视剧本民族的好还是汉族的好看?

本民族( ),汉族( ),一样( )。

23. 您认为报刊电视提供实用信息多还是娱乐消遣信息多?

实用( ),娱乐( )。

24. 您认为办好少数民族媒体是国家贴钱好还是市场挣钱好?

国家贴钱( ),市场挣钱( )。

25. 您认为媒体从业人员专业素质是:

很高( ),高( ),较高( ),一般( ),较低( ),低( ),很低( )。

26. 您认为报刊、广播、电视在社会舆情监测方面发挥作用如何?(请逐一回答)

	很满意	满意	较满意	不满意	很不满
发布党和国家的政策、法规、法令和方针					
国家反恐安全					
卫生食品安全					
区域社会稳定					
看病、就医、上学难					
农民创收难					
物价上涨					
民主生活与反对腐败					
提供生产、生活实用信息					
满足精神文化需求与娱乐消遣					
宗教信仰、社会习俗					
少数民族非物质文化遗产保护					

多谢您的支持!

2011年8月8日

2010年教育部人文社科项目(批准号10YJA860018)
“西北少数民族信息需求与传媒信息供给及舆论引导研究”
调查问卷

各位朋友:你们好!

我们是陕西师范大学新闻与传播学院的教授和研究生,为了解西北少数民族新闻传播有关情况,在我校维吾尔族研究生阿伊拜克·苏丽燕帮助下进行“西北少数民族信息需求与传媒信息供给及舆论引导研究”调查。这是由南长森教授主持的国家教育部人文社科项目的科研活动,不涉及科研以外的问题,请不要有任何顾虑。我们将根据国家《统计法》和职业道德要求,严格保密。

陕西师范大学教育部人文社科项目调查组

不同民族对“3·14”事件“7·5”事件“7·18”事件认知与评价受众心理调查问卷(4)

在下列题干下自己判断如实填写,知道的打钩,不知道的均填0

1. 您的性别:男( ),女( )。
2. 职业:农民( ),工人( ),商人( ),学生( ),专业技术人员( ),服务人员( ),公务员( ),军人( ),社区退休人员( ),其他( )。
3. 您的年龄:18岁以下( ),19~30岁( ),31~40岁( ),41~50岁( ),51~60岁( ),61~70岁( ),71~80岁( ),80岁以上。
4. 您的文化程度是:不识字( ),小学未毕业( ),小学( ),初中未毕业( ),初中( ),高中未毕业( ),高中( ),大专( ),本科( ),硕士( ),博士( )。
5. 您的民族身份是:维吾尔族( ),藏族( ),蒙古族( ),哈萨克族( ),回族( ),柯尔克孜族( ),塔吉克族( ),锡伯族( ),乌孜别克族( ),满族( ),塔塔尔族( ),俄罗斯族( ),达斡尔族( ),汉族( ),其他民族( )。

6. 您会哪几种语言？本民族语言( ),汉语( ),英语( ),俄语( ),其他( )。

7. 您的宗教信仰是:伊斯兰教( ),喇嘛教( ),东正教( ),其他( )。

8. 您是从什么渠道知道“3・14”事件“7・5”事件“7・18”事件的?
亲朋( ),村镇社区干部( ),文件( ),报纸( ),广播( ),电视( ),杂志( ),书籍( ),网络( ),博客( )。

9. 您认为大众媒体报道“3・14”事件“7・5”事件“7・18”事件的性质是反国家、反民族、反人类的暴力冲突事件这一说法
很对( ),比较对( ),对( ),不对( ),说不准( ),拒绝回答( )。

10. 您对党和政府处理“3・14”事件“7・5”事件“7・18”事件的方法和结果感到:
很满意( ),满意( ),比较满意( ),一般( ),不满意( ),很不满意( )。

11. 您认为新闻媒体应该对暴力事件进行及时公开的披露和谴责做的如何?
很到位( ),比较到位( ),到位( ),一般( ),不到位( ),很不到位( )。

12. 您认为新闻媒体对“3・14”事件“7・5”事件“7・18”事件报道是真实的?
很真实( ),比较真实( ),一般( ),不真实( ),说不准( )。

13. 您认为当前新闻媒体对少数民族地区进行舆论引导应该宣传:
稳定压倒一切( ),搞好民族团结( ),发展经济,改善民生( ),反对民族分裂( ),其他( )。

14. 在全球经济一体化背景下,新闻报道是否应该大力宣传国家资源合理调配?
很应该( ),比较应该( ),应该( ),一般( ),不应该( ),说不准( )。

15. 您对新闻媒体报道国家西部大开发的效度看法是:
全面深刻( ),较全面深刻( ),一般( ),不全面深刻( ),说不准( )。

16. 您认为新闻媒体报道少数民族实用信息的信誉度:

完全可信( ),基本可信( ),比较可信( ),不可信( ),说不准( )。

17. 您认为新闻媒体报道少数民族考生加分政策会引起汉族不平衡心理

很可能( ),比较可能( ),可能( ),不可能( ),说不准( )。

18. 您认为新闻媒体报道少数民族形象是多还是少?

很多( ),较多( ),多( ),一般( ),少( ),较少( ),很少( )。

19. 在您政治生活中您认为哪个最重要(排第一位)?

宗教信仰( ),国家政府( ),民族文化( )党派组织( ),其他( )。

20. 您认为“3・14”事件“7・5”事件“7・18”事件会对我国民族团结和社会稳定影响:

长期存在( ),短期存在( ),很快消失( ),没有影响( ),说不准( )。

多谢您的支持!

2011 年 8 月 8 日

后 记

这本著作应该说凝聚我上博士期间的许多艰辛和心血。2010 年，我申报教育部的人文社会科学一般项目获批立项，当时正值我读博士期间，教学、科研的压力自不待言，适逢就任陕西师范大学新闻与传播学院教学副院长，教育部刚刚对学校进行本科教学质量评估，评估过后，经过再三考虑，还是辞去副院长一职，专心读研为好。于是，重新拾起教育部的项目，专心致志做课题，因此，科研对我来说，不是凭兴趣，而是靠理性。于是征得老师同意，顺利开题，一头扎入少数民族新闻传播中去。也就是说，三年读博期间我都是围绕这一课题进行的。对此，我得感谢我的指导老师石义彬教授，开题老师强月新教授、吕尚彬教授、王瀚东教授、刘建明教授等，是他们让我顺利完成了学业。

经过一年有余，博士论文写作告罄。我没有贾平凹写毕向窗外抛笔的潇洒，也没有路遥写作从中午开始的感觉。毕竟，文章千古事，甘苦寸心知。呈现在导师面前的是谆谆屈膝于前、诺诺问道于后的惶恐、期待与疑惑以及导师开启心智、灵光感悟的心态。三年来，我负笈南下，拜倒在石义彬老师门下，往返于学校与单位之间，置身于丹桂飘香、绿树掩映之中。不用说花去时间精力无数，仅就读博期间的体会与感悟，也并非一般人能比，毕竟我在不惑之年，犹如一位高龄妇女怀孕那样，诸事缠身，投奔到石老师门下的。三年的学习，对我来说，一是开阔了学术视野，改变了多年来从业编辑的术科思维习惯；二是博士论文写作几乎将所藏之书和亟须购买的书籍重新规整翻阅一遍，期间阅读的论文也是盈尺有余；三是从事的教学与科研工作，忙碌之余，唯以读书为爱好，舍此无他耶。学习期间，又承担教育部一课题，只好连滚带爬地与博士论文一起操作。跟老师学习，确实提高很多，给人一种众里寻她千百度，蓦然回首，那人却在灯火阑珊处的感觉。三年的学习，确有高楼望尽天涯路，却知论文天下事。笨，只能靠勤勉去应事了。在博士论文公示后，我又回到教育部的课题中去，重新思考，又加部分章节和内容。

三年的学习，老师的教态和音容笑貌，历历在目。秦志希老师授课，仅一“新闻”的概念能讲两节课，先生手持几张纸片，头头是道，条分缕析，其理论积淀之深厚，学术视野之开阔，文化学养之深邃，确实令人折服。平生得先生半点“壶奥”可谓足也。单波老师授课，时而入跨文化传播领域，时而跳出新闻传播理论，时而举重若轻，以理论研究之针，穿缝于新闻实践之中，时而取精用弘，荡漾于学林通幽之处。一种近乎智性和佛性之美，让人惊叹不已。石义彬老师授课，其认真、卖劲的教态，顿感老师授课之用功。一会儿遨游于西方传播理论之中，一会儿扎根于中国新闻实践之中，其中、西思维转换之自如以及理论思辨形成的冲击波，让同学们顿感传播理论知行合一的思维妙趣，即使在课间休息和饭桌上，先生讲述“天葬”的神圣和庄严，照样充满着传播的情趣和思辨的诱惑。王瀚东老师授课，其教态之潇洒，理论之犀利，分析之透彻，似乎慧眼卓识就在耳际之间。罗以澄老师授课，在大病初愈之时，仍坚持一上就三小时，其情之切、意之真，无不让同学们动容。先生讲述为学之道，盖起不经意之间，于平凡处而能深挖，于不疑处有疑，探本求真，反映出思维之细密和返璞求真的科学精神。刘丽群老师授课，在实证之中讲求科学真谛，无论是田野调查还是质化分析，反映出对技术工具的运用自如。如此等等，老师的授课，均给我留下深刻的印象和永远磨灭不去的记忆。

三年的学习，我是克服各种困难和不便，自觉自愿置于学习氛围之中，跟老师完成所有课程的。尤其可喜的是聆听了强月新、吕尚彬、王瀚东、刘建明老师的开题报告，给人一种如梦方醒的感觉。可惜的是未能听听他们的课，将是莫大的遗憾！尤其是吕尚彬老师，不似学生、胜似学生，不似老师、胜似老师，拜读其大作《中国大陆报纸转型》，使我这教新闻编辑的老师汗颜，旋即吟读再三，撰写了一篇书评发表在《出版发行研究》上，吕老师以框架式的研究，钩玄提要，书写了当代中国报纸的发展史。另外，单波老师的《受众研究读本》，其忠信于原文，又独创于解释，获得一种清新的受众研究之文路。

读博期间，同学吴世文、周建青、向熹、段功伟、戴思洄、董海涛、刘俊、佘世红、张晗、高精炼、窦锋昌、文远竹、王勇、王巍、刘宏宇、刘倩等同学或一起学习,或一起讨论,或一起开题,都留下了美好的记忆。曾毕业于陕西师范大学的学生贾继让、刘娜、时萧锐、郝婷、陈立伟、陈艳艳、黄萧旭等或硕博连读,或免推直接读硕,都给我以莫大的帮助。妻子冯卫红几乎全部承担生活事务,使我除了看书几乎不做其他事情或者什么事也做不了,儿子留学澳大利亚也省却我的烦恼。

离别母校,短暂的三年学习,可以说我求学之一瞬,但是,武大,永远的武大,满城山水,一城武大,永远是向往!

百年学府天地间,
绿树掩映珞珈山。
问学东湖清如许,
犹忆师恩伴我行。

在本著作出版中,感谢陕西师范大学出版总社大众读物分社社长郭永新先生,编辑王西莹、胡杨女士的慧眼卓识,感谢陕西师范大学出版总社董事长高经纬先生、陕西师范大学出版总社社长刘东风先生的鞭策与鼓励!

作　者